2020 全国经济专业技术资格考试

零基础学经济师

金融专业知识与实务（中级）

■ 中华会计网校 编

感恩20年相伴 助你梦想成真

北京理工大学出版社
BEIJING INSTITUTE OF TECHNOLOGY PRESS

版权专有　侵权必究

图书在版编目（CIP）数据

零基础学经济师必刷1000题．金融专业知识与实务：中级／中华会计网校编．—北京：北京理工大学出版社，2020.7

全国经济专业技术资格考试

ISBN 978-7-5682-8453-0

Ⅰ.①零… Ⅱ.①中… Ⅲ.①金融—资格考试—习题集 Ⅳ.①F-44

中国版本图书馆CIP数据核字（2020）第080629号

出版发行 ／ 北京理工大学出版社有限责任公司
社　　址 ／ 北京市海淀区中关村南大街5号
邮　　编 ／ 100081
电　　话 ／（010）68914775（总编室）
　　　　　　（010）82562903（教材售后服务热线）
　　　　　　（010）68948351（其他图书服务热线）
网　　址 ／ http://www.bitpress.com.cn
经　　销 ／ 全国各地新华书店
印　　刷 ／ 北京市兆成印刷有限责任公司
开　　本 ／ 787毫米×1092毫米　1/16
印　　张 ／ 12
字　　数 ／ 270千字
版　　次 ／ 2020年7月第1版　2020年7月第1次印刷
定　　价 ／ 42.00元

责任编辑 ／ 钟　博
文案编辑 ／ 钟　博
责任校对 ／ 刘亚男
责任印刷 ／ 李志强

图书出现印装质量问题，请拨打售后服务热线，本社负责调换

前　言

正保远程教育

- **发展**：2000—2020年：感恩20年相伴，助你梦想成真
- **理念**：学员利益至上，一切为学员服务
- **成果**：18个不同类型的品牌网站，涵盖13个行业
- **奋斗目标**：构建完善的"终身教育体系"和"完全教育体系"

中华会计网校

- **发展**：正保远程教育旗下的第一品牌网站
- **理念**：精耕细作，锲而不舍
- **成果**：每年为我国财经领域培养数百万名专业人才
- **奋斗目标**：成为所有会计人的"网上家园"

"梦想成真"书系

- **发展**：正保远程教育主打的品牌系列辅导丛书
- **理念**：你的梦想由我们来保驾护航
- **成果**：图书品类涵盖会计职称、注册会计师、税务师、经济师、资产评估师、审计师、财税、实务等多个专业领域
- **奋斗目标**：成为所有会计人实现梦想路上的启明灯

图书特色

① **专项重点突破**

题型专项突破，主客观题轻松一一击破
灵活按章专练，查找薄弱章节重点练习

② **创新三步刷题法**

刷基础：紧扣大纲 夯实基础
刷进阶：高频进阶 强化提升
刷通关：举一反三 高效通关

③ **答案全解析**

答案解析精细全，精准总结解题策略

Contents 目录

	刷单项选择题	刷多项选择题	刷案例分析题
第一章　金融市场与金融工具	1	59	84
第二章　利率与金融资产定价	6	62	85
第三章　金融机构与金融制度	11	63	88
第四章　商业银行经营与管理	16	65	89
第五章　投资银行与证券投资基金	22	68	91
第六章　信托与租赁	28	71	95
第七章　金融工程与金融风险	32	73	96
第八章　货币供求及其均衡	38	76	101
第九章　中央银行与金融监管	44	78	103
第十章　国际金融及其管理	53	81	107

参考答案及解析

	刷单项选择题	刷多项选择题	刷案例分析题
第一章　金融市场与金融工具	111	152	169
第二章　利率与金融资产定价	114	154	169
第三章　金融机构与金融制度	118	155	171
第四章　商业银行经营与管理	121	156	172
第五章　投资银行与证券投资基金	125	158	173

	刷单项选择题	刷多项选择题	刷案例分析题
第六章　信托与租赁	129	160	176
第七章　金融工程与金融风险	132	162	176
第八章　货币供求及其均衡	137	163	180
第九章　中央银行与金融监管	141	165	181
第十章　国际金融及其管理	147	167	183

正保文化官微

关注正保文化官方微信公众号，回复"勘误表"，获取本书勘误内容。

刷 单项选择题

单项选择题 答题技巧

单项选择题在各类题型中最容易得分。顾名思义,单项选择题要求在4个备选项中,选出最符合题意的选项。考试时可以根据题意直接进行选择。需要提醒考生注意的是,个别题目会反向提问,让考生选择"不属于""不正确"的选项,一定要认真审题,避免犯低级错误,在不该失分的地方失分。单项选择题在考试中分值最高,是考生能否通过考试的关键,最好可以拿到80%~90%的分数,为考生通过考试打下坚实的基础。如果遇到确实不会的题目,也绝对不能轻言放弃,单项选择题的给分方式是即使错选也不会倒扣分。随机选一个,每个题目也有25%答对的可能性,况且,还有"排除法"可以提高命中率。

第一章 金融市场与金融工具

刷基础 紧扣大纲 夯实基础

1. 我国回购协议市场买断式回购的交易期限由回购双方自行商定,但最长不得超过( )天。
   A. 1 B. 31
   C. 91 D. 365

2. 债券是资本市场的重要工具之一,其特征不包括( )。
   A. 流动性 B. 安全性
   C. 收益性 D. 永久性

3. 金融市场按交易期限划分为( )。
   A. 货币市场和资本市场 B. 直接金融市场和间接金融市场
   C. 发行市场和流通市场 D. 传统金融市场和金融衍生品市场

4. 人民币普通股票账户又称为( )。
   A. 基金账户 B. A股账户
   C. B股账户 D. H股账户

5. 在我国,负责监管互联网信托业务的机构是( )。
   A. 中国人民银行 B. 中国银保监会
   C. 中国证监会 D. 中国银行业协会

6. 某投资银行受A公司委托分销其发行债券,该交易行为所在的市场是( )。
   A. 流通市场 B. 发行市场
   C. 期货市场 D. 期权市场

7. 在金融衍生品市场上,以风险对冲为主要交易目的的市场参与者是( )。
   A. 套期保值者   B. 投机者
   C. 套利者   D. 经纪人
8. 对于看涨期权的买方来说,到期行使期权的条件是( )。
   A. 市场价格低于执行价格   B. 市场价格高于执行价格
   C. 市场价格上涨   D. 市场价格下跌
9. 短期融资券的最长期限为( )天。
   A. 30   B. 60
   C. 90   D. 365
10. 经证监会批准,2015年2月9日国内首只期权在上海证券交易所上市交易,这只期权是( )。
    A. 上证100ETF期权   B. 上证50ETF期权
    C. 深证100ETF期权   D. 深证50ETF期权
11. 金融工具在金融市场上能够迅速地转化为现金而不致遭受损失的能力是指金融工具的( )。
    A. 期限性   B. 流动性
    C. 收益性   D. 风险性
12. 资金融入方出质债券融入资金,并约定在未来某一日期按约定利率将资金返还给资金融出方,这种交易是( )。
    A. 质押式回购   B. 反向式回购
    C. 抵押式回购   D. 买断式回购
13. 有权参与投票决定公司的重大事务的是( )。
    A. 优先股股东   B. 普通股股东
    C. 累积优先股股东   D. 机构股东
14. 我国参与同业拆借市场的金融机构不包括( )。
    A. 证券公司   B. 商业银行
    C. 证券登记结算有限责任公司 D. 信托投资公司
15. 互联网基金销售业务由( )负责监管。
    A. 中国人民银行   B. 中国证监会
    C. 中国基金业协会   D. 中国银保监会
16. 如果某投资者拥有一份期权合约,使其有权在某一确定时间内以确定的价格出售相关的资产,则该投资者是( )。
    A. 看跌期权的卖方   B. 看涨期权的卖方
    C. 看跌期权的买方   D. 看涨期权的买方
17. 以银行等信用中介机构作为媒介来进行资金融通的市场是( )。
    A. 发行市场   B. 流通市场
    C. 间接金融市场   D. 直接金融市场
18. 具有"准货币"特性的金融工具是( )。
    A. 货币市场工具   B. 资本市场工具
    C. 金融衍生品   D. 外汇市场工具

19. 某网络公司首次在公开市场发行新股,该交易行为所在市场是( )。
    A. 二级市场　　　　　　　　　　B. 一级市场
    C. 期货市场　　　　　　　　　　D. 期权市场

20. 同业存单是指由( )法人在全国银行间市场上发行的记账式定期存款凭证,是一种货币市场工具。
    A. 银行业存款类金融机构　　　　B. 非银行金融机构
    C. 投资性金融机构　　　　　　　D. 民间借贷机构

21. 在一笔交易中既有不同货币支付的互换,又有不同种类利率的互换,这种互换被称为( )。
    A. 远期互换　　　　　　　　　　B. 零息互换
    C. 交叉互换　　　　　　　　　　D. 股权互换

22. 下列属于原生金融工具的是( )。
    A. 期货合约　　　　　　　　　　B. 期权合约
    C. 商业票据　　　　　　　　　　D. 互换合约

23. 某企业拟在金融市场上筹集长期资金,则可以选择的市场是( )。
    A. 股票市场　　　　　　　　　　B. 同业拆借市场
    C. 商业票据市场　　　　　　　　D. 回购协议市场

24. 如果某一金融机构希望通过持有的债券来获得一笔短期资金融通,则它可以参加( )市场。
    A. 同业拆借　　　　　　　　　　B. 商业票据
    C. 回购协议　　　　　　　　　　D. 大额可转让定期存单

25. 投资者可以随时申购或赎回基金份额的是( )。
    A. 开放式基金　　　　　　　　　B. 封闭式基金
    C. 交易所交易基金　　　　　　　D. 对冲基金

26. 依赖于外汇或本币的金融期货合约是( )。
    A. 货币期货　　　　　　　　　　B. 利率期货
    C. 股指期货　　　　　　　　　　D. 信用衍生品

27. 直接金融市场和间接金融市场的区别在于( )。
    A. 是否存在中介机构　　　　　　B. 中介机构在交易中的地位和性质
    C. 是否存在固定的交易场所　　　D. 是否存在完善的交易程序

28. 证券回购是以证券为质押品而进行的短期资金融通,借款的利息等于( )之差。
    A. 购回价格与买入价格　　　　　B. 购回价格与卖出价格
    C. 证券面值与买入价格　　　　　D. 证券面值与卖出价格

29. 质押式回购是交易双方进行的以( )为权利质押的一种短期资金融通业务。
    A. 股票　　　　　　　　　　　　B. 债券
    C. 期货　　　　　　　　　　　　D. 外汇

30. 超短期融资券是指具有法人资格、信用评级较高的非金融企业在银行间债券市场发行的,期限在( )天以内的短期融资券。
    A. 30　　　　　　　　　　　　　B. 90
    C. 180　　　　　　　　　　　　 D. 270

31. 网络借贷由( )负责监管。
    A. 中国证监会   B. 中国银保监会
    C. 国务院   D. 中国人民银行

32. 以人民币为面值、以外币为认购和交易币种、在上海和深圳证券交易所上市交易的普通股股票称为( )。
    A. H股   B. A股
    C. B股   D. F股

33. 当市场价格高于合约的执行价格时，看涨期权的买方会选择( )。
    A. 放弃合约   B. 执行期权
    C. 延长期权   D. 终止期权

34. 通过互联网形式进行公开小额股权融资的活动是( )。
    A. 网络借贷   B. 股权众筹融资
    C. 互联网基金销售   D. 互联网保险

35. 众多买主和卖主公开竞价形成金融资产的交易价格的市场是指( )。
    A. 议价市场   B. 公开市场
    C. 即期市场   D. 远期市场

36. 下列金融工具中，属于金融衍生工具的是( )。
    A. 开放式基金   B. 商业票据
    C. 封闭式基金   D. 股指期货

37. 由中国境内公司发行，供境内机构、组织和个人以人民币认购和交易的普通股股票，这是指( )。
    A. F股   B. H股
    C. B股   D. A股

刷进阶　高频进阶　强化提升

38. 固定利率支付与浮动利率支付之间的定期互换，有时也称为固定-浮动利率互换，这是指( )。
    A. 远期互换   B. 普通互换
    C. 零息互换   D. 利率上限互换

39. 互联网金融区别于传统金融产品的特点之一是其( )极低。
    A. 总成本   B. 变动成本
    C. 边际成本   D. 固定成本

40. 某投资者在上海证券交易所购买了一家股份有限公司首次公开出售的股票，该笔交易所在的市场属于( )。
    A. 流通市场   B. 发行市场
    C. 期货市场   D. 期权市场

41. 出票人签发的，承诺自己在见票时无条件支付确定的金额给收款人或持票人的票据是( )。
    A. 本票   B. 汇票
    C. 支票   D. 同业存单

42. 如果某投资者拥有一份期权合约，使其有权在某一确定时间内以确定的价格购买相关的资产，则该投资者是（　　）。
   A. 看跌期权的卖方　　　　　　　　B. 看涨期权的卖方
   C. 看跌期权的买方　　　　　　　　D. 看涨期权的买方

43. 在信用衍生品中，如果信用风险保护的买方向信用风险保护卖方定期支付固定费用或一次性支付保险费，当信用事件发生时，卖方向买方赔偿信用事件所导致的基础资产面值的损失部分，则该种信用衍生品是（　　）。
   A. 信用违约互换（CDO）　　　　　B. 信用违约互换（CDS）
   C. 债务担保凭证（CDO）　　　　　D. 债务担保凭证（CDS）

44. 如果从事衍生品交易是为了减少未来的不确定性，降低甚至消除风险，则该交易主体属于（　　）。
   A. 套期保值者　　　　　　　　　　B. 套利者
   C. 投机者　　　　　　　　　　　　D. 经纪人

45. 互联网支付业务的监管机构是（　　）。
   A. 中国人民银行　　　　　　　　　B. 中国证监会
   C. 中国银保监会　　　　　　　　　D. 中国银行业协会

46. 我国回购协议市场的银行间回购利率是（　　）。
   A. 市场利率　　　　　　　　　　　B. 官方利率
   C. 长期利率　　　　　　　　　　　D. 法定利率

47. 按有无固定场所划分，金融市场可以分为场内市场和场外市场。下列市场中，（　　）是场内市场。
   A. 银行间债券市场　　　　　　　　B. 证券交易所市场
   C. 商业银行柜台市场　　　　　　　D. 衍生品市场

48. 我国建立了多层次的证券市场。其中，设立的目的是服务于高新技术或新兴经济企业的证券市场是（　　）。
   A. 中小企业板市场　　　　　　　　B. 创业板市场
   C. 主板市场　　　　　　　　　　　D. 代办股份转让市场

49. 在同业拆借市场交易的主要是金融机构存放在中央银行账户上的（　　）。
   A. 法定存款准备金　　　　　　　　B. 基础货币
   C. 超额存款准备金　　　　　　　　D. 准备金

50. 质押式回购的期限为（　　）。
   A. 1～91 天　　　　　　　　　　　B. 1～180 天
   C. 1～60 天　　　　　　　　　　　D. 1～365 天

51. 由投资者买卖已发行的债券形成的市场是（　　）。
   A. 发行市场　　　　　　　　　　　B. 二级市场
   C. 初级市场　　　　　　　　　　　D. 一级市场

52. 2017 年 9 月 1 日起，同业存单的期限明确不超过（　　）。
   A. 1 年　　　　　　　　　　　　　B. 2 年
   C. 3 年　　　　　　　　　　　　　D. 半年

53. 基金的规模在发行前已确定，在发行完毕后的规定期限内，其规模固定不变。这种基金是指（　　）。
A. 封闭式基金　　　　　　　　B. 开放式基金
C. 契约型基金　　　　　　　　D. 公司型基金

54. 作为交易的中介，以促成交易、收取佣金为目的的衍生品市场交易主体是（　　）。
A. 套期保值者　　　　　　　　B. 投机者
C. 套利者　　　　　　　　　　D. 经纪人

55. 在股票投资中，股票价格可能下跌给投资者带来的风险是（　　）。
A. 信用风险　　　　　　　　　B. 操作风险
C. 国家风险　　　　　　　　　D. 市场风险

56. 根据统计数据，我国银行间同业拆借市场中交易量最大的品种是（　　）。
A. 隔夜拆借　　　　　　　　　B. 7天拆借
C. 14天拆借　　　　　　　　　D. 21天拆借

57. 与货币市场工具相比，资本市场工具（　　）。
A. 流动性高　　　　　　　　　B. 期限长
C. 安全性高　　　　　　　　　D. 利率敏感性高

第二章　利率与金融资产定价

刷基础

58. 假定年贴现率为6%，2年后一笔10 000元的资金的现值为（　　）元。
A. 8 900　　　　　　　　　　B. 8 929
C. 9 100　　　　　　　　　　D. 9 750

59. 在利率决定理论中，强调投资与储蓄相互作用的是（　　）。
A. 马克思利率理论　　　　　　B. 流动性偏好理论
C. 可贷资金理论　　　　　　　D. 古典利率理论

60. 通常情况下，当市场利率（债券预期收益率）低于债券收益率（息票利率）时，发债企业多采用（　　）。
A. 折价发行　　　　　　　　　B. 溢价发行
C. 等价发行　　　　　　　　　D. 止损发行

61. 在均衡状态下，任何不利用全市场组合，或者不进行无风险借贷的投资组合均位于资本市场线的（　　）。
A. 上方　　　　　　　　　　　B. 线上
C. 下方　　　　　　　　　　　D. 不确定位置

62. 假设某公司股票的 β 系数为1.15，市场投资组合的收益率为8%，当前国债的利率（无风险收益率）为3%，则该公司股票的预期收益率为（　　）。
A. 8.25%　　　　　　　　　　B. 8.5%
C. 8.75%　　　　　　　　　　D. 9.00%

63. 根据资本资产定价理论，会引起非系统性风险的因素是（　　）。
A. 宏观形势变动　　　　　　　B. 控制改革
C. 政治因素　　　　　　　　　D. 公司经营风险

64. 投资者用10万元进行为期2年的投资，年利率为10%，按复利每年计息一次，则第2年年末投资者可获得的本息和为（　　）万元。
    A. 11.0　　　　　　　　　　　　　B. 11.5
    C. 12.0　　　　　　　　　　　　　D. 12.1

65. 一般来说，流动性差的债券的特点是（　　）。
    A. 风险相对较大、利率相对较高　　　B. 风险相对较大、利率相对较低
    C. 风险相对较小、利率相对较高　　　D. 风险相对较小、利率相对较低

66. 债券的票面收益与市场价格的比率是（　　）。
    A. 本期收益率　　　　　　　　　　B. 名义收益率
    C. 到期收益率　　　　　　　　　　D. 实际收益率

67. 一张期限为2年、利息率为年5%、面值为1 000元的债券，到期一次还本付息，贴现出售，则该债券的市场价格为（　　）元。
    A. 1 000.00　　　　　　　　　　　B. 907.03
    C. 1 100.00　　　　　　　　　　　D. 990.00

68. 假定市场组合的预期收益率为5%，市场组合的标准差为10%，投资组合的标准差是15%，无风险收益率为2%，则投资市场组合的预期收益率为（　　）。
    A. 3%　　　　　　　　　　　　　B. 6%
    C. 6.5%　　　　　　　　　　　　D. 5.6%

69. 某机构投资者计划进行为期2年的投资，预计第2年收回的现金流为100万元，如果按复利每年计息一次，年利率为5%，则第2年收回的现金流现值为（　　）万元。
    A. 104　　　　　　　　　　　　　B. 95
    C. 90.70　　　　　　　　　　　　D. 94

70. 认为长期利率只是人们所预期的短期利率的平均值，该观点源自利率期限结构理论中的（　　）。
    A. 预期理论　　　　　　　　　　　B. 市场分割理论
    C. 流动性溢价理论　　　　　　　　D. 期限优先理论

71. 流动性溢价理论认为，长期债券的利率应等于（　　）。
    A. 长期债券到期前预期短期利率的平均值与流动性溢价之和
    B. 长期债券到期前预期短期利率的平均值与流动性溢价之差
    C. 长期债券到期前预期短期利率的平均值与流动性溢价之商
    D. 长期债券到期前预期短期利率的平均值与流动性溢价之积

72. 假定某金融资产的名义收益率为5%，通货膨胀率为2%，则该金融资产的实际收益率为（　　）。
    A. 2.0%　　　　　　　　　　　　B. 2.5%
    C. 3.0%　　　　　　　　　　　　D. 7.0%

73. 某银行以90元的价格购入5年期的票面额为100元的债券，票面收益率为10%，银行持有3年到期，那么该银行的持有期收益率为（　　）。（不考虑货币的时间价值）
    A. 3.3%　　　　　　　　　　　　B. 14.8%
    C. 3.7%　　　　　　　　　　　　D. 10%

74. 流动性偏好理论认为，当流动性陷阱发生后，货币需求曲线是一条（　　）的直线。

A. 平行于横轴 B. 垂直于横轴
C. 向左上方倾斜 D. 向右上方倾斜

75. 假定市场组合的预期收益率为9%，市场组合的标准差是20%，投资组合的标准差是22%，无风险收益率为3%，则市场组合的风险报酬是（　　）。
A. 3% B. 6%
C. 9.6% D. 6.6%

76. 我国的上海银行间同业拆放利率（SHIBOR）是由信用等级较高的银行组成报价行确定的一个算术平均利率，其确定依据是报价行（　　）。
A. 报出的回购协议利率 B. 持有的国库券收益率
C. 报出的人民币同业拆出利率 D. 报出的外币存款利率

77. 凯恩斯把货币供给量的增加并未带来利率的相应降低，而只是引起人们手持现金增加的现象叫（　　）。
A. 资产泡沫 B. 货币紧缩
C. 流动性陷阱 D. 货币膨胀

78. 认为货币供给是外生变量，由中央银行直接控制，货币供给独立于利率的变动，该观点源自（　　）。
A. 货币数量论 B. 古典利率理论
C. 可贷资金理论 D. 流动性偏好理论

79. 投资者用100万元进行为期3年的投资，年利率为5%，一年计息一次，按单利计算，则3年末投资者可得到的本息和为（　　）万元。
A. 110 B. 120
C. 115 D. 135

80. 债券票面收益与债券面值的比率是（　　）。
A. 名义收益率 B. 到期收益率
C. 实际收益率 D. 本期收益率

81. 现有一张永久债券，其市场价格为20元，永久年金为2元，该债券的到期收益率为（　　）。
A. 8% B. 10%
C. 12.5% D. 15%

82. 利率期限结构理论中的预期理论认为，长期债券的利率等于长期利率到期之前人们预期的短期利率的平均值。按照该理论（　　）。
A. 长期利率一定高于短期利率 B. 长期利率一定低于短期利率
C. 长期利率的波动高于短期利率的波动 D. 长期利率的波动低于短期利率的波动

83. 古典利率理论认为，利率决定于（　　）与（　　）的相互作用。
A. 储蓄、投资 B. 供给、需求
C. 储蓄、供给 D. 投资、需求

84. 某债券的面值为100元，期限为10年，名义收益率为8%。当市价为95元时，本期收益率为（　　）。
A. 8.42% B. 8%
C. 7.8% D. 9%

85. 债券报价中,全价与净价的关系是( )。
    A. 全价=净价-应计利息
    B. 净价=全价+应计利息
    C. 净价=全价-应计利息
    D. 净价=全价÷应计利息

86. 资本资产定价模型(CAPM)中的贝塔系数测度的是( )。
    A. 利率风险
    B. 通货膨胀风险
    C. 非系统性风险
    D. 系统性风险

87. 以下关于Shibor的说法错误的是( )。
    A. Shibor的全称是上海银行间同业拆放利率
    B. 2007年1月4日,Shibor开始正式运行
    C. Shibor由信用等级最高的一家银行单独进行报价
    D. Shibor是单利、无担保、批发性利率

88. 某人在银行存入10万元,期限为两年,年利率为6%,每半年支付一次利息,如果按复利计算,两年后的本利和是( )万元。
    A. 11.20
    B. 10.23
    C. 10.26
    D. 11.26

89. 根据利率的风险结构理论,各种债权工具的流动性之所以不同,是因为在价格一定的情况下,它们的( )不同。
    A. 实际利率
    B. 变现所需时间
    C. 名义利率
    D. 交易方式

90. 以下关于流动性陷阱的说法,错误的是( )。
    A. 流动性陷阱可以用来解释扩张性货币政策的有效性问题
    B. 发生流动性陷阱时无论央行怎样增加货币供给,利率都不可能下降
    C. 流动性陷阱时只有财政政策是有效的
    D. 发生流动性陷阱时投机需求非常小

91. 假定市场组合的预期收益率为8%,市场组合的标准差是19%,投资组合的标准差是21%,无风险收益率为2%,则投资市场组合的预期收益率为( )。
    A. 3%
    B. 6%
    C. 8.6%
    D. 6.6%

92. 某投资人存入银行1 000元,一年期利率是4%,每半年结算一次利息,按复利计算,则该笔存款一年后税前所得利息为( )元。
    A. 40.2
    B. 40.4
    C. 80.3
    D. 81.6

刷进阶

93. 凯恩斯认为交易动机和预防动机决定的货币需求取决于( )。
    A. 利率水平
    B. 价格水平
    C. 收入水平
    D. 预期水平

94. 如果某投资者以100元的价格买入债券面值为100元、期限为5年、票面利率为5%、每年付息一次的债券,并在持有满一年后以101元的价格卖出,则该投资者的持有期收益率是( )。

A. 1% B. 4%
C. 5% D. 6%

95. 一般情况下，债券价格与市场利率的关系是( )。
   A. 同向运动 B. 反向运动
   C. 取决于宏观经济形势 D. 无关

96. 某证券公司拟进行股票投资，计划购买甲、乙、丙三种股票，已知三种股票的 β 系数分别为 1.5、1.2 和 0.6，某投资组合的投资比重为 40%、30% 和 30%，则该投资组合的 β 系数为( )。
   A. 1.1 B. 1.15
   C. 1.2 D. 1.14

97. 假定预期当年 1 年期债券的年利率为 9%，预期下一年 1 年期债券的年利率为 11%，根据预期理论，则当前 2 年期债券的年利率是( )。
   A. 9% B. 10%
   C. 11% D. 20%

98. 可贷资金利率理论认为利率的决定取决于( )。
   A. 商品市场均衡 B. 外汇市场均衡
   C. 商品市场和货币市场的共同均衡 D. 货币市场均衡

99. 与利率管制相比较，利率市场化以后，在利率决定中起主导作用的是( )。
   A. 商业银行 B. 财政部门
   C. 政府政策 D. 市场资金供求

100. 某证券公司拟进行股票投资，计划购买甲、乙、丙、丁四种股票，已知四种股票的系数分别为 1.6、1.3、0.9 和 0.6，某投资组合的投资比重为 40%、30%、20% 和 10%，则该投资组合的 β 系数为( )。
   A. 1.10 B. 1.27
   C. 1.60 D. 4.40

101. 假设张某在银行存款，三年后欲收到 300 元本息，年利率为 8%，如果按一季度计息一次，则其现在要在银行存入( )元。
   A. 236.55 B. 235.98
   C. 217.20 D. 241.96

102. 期限优先理论的假设条件是( )。
   A. 在未来不同的时间段内，短期利率的预期值是不同的
   B. 不同到期期限的债券可以相互替代
   C. 不同到期期限的债券无法相互替代
   D. 投资者对某种到期期限的债券有特别的偏好

103. 国债的发行价格低于面值，是( )发行。
   A. 折价 B. 平价
   C. 溢价 D. 竞价

104. 某股票的每股预期股息收入为每年 4 元，如果市场年利率为 5%，则该股票的每股市场价格应为( )元。
   A. 40 B. 60

C. 80　　　　　　　　　　　　D. 90

105. 投资者实际收付的价格为( )。
    A. 全价　　　　　　　　　　B. 净价
    C. 利息　　　　　　　　　　D. 溢价

106. 如果某证券的β值是0.8，同期市场上的投资组合的实际利率比预期利润率高10%，则该证券的实际利润率比预期利润率高( )。
    A. 5%　　　　　　　　　　　B. 8%
    C. 10%　　　　　　　　　　 D. 80%

107. 债券购买价格为90元，面值为100，票面利率为5%，期限为3年，持有一年后以92元卖出，则持有期收益率为( )。
    A. 7.8%　　　　　　　　　　B. 2.2%
    C. 5.5%　　　　　　　　　　D. 5%

108. 可贷资金利率理论认为利率的决定取决于( )。
    A. 商品市场的均衡　　　　　　B. 外汇市场的均衡
    C. 商品市场和货币市场的共同均衡　D. 货币市场均衡

109. 如果某证券是无风险的，则其风险系数β为( )。
    A. -1　　　　　　　　　　　B. 10
    C. 0　　　　　　　　　　　　D. 1

110. 假设未来2年中，1年期和2年期债券的利率分别是3%和4%，1年期和2年期债券的流动性溢价分别为0和0.25%。按照流动性溢价理论，在此情况下，2年期债券的利率应当是( )。
    A. 4.00%　　　　　　　　　　B. 3.50%
    C. 3.25%　　　　　　　　　　D. 3.75%

111. 假定某投资者用10 000元进行投资，已知年利率为8%，按复利每半年计算一次利息，则1年后该投资者的本息和为( )元。
    A. 10 400　　　　　　　　　　B. 10 800
    C. 10 816　　　　　　　　　　D. 11 664

第三章　金融机构与金融制度

刷基础

112. 由某一个人或某一集团通过购买两家或更多的银行多数股票的形式，形成联合经营的银行组织制度称为( )制度。
    A. 持股公司　　　　　　　　　B. 连锁银行
    C. 分支银行　　　　　　　　　D. 单一银行

113. 下列国家中，采用超级金融监管模式的是( )。
    A. 英国　　　　　　　　　　　B. 美国
    C. 中国　　　　　　　　　　　D. 澳大利亚

114. 银行间市场交易商协会由( )监管。
    A. 中国人民银行　　　　　　　B. 中国银行业协会

C. 中国银保监会 D. 中国证监会

115. 二元式中央银行制度具有权力与职能相对分散、分支机构较少等特点，一般实行这种中央银行组织形式的国家是（   ）。
    A. 英国 B. 美国
    C. 新加坡 D. 中国香港

116. 我国小额贷款公司的主要资金来源是股东缴纳的资本金、捐赠资金，以及（   ）。
    A. 公众存款 B. 政府出资
    C. 发行债券 D. 不超过两个银行业金融机构的融入资金

117. 负责国有重点银行业金融机构监事会日常管理工作的金融监管机构是（   ）。
    A. 中国人民银行 B. 中国银保监会
    C. 中国证监会 D. 商务部

118. 与其他金融机构相比，商业银行的一个最明显的特征是（   ）。
    A. 以盈利为目的 B. 提供金融服务
    C. 吸收活期存款 D. 执行国家金融政策

119. 不同类型的金融机构的所有业务由不同的监管机构按照不同的标准和体系进行监管，这种金融监管机制是（   ）。
    A. 机构监管 B. 全面监管
    C. 功能监管 D. 目标监管

120. 接受中国银保监会的业务指导和国家民政部的监督管理的金融业自律组织是（   ）。
    A. 中国财务公司协会 B. 中国支付清算协会
    C. 中国证券投资基金业协会 D. 中国期货业协会

121. 经批准在中华人民共和国境内设立的，不吸收公众存款，以小额、分散为原则，为中国境内居民个人提供以消费为目的的贷款的是（   ）。
    A. 财务公司 B. 金融租赁公司
    C. 消费金融公司 D. 汽车金融公司

122. 政府性金融机构通过直接或间接资金投放，吸引商业银行金融机构或民间资金从事符合经济政策意图的投资，从而发挥引导资金流向的作用。政策性金融机构的这种职能属于（   ）。
    A. 补充性职能 B. 选择性职能
    C. 服务型职能 D. 倡导性职能

123. 1998年6月1日成立的欧洲中央银行的组织形式属于（   ）。
    A. 一元式中央银行 B. 二元式中央银行
    C. 跨国式中央银行 D. 准中央银行

124. 下列各选项中，不属于中国人民银行的职责的是（   ）。
    A. 制定货币政策、信贷政策 B. 承担最后贷款人责任
    C. 管理国家外汇管理局 D. 管理证券期货交易所

125. 分业监管主要的参照思路是（   ）。
    A. 机构监管 B. 系统监管
    C. 功能监管 D. 目标监管

126. 金融机构通过一定的技术手段和设计流程，为客户之间完成货币收付或清偿因交易引

起的债权债务关系提供服务,实现货币资金转移,体现了金融机构的( )职能。
   A. 促进资金融通　　　　　　B. 便利支付结算
   C. 降低交易成本　　　　　　D. 减少信息成本

127. 在商业银行的组织制度中,持股公司制度又称为集团银行制度,关于持股公司制度,以下说法错误的是( )。
   A. 该制度由某一集团成立持股公司,由该公司控制或收购两家以上的若干银行
   B. 被收购或被控制的银行在法律上失去独立性,其经营策略和业务受持股公司的控制
   C. 该制度可弥补单一银行制度的不足,能有效扩大银行资本总量,提高竞争和抵御风险能力
   D. 该制度易形成垄断和集中,不利于银行间的适度竞争

128. 根据《中华人民共和国证券法》的规定,我国对证券公司实行分类管理,其中,经纪类证券公司能从事的证券业务是( )。
   A. 承销　　　　　　　　　　B. 发行
   C. 自营买卖　　　　　　　　D. 交易中介

129. 我国的小额贷款公司是由自然人、企业法人与其他社会组织投资设立的机构,可以经营小额贷款业务,但不得( )。
   A. 发放企业贷款　　　　　　B. 发放涉外贷款
   C. 吸收公众存款　　　　　　D. 从商业银行融入资金

130. 在金融机构行业自律组织中,中国银行业协会及其业务接受( )及其派出机构的指导和监督。
   A. 中国银保监会　　　　　　B. 中国证监会
   C. 中国人民银行　　　　　　D. 国务院

131. 下列金融机构中,属于存款性金融机构的是( )。
   A. 投资银行　　　　　　　　B. 保险公司
   C. 投资基金　　　　　　　　D. 商业银行

132. 在一个国家或地区不设置真正专业化、具备完全职能的中央银行,而是设立若干类似中央银行的金融管理机构执行部分中央银行的职能,并授权若干商业银行也执行部分中央银行职能,这种中央银行的组织形式是( )。
   A. 一元式中央银行制度　　　B. 二元式中央银行制度
   C. 准中央银行制度　　　　　D. 跨国的中央银行制度

133. 下列各选项中,不属于中国银行保险监督管理委员会的主要职责的是( )。
   A. 对银行业和保险业机构实行现场检查与非现场监管
   B. 依法对证券期货违法违规行为进行调查、处罚
   C. 建立银行业和保险业风险监控、评价和预警体系
   D. 制定网络借贷信息中介机构业务活动的监管制度

134. 具有规模效益高、竞争力强,但会加速银行的垄断与集中等特点的商业银行组织制度是( )制度。
   A. 单一银行　　　　　　　　B. 持股公司
   C. 连锁银行　　　　　　　　D. 分支银行

135. 由政府或政府机构发起、出资设立、参股或保证,不以利润最大化为经营目的,在特

定的业务领域内从事政策性金融活动的金融机构是指( )。
A. 存款性金融机构　　　　　　B. 投资性金融机构
C. 契约性金融机构　　　　　　D. 政策性金融机构

136. 以下国家中央银行的资本构成中,实行国家和民间股份混合所有资本结构的是( )。
A. 中国　　　　　　　　　　　B. 英国
C. 日本　　　　　　　　　　　D. 俄罗斯

137. 不同牵头部门对混业经营的金融机构可能采取的监管思路、监管侧重各不相同,造成不同的监管成本。这属于以下哪种金融监管机制的缺陷?( )
A. 机构监管　　　　　　　　　B. 系统监管
C. 功能监管　　　　　　　　　D. 目标监管

138. 对我国期货结算机构进行监管的金融监管机构是( )。
A. 中国人民银行　　　　　　　B. 中国证监会
C. 中国银保监会　　　　　　　D. 中国期货业协会

139. 对不同金融机构的所有监管均交给一个监管机构统一负责的监管模式是( )。
A. 分业监管　　　　　　　　　B. 统一监管
C. 超级监管　　　　　　　　　D. 混业监管

140. 我国小额贷款公司的主要资金来源是股东缴纳的资本金、来自不超过两个银行业金融机构的融入资金以及( )。
A. 公众存款　　　　　　　　　B. 政府出资
C. 发行债券　　　　　　　　　D. 捐赠资金

141. 中国人民银行作为我国的中央银行,享有货币发行的垄断权,因此它是( )。
A. 政府的银行　　　　　　　　B. 垄断的银行
C. 银行的银行　　　　　　　　D. 发行的银行

142. 采取总分行制、逐级垂直隶属的中央银行组织形式,称为( )。
A. 一元式中央银行制度　　　　B. 二元式中央银行制度
C. 跨国中央银行制度　　　　　D. 准中央银行制度

143. 银行业务完全有各自独立的商业银行经营,不设或者不允许设分支机构。这种商业银行组织制度是( )。
A. 单一银行制度　　　　　　　B. 分支银行制度
C. 持股公司制度　　　　　　　D. 连锁银行制度

144. 我国小额贷款公司从银行业金融机构获得融入资金的余额,不得超过其资本净额的( )。
A. 50%　　　　　　　　　　　B. 75%
C. 80%　　　　　　　　　　　D. 100%

刷进阶

145. 下列金融机构中,不直接吸收公众存款的是( )。
A. 商业银行　　　　　　　　　B. 储蓄银行
C. 信用合作社　　　　　　　　D. 投资银行

146. 投资银行与商业银行不同,其资金来源主要是( )。
    A. 吸收存款   B. 国家拨款
    C. 发行股票和债券   D. 员工集资

147. 下列金融机构中,能够吸收存款、发放贷款的是( )。
    A. 投资银行   B. 保险公司
    C. 投资基金   D. 储蓄银行

148. 中国人民银行作为最后贷款人,在商业银行资金不足时,向其发放贷款,因此是( )。
    A. 银行的银行   B. 发行的银行
    C. 结算的银行   D. 政府的银行

149. 如果在总行之下设立若干机构,形成以总行为中心的银行网络系统,则该商业银行组织制度是( )。
    A. 一元式银行制度   B. 综合式银行制度
    C. 分支式银行制度   D. 连锁银行制度

150. 统一监管的典型案例是( )采取的双峰式监管模式。
    A. 美国   B. 澳大利亚
    C. 日本   D. 巴西

151. 世界银行集团由世界银行、国际开发协会和国际金融公司组成,向成员国提供金融服务和技术援助,本质上属于( )。
    A. 金融监管机构   B. 契约性金融机构
    C. 存款性金融机构   D. 开发性金融机构

152. 通过向投资者发行股份或受益凭证募集资金,再以适度分散的组合方式投资于各类金融产品,为投资者以分红的方式分配收益,并从中谋取自身利润的金融机构是( )。
    A. 商业银行   B. 投资基金
    C. 保险公司   D. 投资银行

153. 各类金融机构的不同类型业务由不同监管机构分别监管,这种模式为( )。
    A. 机构监管   B. 功能监管
    C. 混业监管   D. 目标监管

154. 中国证券投资基金业协会接受( )和国家民政部的业务指导和监督管理。
    A. 中国证监会   B. 中国人民银行
    C. 中国银保监会   D. 财政部

155. 各国商业银行普遍采用的组织形式是( )。
    A. 单一银行制度   B. 分支银行制度
    C. 持股公司制度   D. 连锁银行制度

156. 在我国,为证券交易提供清算、交收和过户服务的法人机构是( )。
    A. 财务公司   B. 投资银行
    C. 证券登记结算有限责任公司 D. 金融资产管理公司

157. 我国行业协会脱钩改革后成立的第一个承担特殊职能的全国性行业协会是( )。
    A. 中国融资租赁协会   B. 中国互联网金融协会

C. 中国信托业协会 D. 中国银行间市场交易商协会

158. 第二次世界大战后，在西方国家契约性金融机构中迅速发展起来的金融形式是（　　）。
 A. 衍生交易 B. 养老基金和退休基金
 C. 投资基金 D. 证券交易

159. 中央银行自身无资本金的国家是（　　）。
 A. 美国 B. 英国
 C. 中国 D. 韩国

160. 权力与职能相对分散、分支机构较少、一般实行联邦制的国家所采用，这种中央银行的组织形式是（　　）。
 A. 跨国的中央银行制度 B. 一元式中央银行制度
 C. 二元式中央银行制度 D. 三元式中央银行制度

161. 分支银行制度是商业银行的一种组织制度，分支银行制度的缺点是（　　）。
 A. 分支机构多、规模效益低 B. 加速银行的垄断与集中
 C. 风险集中、竞争力差 D. 不利于监管部门的监督与管理

162. 中国支付清算协会的主管单位为（　　）。
 A. 中国证监会 B. 中国银保监会
 C. 中国人民银行 D. 中国银行业协会

第四章　商业银行经营与管理

刷基础　　　　　　　　　　　　　　　　　　　紧扣大纲 夯实基础

163. 随着经济全球化和金融自由化的深入，商业银行的营销越来越注意（　　）。
 A. 产品营销 B. 关系营销
 C. "4P"营销组合策略 D. "4C"营销组合策略

164. 商业银行的负债中最重要的是（　　）。
 A. 同业拆借 B. 向中央银行的贷款
 C. 存款 D. 发行债券

165. 2005年中国银监会发布了《商业银行风险监管核心指标》，其中属于信用风险指标的是（　　）。
 A. 核心负债比例 B. 流动性比例
 C. 不良资产率 D. 利率风险敏感度

166. 下列经营活动中，属于商业银行中间业务特点的是（　　）。
 A. 运用银行自有资金 B. 以收取服务费的方式获得收益
 C. 赚取利差收入 D. 留存管理现金

167. 在资产负债管理中，商业银行衡量利率变动影响全行经济价值的分析方法是（　　）。
 A. 久期分析 B. 缺口分析
 C. 外汇敞口分析 D. 情景模拟

168. 经济资本是商业银行为了应对未来一定时期内的非预期损失而应该持有的资本金，其管理内容不包括（　　）。

A. 经济资本的计量　　　　　　　　B. 经济资本的并表
C. 经济资本的评价　　　　　　　　D. 经济资本的分配

169. 商业银行财务管理的核心内容是(　　)。
A. 成本管理　　　　　　　　　　B. 资本金管理
C. 利润管理　　　　　　　　　　D. 财产管理

170. 巴塞尔协议Ⅲ对系统重要性银行的附加资本要求为(　　)。
A. 1%　　　　　　　　　　　　B. 2%
C. 3%　　　　　　　　　　　　D. 5%

171. 为了测算遇到小概率事件等极端不利的情况下可能发生的损失,商业银行通常采取的流动性风险分析是对流动性进行(　　)。
A. 久期分析　　　　　　　　　　B. 压力测试
C. 缺口分析　　　　　　　　　　D. 敏感性分析

172. 某商业银行推出一款新型理财产品,该产品具有较高风险和较高受益,面向不特定的社会公众公开发行,这种理财产品属于(　　)。
A. 公募理财产品　　　　　　　　B. 私募理财产品
C. 开放式理财产品　　　　　　　D. 封闭式理财产品

173. 商业银行衡量汇率变动对全行财务状况影响的方法是(　　)。
A. 缺口分析　　　　　　　　　　B. 久期分析
C. 外汇敞口与敏感性分析　　　　D. 情景模拟

174. 某客户购买 A 银行的理财产品时,A 银行的下列做法中,正确的是(　　)。
A. 遵循风险匹配原则销售理财产品
B. 不披露理财产品的投资组合信息
C. 向客户推荐收益最高的理财产品
D. 在销售专区实施"单录"管理

175. 商业银行通过购买某种金融产品或采取其他合法的经济措施将风险转移给其他经济主体,这种策略选择是指(　　)。
A. 风险预防　　　　　　　　　　B. 风险分散
C. 风险转移　　　　　　　　　　D. 风险抑制

176. 关于商业银行理财产品的叙述,以下说法中错误的是(　　)。
A. 商业银行按照实际投资收益情况向投资者支付收益
B. 商业银行可以约定保证本金支付
C. 商业银行不保证收益水平
D. 商业银行的理财产品属于非保本理财产品

177. 银行在需要时能够及时以较低的成本获得所需资金的能力是指(　　)。
A. 资产流动性　　　　　　　　　B. 负债流动性
C. 资产和负债流动性　　　　　　D. 贷款和存款流动性

178. 商业银行致力于与客户建立更加稳定的关系,属于商业银行市场营销中的(　　)。
A. 关系营销　　　　　　　　　　B. 用户管理
C. 传统营销　　　　　　　　　　D. 产品营销

179. 下列监管指标中,可以反映信用风险的指标是(　　)。

A. 核心负债比例 B. 累计外汇敞口头寸比例
C. 利率风险敏感度 D. 全部关联度指标

180. 在商业银行成本管理中，业务招待费属于( )支出。
 A. 税费 B. 利息
 C. 补偿性 D. 营业外

181. 下列商业银行的支出中，属于营业外支出的是( )。
 A. 利息支出 B. 手续费支出
 C. 固定资产折旧 D. 违约金支出

182. 关系营销策略最大的特点是( )。
 A. 以竞争为导向 B. 以产品为导向
 C. 以价格为导向 D. 以渠道为导向

183. 下列因素中，属于商业银行贷款经营"5C"标准的是( )。
 A. 客户(Consumer) B. 成本(Cost)
 C. 资本(Capital) D. 便利(Convenience)

184. 在商业银行成本管理中，能够计入经营管理费用的是( )。
 A. 利息支出 B. 研究开发费
 C. 固定资产折旧 D. 保险费

185. 在商业银行理财产品中，商业银行面向不特定社会公众公开发行的理财产品是( )。
 A. 公募理财产品 B. 私募理财产品
 C. 开放式理财产品 D. 封闭式理财产品

186. 在商业银行理财产品中，固定收益类理财产品投资于存款、债券等债权类资产的比例不低于( )。
 A. 30% B. 50%
 C. 60% D. 80%

187. 在商业银行的利润分配过程中，按照税后净利润的( )提取法定盈余公积金，法定盈余公积金已达注册资本的( )时可不再提取。
 A. 10%；50% B. 10%；70%
 C. 25%；50% D. 25%；70%

188. 根据《商业银行资本管理办法(试行)》的规定，我国商业银行的核心一级资本充足率不得低于( )。
 A. 2.5% B. 5%
 C. 6% D. 8%

189. 按照商业银行的利润构成，证券交易差错收入应计入( )。
 A. 营业收入 B. 营业利润
 C. 利益收益 D. 营业外收支净额

190. 根据缺口分析法，若商业银行在未来一段时期内需要重新定价的资产大于负债，则在利率下降的情况下，该银行的利差收益会( )。
 A. 不变 B. 扩大
 C. 减小 D. 不确定

191. 2003年修改通过的《中华人民共和国商业银行法》规定，商业银行以安全性、流动性和（　　）为经营原则。
    A. 政策性　　　　　　　　　　B. 公益性
    C. 效益性　　　　　　　　　　D. 审慎性

192. 按照速度对称原理，下列情况中，属于商业银行资产运用不足的是（　　）。
    A. 银行资产和负债的平均到期日分别为350天和300天
    B. 银行资产和负债的平均到期日分别为300天和350天
    C. 银行需要重新定价的资产和负债分别是350亿元和300亿元
    D. 银行需要重新定价的资产和负债分别是300亿元和350亿元

193. 利率敏感性缺口分析中，如果某一时期内到期或需重新定价的资产小于负债，则为（　　）。
    A. 正缺口　　　　　　　　　　B. 负缺口
    C. 零缺口　　　　　　　　　　D. 无缺口

194. 巴塞尔协议Ⅲ要求商业银行设立资本防护缓冲资金，其总额不得低于银行风险资产的（　　）。
    A. 1.5%　　　　　　　　　　　B. 2.0%
    C. 2.5%　　　　　　　　　　　D. 3.0%

195. 某商业银行资产的平均到期日为360天，负债的平均到期日为300天。从速度对称的原理看，该商业银行的资产运用（　　）。
    A. 过度　　　　　　　　　　　B. 不足
    C. 合适　　　　　　　　　　　D. 违法

196. 风险转移分为保险转移和非保险转移，其中典型的金融风险保险转移策略是（　　）。
    A. 出口信贷保险　　　　　　　B. 保证担保
    C. 抵押担保　　　　　　　　　D. 人身保险

197. 根据中国银监会2005年发布的《商业银行风险监管核心指标（试行）》，下列指标中，属于衡量市场风险的指标的是（　　）。
    A. 核心负债比例　　　　　　　B. 单一集团客户授信集中度
    C. 流动性缺口率　　　　　　　D. 累计外汇敞口头寸比例

198. 在商业银行的资本管理中，能够切实反映银行因承担风险而真正需要的资本是（　　）。
    A. 账面资本　　　　　　　　　B. 经济资本
    C. 监管资本　　　　　　　　　D. 会计资本

199. 根据中国银监会2011年7月发布的《商业银行公司治理指引》，良好的商业银行公司治理内容不包括（　　）。
    A. 健全的组织架构　　　　　　B. 较快的发展速度
    C. 清晰的职责边界　　　　　　D. 有效的风险管理

200. 下列选项中，满足合格投资者的基本条件的是（　　）。
    A. 吴先生具有3年投资经历，且家庭金融净资产为400万元人民币
    B. 郑先生家庭金融资产为300万元人民币
    C. 王先生近5年本人年均收入为30万元人民币

D. 甲投资机构最近1年末净资产为500万元人民币

201. 在商业银行理财产品中，商业银行面向合格投资者非公开发行的理财产品是指(   )。
   A. 公募理财产品　　　　　　　　B. 私募理财产品
   C. 开放式理财产品　　　　　　　D. 封闭式理财产品

202. 与一般工商企业的市场营销相比，商业银行的市场营销更多地表现为一种(   )。
   A. 产品营销　　　　　　　　　　B. 渠道营销
   C. 服务营销　　　　　　　　　　D. 价格营销

203. 根据速度对称原理，如果平均流动率大于1，则说明(   )。
   A. 资产运用过度　　　　　　　　B. 资产运用不足
   C. 负债来源过度　　　　　　　　D. 负债来源不足

刷进阶　高频进阶　强化提升

204. 巴塞尔协议Ⅲ要求商业银行设立流动杠杆比率，该指标要求为(   )。
   A. 30%　　　　　　　　　　　　B. 25%
   C. 50%　　　　　　　　　　　　D. 100%

205. 在商业银行资产负债管理方法中，用来衡量银行资产与负债之间重定价期限和现金流量到期期限匹配情况的方法是(   )分析法。
   A. 敞口限额　　　　　　　　　　B. 久期
   C. 情景模拟　　　　　　　　　　D. 缺口

206. 商业银行的经营是对其开展的各种业务活动的(   )。
   A. 组织和营销　　　　　　　　　B. 调整与监督
   C. 控制与监督　　　　　　　　　D. 计划与组织

207. 根据我国现行规定，商业银行法定盈余公积弥补亏损和转增资本后的剩余部分不得低于注册资本的(   )。
   A. 25%　　　　　　　　　　　　B. 50%
   C. 75%　　　　　　　　　　　　D. 100%

208. 商业银行针对面临的风险，事先设置多层预防措施，防患于未然，这是指(   )。
   A. 风险预防　　　　　　　　　　B. 风险转移
   C. 风险对冲　　　　　　　　　　D. 风险补偿

209. 下列属于商业银行营业外收入的是(   )。
   A. 违约金　　　　　　　　　　　B. 出纳短款
   C. 赔偿金　　　　　　　　　　　D. 罚没收入

210. 商业银行的市场营销主要表现为服务营销，其中心是(   )。
   A. 金融产品　　　　　　　　　　B. 营销渠道
   C. 客户　　　　　　　　　　　　D. 银行盈利

211. 在商业银行理财产品中，有确定到期日，且自产品成立日至终止日期间，投资者不得进行认购或者赎回的理财产品是(   )。
   A. 公募理财产品　　　　　　　　B. 私募理财产品
   C. 开放式理财产品　　　　　　　D. 封闭式理财产品

212. 在商业银行理财产品中,商品及金融衍生品类理财产品投资于商品及金融衍生品的比例不低于( )。
    A. 80%   B. 60%
    C. 40%   D. 20%

213. "4R"营销组合策略最大的特点是( )。
    A. 以竞争为导向   B. 以产品为导向
    C. 以价格为导向   D. 以渠道为导向

214. 关于商业银行理财产品的管理,以下说法错误的是( )。
    A. 商业银行应当通过具有独立法人地位的子公司开展理财业务
    B. 商业银行发行理财产品,不得宣传理财产品预期收益率
    C. 商业银行发行公募理财产品的,单一投资者销售起点金额不得低于1万元人民币
    D. 商业银行发行私募理财产品的,合格投资者投资于单只固定收益类理财产品的金额不得低于10万元人民币

215. 商业银行的现金资产不包括( )。
    A. 库存现金   B. 存款准备金
    C. 存放同业款项   D. 对外贷款

216. 根据中国银监会2005年发布的《商业银行风险监管核心指标(试行)》,"风险监管核心指标"分为风险水平、风险迁徙和( )三个层次。
    A. 风险控制   B. 风险抵补
    C. 风险识别   D. 风险测度

217. 在订立合同时,将风险可能造成的损失计入价格之中,属于( )。
    A. 合同补偿   B. 非法补偿
    C. 保险补偿   D. 法律补偿

218. 对商业银行进行市场风险监督的指标主要有利率风险敏感度和( )。
    A. 流动性比率   B. 全部关联度
    C. 核心负债比例   D. 累计外汇敞口头寸比例

219. 商业银行的信贷业务应是全面的、分散的,对单一客户的授信额度要控制在一定范围之内,将单项资产在总资产中的份额限制在极小的比例之内。这种策略是( )。
    A. 风险抑制   B. 风险对冲
    C. 风险分散   D. 风险预防

220. 根据我国2007年7月3日施行的《商业银行内部控制指引》,我国商业银行在内部控制中应贯彻的审慎性原则是指( )。
    A. 效益优先   B. 内控优先
    C. 发展优先   D. 创新优先

221. 在商业银行理财产品中,权益类理财产品投资于权益类资产的比例不低于( )。
    A. 40%   B. 60%
    C. 80%   D. 90%

222. 商业银行在计算资本充足率时,监管资本需要扣除的是( )。
    A. 贷款损失准备缺口   B. 超额贷款损失准备
    C. 一般风险准备   D. 实收资本

223. 公益金可以用于( )。
    A. 弥补以前年度亏损	B. 职工集体福利设施
    C. 转增资本	D. 发放现金股利或利润

224. 商业银行资本的核心功能是( )。
    A. 扩大业务范围	B. 提高银行的市场竞争力
    C. 吸收损失	D. 满足监管要求

225. 在商业银行的业务运营模式中,新型的业务运营模式的核心是( )。
    A. 综合经营	B. 业务外包
    C. 前后台分离	D. 前后台一体

226. 2015年3月国务院正式发布了《存款保险条例》,并于5月1日正式实施,从风险管理的角度,商业银行参与存款保险属于( )型管理策略。
    A. 风险抑制	B. 风险对冲
    C. 风险分散	D. 风险补偿

第五章 投资银行与证券投资基金

刷基础

227. 在我国当前股票发行中,首次公开发行采用询价方式的,公开发行股票数量在4亿股(含)以下的,有效报价投资者数量应不少于( )家。
    A. 10	B. 20
    C. 50	D. 100

228. 根据2016年发布的《市场化银行债券转股权专项债券发行指引》,债转股专项债券发行规模不超过债转股项目合同约定的股权金额的( )。
    A. 30%	B. 50%
    C. 60%	D. 70%

229. 由于股票市场低迷,在某次发行中股票未被全部售出,承销商在发行结束后将未售出的股票退还给了发行人。这表明此次股票发行选择的承销方式是( )。
    A. 全额包销	B. 尽力推销
    C. 余额包销	D. 混合推销

230. 根据2016年修订后的《证券账户业务指南》,一个投资者在同一市场最多可以申请开立的B股账户数量为( )个。
    A. 1	B. 2
    C. 3	D. 5

231. 在证券投资基金运作中,开放式基金的买卖价格以( )为基础。
    A. 投资基金规模	B. 二级市场供求关系
    C. 投资时间长短	D. 基金份额净值

232. 证券投资基金中,公司型基金营运的依据是( )。
    A. 基金性质	B. 公司章程
    C. 基金合同	D. 股东大会

233. 投资者以客户的证券抵押,贷款给客户购进股票,这种保证金交易模式体现了投资银行的( )中介功能。
- A. 期限
- B. 流动性
- C. 风险
- D. 信息

234. 下列关于公司型基金的说法中，错误的是( )。
- A. 公司型基金是依据基金合同设立的基金
- B. 基金投资者是基金公司的股东
- C. 基金投资者享有股东权
- D. 基金投资者按所持有的股份承担有限责任

235. 客户委托买入证券时，投资银行以自有或外部融入的资金为客户垫付部分资金以完成交易，以后由客户归还并支付相应的利息，这种方式是( )。
- A. 融券
- B. 融资
- C. 卖空
- D. 交割

236. 债券基金的久期越长，其净值的波动幅度就( )，所承担的利率风险( )。
- A. 越大，越低
- B. 越小，越高
- C. 越大，越高
- D. 越小，不变

237. 下列关于我国首次公开发行股票的新股定价和配售主要规定的表述错误的是( )。
- A. 发行后总股本超过4亿股的，网下初始发行比例不低于本次公开发行股票数量的70%
- B. 首次公开发行股票数量在4亿股以上的，可以向战略投资者配售股票
- C. 首次公开发行股票的发行人及其主承销商应当在网下发行和网上发行之间建立双向回拨机制
- D. 网下和网上投资者缴款认购的新股或可转换公司债券数量合计不足本次公开发行数量的80%时，可以终止发行

238. 下列首次公开发行股票定价方式中，( )的显著特征是投资方有较大的定价新股和购买新股股份数的主动权。
- A. 簿记方式
- B. 竞价方式
- C. 混合方式
- D. 固定价格方式

239. 投资银行证券经纪业务的资金账户中，允许客户使用经纪人或银行的贷款购买证券的账户是( )。
- A. 现金账户
- B. 保证金账户
- C. 结算账户
- D. 证券账户

240. 根据2016年发布的《市场化银行债券转股权专项债券发行指引》，发行人可利用不超过发债规模( )的债券资金补充营运资金。
- A. 30%
- B. 40%
- C. 60%
- D. 70%

241. 基金投资收益在扣除由基金承担的费用后的盈余全部归( )所有。
- A. 基金投资者
- B. 基金募集者
- C. 基金管理者
- D. 基金发行人

242. 根据中国证监会对基金类别的分类标准，基金资产在( )以上投资于债券的为债券基金。

A. 50% B. 60%
C. 70% D. 80%

243. 某债券基金的久期是5年，那么，当市场利率下降1%时，该债券基金的资产净值约增加( )。

   A. 5% B. 2%
   C. 1% D. 4%

244. 股份公司将新售股票分售给除股东以外的本公司职员、往来客户等与公司有特殊关系的第三者，又被称为私人配股，这是指( )。

   A. 股东分摊 B. 第三者分摊
   C. 股东配股 D. 公开招标

245. 网上投资者连续12个月内累计出现3次中签后未足额缴款的情形时，( )个月内不得参与新股申购。

   A. 3 B. 6
   C. 9 D. 12

246. 在证券二级市场上，客户卖出向投资银行借来的证券，此时投资银行向客户提供的是( )。

   A. 买空的融资业务 B. 卖空的融券业务
   C. 卖空的融资业务 D. 买空的融券业务

247. 《证券账户业务指南》规定，一个投资者在同一市场最多可以申请开立( )个A股账户、封闭式基金账户。

   A. 1 B. 3
   C. 10 D. 20

248. 既是基金的出资人，又是基金资产的所有者和基金投资回报的受益人，这是指( )。

   A. 基金监管机构 B. 基金份额持有人
   C. 基金管理人 D. 基金托管人

249. 债券发行人有可能在债券到期日之前回购债券的风险被称为( )。

   A. 利率风险 B. 通货膨胀风险
   C. 信用风险 D. 提前赎回风险

250. 在特定客户资产管理业务中，委托财产不能用于投资下列选项中的( )。

   A. 股票、债券 B. 大宗商品现货
   C. 证券投资基金 D. 中央银行票据

251. 首次公开发行股票后总股本4亿股(含)以下的，网下初始发行比例不低于本次公开发行股票数量的( )。

   A. 30% B. 50%
   C. 60% D. 80%

252. 如果某次IPO定价财务统一价格拍卖方式，竞价中有效价位为a，最高价位为b，则该新股发行价格是( )。

   A. 有效价位a和最高价位b的加权平均值
   B. 有效价位a

C. 有效价位 a 和最高价位 b 的算术平均值

D. 最高价位 b

253. 允许以公开或非公开方式发行债转股专项债券。非公开发行时认购的机构投资者不超过( )人，单笔认购不少于( )万元人民币，且不得采用广告、公开劝诱和变相公开方式。

    A. 100；500　　　　　　　　　　B. 100；1 000
    C. 200；500　　　　　　　　　　D. 200；1 000

254. 某年3月，宝钢集团与杭州钢铁集团签约，宝钢集团收购宁波钢铁，可以获得其400万吨熟轧板卷的产能。这是宝钢集团又一次实现跨地区重组的重大举措。按并购前企业间的市场关系，此次并购属于( )。

    A. 纵向并购　　　　　　　　　　B. 横向并购
    C. 混合并购　　　　　　　　　　D. 垂直并购

255. 仅投资于商业票据的投资基金是( )。

    A. 债券基金　　　　　　　　　　B. 股票基金
    C. 混合基金　　　　　　　　　　D. 货币市场基金

256. 承销商不承担发行风险，投资银行与发行人之间是代理关系，投资银行只收取手续费的证券承销方式是( )。

    A. 包销　　　　　　　　　　　　B. 尽力推销
    C. 余额包销　　　　　　　　　　D. 脱销

257. 货币市场基金不得投资的金融工具是( )。

    A. 现金　　　　　　　　　　　　B. 期限在1年以内的债券回购
    C. 剩余期限在397天以内的债券　　D. 可转换债券

258. 根据法律形式的不同，基金可分为不同的类型。按照此分类依据，我国的基金均为( )。

    A. 公司型基金　　　　　　　　　B. 契约型基金
    C. 封闭式基金　　　　　　　　　D. 开放式基金

259. 在信用经纪业务中，投资银行不仅是传统的中介机构，而且还承担着( )的角色。

    A. 债务人与抵押权人　　　　　　B. 债权人与抵押权人
    C. 债务人与发行人　　　　　　　D. 债权人与发行人

260. 证券经纪商接受客户委托，按照客户委托指令，尽可能以最有利的价格代理客户买卖股票，证券经纪商( )。

    A. 承担交易中的价格风险　　　　B. 不承担交易中的价格风险
    C. 承担交易中的利率风险　　　　D. 不承担交易中的操作风险

261. 我国证券交易过程中，证券交易所撮合主机对接受的委托进行合法性检验依照的原则是( )。

    A. "集合竞价，连续竞价"原则　　B. "自愿、平等、公平、诚实"原则
    C. "损失最小化、收益最大化"原则　D. "价格优先、时间优先"原则

262. 只能采取非公开方式，面向特定投资者募集发售的基金是( )。

    A. 封闭式基金　　　　　　　　　B. 开放式基金
    C. 私募基金　　　　　　　　　　D. 混合基金

263. 关于第四市场特征的说法，正确的是（　　）。
    A. 成交速度快　　　　　　　　B. 券商必须参与
    C. 交易成本高　　　　　　　　D. 保密性差

264. 下列主体中，不属于基金市场服务机构的是（　　）。
    A. 基金管理人　　　　　　　　B. 基金投资者
    C. 基金托管人　　　　　　　　D. 基金销售机构

刷进阶　　　　　　　　　　　　　　　　　　高频进阶　强化提升

265. 投资者王某于2020年4月15日委托经纪商以1.23元的价格买进A公司股票，这一行为属于交易委托中的（　　）。
    A. 整数委托　　　　　　　　　B. 零数委托
    C. 市价委托　　　　　　　　　D. 限价委托

266. A食品公司并购了本地区的B食品公司，并购后，A公司获得了B公司的全部业务和资产，同时承担其全部债务和责任。这种行为属于（　　）。
    A. 吸收合并　　　　　　　　　B. 新设合并
    C. 纵向并购　　　　　　　　　D. 杠杆并购

267. 证券投资基金中，契约型基金营运的依据是（　　）。
    A. 基金性质　　　　　　　　　B. 公司章程
    C. 基金合同　　　　　　　　　D. 股东大会

268. 通货膨胀会吞噬固定收益所形成的购买力，债券基金的投资者面临的这种风险是（　　）。
    A. 利率风险　　　　　　　　　B. 通货膨胀风险
    C. 信用风险　　　　　　　　　D. 提前赎回风险

269. 为客户提供各种票据、证券以及现金之间的互换机制，投资银行所发挥的作用是（　　）。
    A. 期限中介　　　　　　　　　B. 风险中介
    C. 信息中介　　　　　　　　　D. 流动性中介

270. 根据《中华人民共和国证券法》规定，我国证券公司承销证券采用（　　）方式。
    A. 赊销或者代销　　　　　　　B. 余额包销或者赊销
    C. 余额代销或者余额包销　　　D. 包销或者代销

271. 我国法律规定首次公开发行新股在（　　）以上的，发行人及其承销商可以在发行方案中采用超额配售选择权。
    A. 2亿股　　　　　　　　　　B. 3亿股
    C. 4亿股　　　　　　　　　　D. 5亿股

272. 在证券投资基金运作中，影响封闭式基金价格的主要因素是（　　）。
    A. 投资基金规模　　　　　　　B. 二级市场供求关系
    C. 投资时间长短　　　　　　　D. 上市公司质量

273. 下列关于封闭式基金的说法中，错误的是（　　）。
    A. 基金份额在基金合同期限内固定不变
    B. 可以在证券交易所交易

C. 基金份额不固定
D. 持有人在封闭期内不得申请赎回

274. 通常发生在某一产业的企业企图进入利润率较高的另一产业时，常与企业的多元化战略相联系的并购方式是( )。
    A. 横向并购	B. 纵向并购
    C. 混合并购	D. 要约收购

275. 下列关于特定客户资产管理业务的说法中，错误的是( )。
    A. 资产管理人不得与资产委托人约定，根据委托财产的管理情况提取业绩报酬
    B. 办理特定资产管理业务的投资经理与证券投资基金的基金经理不得相互兼任
    C. 资产管理人从事特定资产管理业务，不得采用任何形式向资产委托人返还管理费
    D. 资产管理人从事特定资产管理业务，不得通过公共媒体公开推介具体的特定资产管理业务方案

276. 在交易委托方式中，限价委托的优点是( )。
    A. 保证及时成交
    B. 执行风险相对很小
    C. 成交价格是市场上最有利的价格
    D. 指令的价格风险是可测量和可控制的

277. 证券监管机构只对申报材料进行"形式审查"的股票发行审核制度是( )。
    A. 审批制	B. 核准制
    C. 注册制	D. 登记制

278. 银行系金融租赁公司的服务对象主要是( )。
    A. 特大型企业或项目	B. 母公司的特定销售对象
    C. 中小企业	D. 第三产业

279. 证券投资基金业务不包括( )。
    A. 基金募集与销售	B. 基金的投资管理
    C. 基金运营服务	D. 专业理财业务

280. FL房地产公司并购了W房地产公司旗下的77家酒店，这属于( )。
    A. 横向并购	B. 纵向并购
    C. 混合并购	D. 杠杆并购

281. 在基金的募集阶段，募集基金的主体是( )。
    A. 基金份额持有人	B. 基金管理人
    C. 基金托管人	D. 基金投资咨询机构

282. 基金托管人为基金资产设立独立账户，此时承担的是( )职责。
    A. 资产保管	B. 资金清算
    C. 资产核算	D. 投资运作监督

283. 主要以具有良好增长潜力的股票为投资对象的基金是( )。
    A. 增长型基金	B. 收入型基金
    C. 平衡型基金	D. 稳定型基金

284. 下列关于混合基金的说法中，正确的是( )。
    A. 混合基金的预期收益率低于债券基金

B. 混合基金的风险高于股票基金
C. 混合基金比较适合较为保守的投资者
D. 混合基金主要以债券为投资对象

285. 投资银行按议定价格直接从发行人手中购进将要发行的全部证券，然后再出售给投资者，同时在指定的期限内将筹集的资金交付给发行人。这种证券承销方式是（　　）。
    A. 代销　　　　　　　　　　B. 余额包销
    C. 股权再融资　　　　　　　D. 包销

第六章　信托与租赁

刷基础　　　　　　　　　　　　　　　　　　　　　　　　紧扣大纲　夯实基础

286. 与一般委托代理关系相比，信托的重要特征体现为（　　）。
    A. 委托人为了自己或其他第三人的利益管理或者处分信托财产
    B. 委托人以受益人的名义管理或者处分信托财产
    C. 受托人以自己的名义管理或者处分信托财产
    D. 受托人为受益人的利益或者特定目的管理信托财产

287. 信托财产管理中，信托财产事实上的处分是指（　　）。
    A. 买卖信托财产　　　　　　B. 赠与信托财产
    C. 消费　　　　　　　　　　D. 转让信托财产

288. 《信托公司管理办法》规定，信托公司如果不能按期开业，可以（　　）。
    A. 申请延期1次，延长期限不得超过3个月
    B. 申请延期1次，延长期限不得超过6个月
    C. 申请延期2次，延长期限不得超过3个月
    D. 申请延期2次，延长期限不得超过6个月

289. 《金融租赁公司管理办法》规定，金融租赁公司对单一集团的全部融资租赁业务余额不得超过资本净额的（　　）。
    A. 10%　　　　　　　　　　B. 20%
    C. 30%　　　　　　　　　　D. 50%

290. 根据我国《金融租赁公司管理办法》，金融租赁公司不能从事的业务是（　　）。
    A. 固定收益类证券投资业务　　B. 吸收非银行股东活期存款
    C. 同业拆借　　　　　　　　　D. 向金融机构借款

291. 根据《信托公司管理办法》的规定，信托公司的同业拆借余额不得超过其净资产的（　　）。
    A. 10%　　　　　　　　　　B. 20%
    C. 30%　　　　　　　　　　D. 40%

292. 信托业首要和基本的功能是（　　）。
    A. 财产管理功能　　　　　　B. 融通资金功能
    C. 社会投资功能　　　　　　D. 社会公益服务功能

293. 目前，我国信托市场的供给主体主要是（　　）。
    A. 个人　　　　　　　　　　B. 商业银行

C. 信托公司 D. 证券公司

294. 根据《信托公司净资本管理办法》的规定，信托公司净资本不得低于各项风险资本之和的(　　)。
A. 50% B. 70%
C. 100% D. 150%

295. 融资租赁合同的订立一般由(　　)发起。
A. 出租人 B. 承租人
C. 供应商 D. 出卖人

296. 在我国申请设立金融租赁公司，其注册资本为一次性实缴货币资本，最低限额为(　　)人民币或等值的可自由兑换货币。
A. 3 000万元 B. 5 000万元
C. 1亿元 D. 5亿元

297. 融资租赁项目中的租赁物或用于购买租赁物的资金是一个或多个法人机构提供的信托财产，这是指(　　)。
A. 联合租赁 B. 直接租赁
C. 转租赁 D. 委托租赁

298. 在信托关系中，委托人是信托财产的原始所有者，其拥有的最主要权利是(　　)。
A. 信托财产的授予权
B. 信托财产管理运用、处分及收支情况的知情权及要求受托人作出说明的权利
C. 准许受托人辞任及选任新受托人的权利
D. 有变更受益人或处分信托收益权的权利

299. 根据《信托公司净资本管理办法》的规定，信托公司净资本不得低于净资产的(　　)。
A. 5% B. 10%
C. 20% D. 40%

300. 下列有关融资租赁合同三方当事人权利的描述中，属于承租人权利的是(　　)。
A. 按合同规定收取租金 B. 在租期内享有租赁物的所有权
C. 对租赁标的物及供货方有选择权 D. 收取货款

301. 融资租赁业务中，以同一固定资产为租赁物的多层次的融资租赁业务指的是(　　)。
A. 直接租赁 B. 转租赁
C. 回租 D. 委托购买式租赁

302. 根据《金融租赁公司管理办法》，在金融租赁公司的监管指标中，金融租赁公司对单一承租人的全部融资租赁业务余额不得超过资本净额的(　　)。
A. 10% B. 20%
C. 30% D. 50%

303. 信托区别于一般委托代理关系的重要特征是(　　)。
A. 委托人为了自己或其他第三人的利益管理或者处分信托财产
B. 受托人以受益人的名义管理或者处分信托财产
C. 受托人以自己的名义管理或者处分信托财产
D. 受托人按委托人的意愿为受益人的利益或者特定目的管理信托事务

304. 以书面形式设立信托的常见方式是(　　)。

A. 仲裁和诉讼 B. 仲裁和遗嘱
C. 合同和诉讼 D. 合同和遗嘱

305. 根据规定，信托公司信托赔偿准备金低于银信合作不良信托贷款余额的（　　）时，信托公司不得分红。
A. 50% B. 75%
C. 100% D. 150%

306. 根据规定，信托公司固有业务不得参与（　　）。
A. 可转换公司债券（含分离式可转债申购）
B. 企业债
C. 封闭式证券投资基金
D. 股指期货交易

307. 金融租赁公司可以吸收非银行股东（　　）（含）以上定期存款，经营正常后可进入同业拆借市场。
A. 1个月 B. 3个月
C. 6个月 D. 12个月

308. 下列融资租赁业务中，金融租赁合同不需要自担风险的是（　　）。
A. 转租式融资租赁 B. 售后回租式融资租赁
C. 联合租赁 D. 委托租赁

309. 将信托分为民事信托和商事信托的依据是（　　）。
A. 信托利益归属的不同 B. 受托人身份的不同
C. 信托设立目的的不同 D. 委托人人数的不同

310. 根据《信托公司集合资金信托计划管理办法》的规定，委托人可以是投资一个信托计划的最低金额不少于（　　）人民币的自然人、法人或者依法成立的其他组织。
A. 50万元 B. 100万元
C. 200万元 D. 300万元

311. 租赁是以商品形态与货币形态相结合的方式提供的信用活动，具有（　　）双重性质。
A. 信用和贸易 B. 抵押和贸易
C. 借贷和抵押 D. 融资和借贷

312. 根据规定，信托公司信托赔偿准备金低于银信合作信托贷款余额的（　　）时，信托公司不得分红。
A. 2.5% B. 75%
C. 10% D. 150%

313. 以下选项属于银行系金融租赁公司的劣势的是（　　）。
A. 受监管制约较多 B. 资金实薄弱
C. 融资成本高 D. 客户资源匮乏

314. 融资租赁企业按照"风险资产不得超过净资产总额的（　　）"的要求进行风险管理，在实际运作中，这个指标通常由出资人按照市场风险来考虑和确定。
A. 1倍 B. 3倍
C. 5倍 D. 10倍

315. 金融租赁公司在开展租赁业务时，可以和其他机构分担风险的业务是( )。
    A. 转租赁 B. 直接租赁
    C. 委托租赁 D. 杠杆租赁

316. 在金融租赁公司的监管指标中，金融租赁公司对一个关联方的全部融资租赁业务余额不得超过资本净额的( )。
    A. 75% B. 50%
    C. 30% D. 10%

317. 在金融租赁公司的监管指标中，金融租赁公司对全部关联方的全部融资租赁业务余额不得超过资本净额的( )。
    A. 10% B. 20%
    C. 30% D. 50%

318. 根据《中华人民共和国信托法》，不属于信托文件必须载明的事项是( )。
    A. 信托目的 B. 信托期限
    C. 信托财产的范围、种类及状况 D. 受益人取得信托利益的方式和方法

319. 按照我国相关法律法规的规定，对信托公司融资类银信理财合作业务实行余额比例管理，即融资类业务余额占银信理财合作业务余额的比例不得高于( )。
    A. 10% B. 20%
    C. 30% D. 150%

320. 在我国融资租赁实务中，租金的计算大多采用( )。
    A. 附加率法 B. 成本回收法
    C. 等额年金法 D. 浮动利率租金计算法

321. 信托登记的核心是( )。
    A. 信托产品登记 B. 信托文件登记
    C. 信托财产登记 D. 信托主体登记

322. 根据信托( )的不同，信托可以分为自益信托和他益信托。
    A. 设立目的 B. 委托人人数
    C. 利益归属 D. 委托人身份

323. 金融租赁公司与融资租赁公司在业务内容上有不同，其中，融资租赁公司能从事的业务是( )。
    A. 吸收活期存款 B. 吸收定期存款
    C. 进入银行间同业拆借市场 D. 从股东处借款

324. 出卖人和承租人是同一人的融资租赁业务是( )。
    A. 直接租赁 B. 委托租赁
    C. 转租赁 D. 回租

325. 根据相关法律法规，金融租赁公司在中国境内自由贸易区、保税地区及境外，为从事特定领域融资租赁业务可设立( )。
    A. 专业化租赁分公司 B. 区域化租赁子公司
    C. 专业化租赁子公司 D. 区域化租赁分公司

326. 金融租赁公司进行风险管理和风险控制时，使用的主要指标是（　　）。
　　A. 风险资产倍数　　　　　　　　B. 资产充足率
　　C. 资产折算率　　　　　　　　　D. 资本充足率

327. 根据信托（　　）的不同，信托可分为私益信托和公益信托。
　　A. 设立目的　　　　　　　　　　B. 委托人人数
　　C. 利益归属　　　　　　　　　　D. 委托人身份

328. 银信理财合作业务余额是 200 万，那么融资类业务余额不得超过（　　）万。
　　A. 30　　　　　　　　　　　　　B. 50
　　C. 60　　　　　　　　　　　　　D. 100

329. 实践中，不属于我国信托公司主流业务的是（　　）。
　　A. 基础设施信托业务　　　　　　B. 证券投资信托业务
　　C. 银信理财合作业务　　　　　　D. 固有业务

330. 建立信托行为的前提和基础是（　　）。
　　A. 委托　　　　　　　　　　　　B. 资金
　　C. 信任　　　　　　　　　　　　D. 股权

第七章　金融工程与金融风险

刷基础

331. 投资者欲买入一份 6×12 的远期利率协议，该协议表示的是（　　）。
　　A. 6 个月之后开始的期限为 12 个月贷款的远期利率
　　B. 自生效日开始的以 6 个月后利率为交割的 12 个月的远期利率
　　C. 6 个月之后开始的期限为 6 个月贷款的远期利率
　　D. 自生效日开始的以 6 个月后利率为交割的 6 个月的远期利率

332. 某公司打算运用 3 个月期的沪深 300 股价指数期货为其价值 600 万元的股票组合套期保值，该组合的 β 值为 1.2，当时的期货价格为 400 元，则该公司应卖出的期货合约数量为（　　）份。
　　A. 15　　　　　　　　　　　　　B. 27
　　C. 30　　　　　　　　　　　　　D. 60

333. 我国某商业银行在向某企业发放贷款后，中国人民银行宣布降息，该商业银行随后下调了对该企业的贷款利率，导致利息收益减少，则该商业银行承受了（　　）。
　　A. 信用风险　　　　　　　　　　B. 法律风险
　　C. 利率风险　　　　　　　　　　D. 操作风险

334. 我国商业银行实行贷款的五级分类管理，这是我国商业银行进行（　　）管理的举措。
　　A. 信用风险　　　　　　　　　　B. 市场风险
　　C. 操作风险　　　　　　　　　　D. 国家风险

335. 金融互换的套利运用的是（　　）原理。
　　A. 绝对优势　　　　　　　　　　B. 比较优势
　　C. 要素禀赋　　　　　　　　　　D. 规模经济

336. 利用期货价格与标的资产现货价格的差异进行套利的交易是（　　）。

A. 跨期套利 B. 跨市场套利
C. 期现套利 D. 跨资产套利

337. 当投资者担心利率下降给自己造成损失时,可以通过( )进行套期保值,其结果是将未来投资的收益固定在某一水平上。
   A. 购买远期利率协议 B. 卖出远期利率协议
   C. 买入远期外汇合约 D. 卖出远期外汇合约

338. 在以外币结算的对外贸易中,如果外币对本币贬值,外币债权人会少收入本币,这种风险是( )。
   A. 投资风险 B. 经济风险
   C. 交易风险 D. 折算风险

339. 根据巴塞尔协议Ⅲ的规定,应建立逆周期资本缓冲为( )。
   A. 0%~2.5% B. 0%~2%
   C. 1%~3.5% D. 1%~5%

340. 金融远期合约的价值即( )。
   A. 远期合约的估值 B. 远期合约初始价值
   C. 产品的附加价值 D. 产品本身的价值

341. 金融工程的主要领域不包括( )。
   A. 金融产品创新 B. 金融体制改革
   C. 金融风险管理 D. 资产定价

342. 期货是在场内进行的标准化交易,其盯市制度决定了期货在每日收盘后的理论价值为( )。
   A. 0 B. 1
   C. -1 D. 不确定

343. 当未来需要买入现货资产,担心未来价格上涨增加购买成本时,可以( )。
   A. 买入看涨期权 B. 卖出看跌期权
   C. 卖出看涨期权 D. 买入看跌期权

344. 由于未来现金流入和流出在货币上的不匹配,汇率的意外变化所导致的经济损失的可能性称为( )。
   A. 利率风险 B. 交易风险
   C. 经济风险 D. 折算风险

345. 目标设定、事件识别和风险对策属于( )的要素。
   A. 金融风险管理流程 B. 全面风险管理
   C. 内部控制 D. 控制活动

346. 据《京华时报》某年3月10日报道,中国××投资管理股份有限公司某分公司通过网络公开竞价,成功处理2 500万不良资产,这种行为属于( )管理。
   A. 信用风险 B. 市场风险
   C. 操作风险 D. 法律风险

347. 对于看跌期权来说,内在价值相当于( )。
   A. 标的资产现价 B. 敲定价格
   C. 标的资产现价与敲定价格的差 D. 敲定价格与标的资产现价的差

348. 某出口商未来将收取美国进口商支付的美元货款。如果该出口商担心未来美元对本币贬值，则该出口商可以（　　）。
A. 买入美元看跌期权　　　　　　　B. 买入美元看涨期权
C. 卖出美元看跌期权　　　　　　　D. 卖出美元欧式期权

349. 我国某企业在海外投资了一个全资子公司。该子公司在将所获得的利润汇回国内时，其东道国实行了严格的外汇管制，该子公司无法将所获得的利润如期汇回。此种情形说明该企业承受了（　　）。
A. 转移风险　　　　　　　　　　　B. 主权风险
C. 投资风险　　　　　　　　　　　D. 系统风险

350. 巴塞尔协议Ⅲ规定，普通股最低比例由2%提升至（　　）。
A. 3%　　　　　　　　　　　　　　B. 4%
C. 4.5%　　　　　　　　　　　　　D. 5%

351. 我国某企业在海外承建了某项目，但因海外爆发政府与反政府武装的冲突而不得不中断项目建设，并撤出人员，项目工地被洗劫，这种情形属于该企业的（　　）。
A. 市场风险　　　　　　　　　　　B. 信用风险
C. 国家风险　　　　　　　　　　　D. 操作风险

352. 选择标的资产的标准是标的资产价格与保值资产价格的相关性。相关性越好，基差风险（　　）。
A. 越大　　　　　　　　　　　　　B. 越小
C. 不变　　　　　　　　　　　　　D. 为零

353. 某远期利率协议的表示是3×9，则名义贷款期限为（　　）。
A. 3个月　　　　　　　　　　　　　B. 6个月
C. 9个月　　　　　　　　　　　　　D. 27个月

354. 当未来需要卖出现货资产，担心未来价格下跌降低资产收益时，可以（　　）。
A. 买入看涨期权　　　　　　　　　B. 卖出看跌期权
C. 卖出看涨期权　　　　　　　　　D. 买入看跌期权

355. 我国某居民在购房时向商业银行借入按揭贷款，在借款期内中国人民银行宣布加息，该居民的借款利率随之被商业银行上调，导致该居民的利息成本提高，这种情形说明该居民因承受（　　）而蒙受了经济损失。
A. 信用风险　　　　　　　　　　　B. 利率风险
C. 汇率风险　　　　　　　　　　　D. 操作风险

356. 在市场风险的管理中，提前收付外币用于（　　）管理。
A. 信用风险　　　　　　　　　　　B. 利率风险
C. 汇率风险　　　　　　　　　　　D. 投资风险

357. 下列关于利率风险的说法中，正确的是（　　）。
A. 以浮动利率条件借入长期资金后利率下降，借方蒙受相对多付利息的经济损失
B. 以固定利率条件借入长期资金后利率上升，借方蒙受相对多付利息的经济损失
C. 以固定利率条件贷出长期资金后利率上升，贷方蒙受相对少收利息的经济损失
D. 以浮动利率条件贷出长期资金后利率上升，贷方蒙受相对少收利息的经济损失

358. 金融工程最主要的应用领域是（　　）。

A. 投融资策略设计 B. 金融风险管理
C. 资产定价 D. 套利

359. 某公司打算运用3个月期的S&P500股价指数期货为其价值500万美元的股票组合套期保值,该组合的β值为1.2,当时的期货价格为400,则该公司应卖出的期货合约的数量为( )份。
A. 30 B. 45
C. 50 D. 90

360. 如果与一国居民发生经济金融交易的他国居民为政府或货币当局,政府或货币当局为债务人,不能如期足额清偿债务,而使该国居民蒙受经济损失,这种可能性就是( )。
A. 主权风险 B. 政治风险
C. 转移风险 D. 社会风险

361. 风险评估、信息与沟通和监控属于( )。
A. 企业目标 B. 风险管理的要素
C. 内部控制 D. 企业层级

362. 我国某商业银行的信贷人员在收受某房地产开发商的贿赂以后,向该房地产开发商提供的假借款人发放了购买该房地产开发商的商品房的按揭贷款,则该商业银行承受了( )。
A. 信用风险 B. 法律风险
C. 流动性风险 D. 操作风险

363. 2019年11月20日,某基金管理者持有2 000万美元的美国政府债券,他担心市场利率在未来6个月内将剧烈波动,因此他希望卖空将于2020年6月到期的长期国债期货合约,该合约目前市价为94.187 5美元,该合约规模为10万美元面值的长期国债,因此每份合约价值94 187.50美元。假设需保值的债券平均久期为8年,长期国债期货合约的平均久期为10.3年,则为进行套期保值,他应卖空的期货合约数为( )份。
A. 150 B. 165
C. 135 D. 120

364. 某公司打算运用3个月期的S&P500股价指数期货为其价值500万美元的股票组合套期保值,该组合的β值为1.6,当时的期货价格为400,则该公司应卖出的期货合约的数量为( )份。
A. 30 B. 40
C. 50 D. 90

365. 买卖双方将一种货币的本金和固定利息与另一货币的等价本金和固定利息进行交换的协议是指( )。
A. 利率互换 B. 货币互换
C. 外汇互换 D. 跨市场互换

366. 远期利率协议的买方是名义借款人,其订立远期利率协议的目的是( )。
A. 提高盈利能力 B. 规避利率上升的风险
C. 规避利率下降的风险 D. 加快远期利率协议流通

367. 为了合并母子公司的财务报表,将用外币记账的外国子公司的财务报表转变为用母公司所在国货币重新做账时,导致账户上股东权益项目的潜在变化所造成的风险是( )。
    A. 交易风险　　　　　　　　　　B. 折算风险
    C. 经济风险　　　　　　　　　　D. 投资风险

368. ( )是指商业银行运用合格的抵质押品、净额结算、保证和信用衍生工具等方式转移或降低信用风险。
    A. 信用风险缓释　　　　　　　　B. 信用风险控制
    C. 信用风险转移　　　　　　　　D. 信用风险降低

刷进阶　　　　　　　　　　　　　　　　　　　　　　　高频进阶 强化提升

369. 以下选项中,适用于打算在未来融资的公司,以及打算在未来某一时间出售已持有债券的投资者的是( )。
    A. 基于远期利率协议的套期保值　　B. 基于远期外汇合约的套期保值
    C. 基于远期股票的套期保值　　　　D. 基于互换交易的套期保值

370. 风险中性定价法假设所有证券的预期收益率都等于( )。
    A. 抵押贷款利率　　　　　　　　B. 信用贷款利率
    C. 定期存款利率　　　　　　　　D. 无风险利率

371. 期权费减去内在价值后剩余的部分是指( )。
    A. 期权的内涵价值　　　　　　　B. 期权的合约价值
    C. 期权的执行价值　　　　　　　D. 期权的时间价值

372. 在以外币结算的对外贸易中,如果外币对本币升值,进口商会多支付本币,这种风险称为( )。
    A. 交易风险　　　　　　　　　　B. 折算风险
    C. 经济风险　　　　　　　　　　D. 投资风险

373. 假设某公司于三年前发行了5年期的浮动利率债券,现在利率大幅上涨,公司要支付高昂的利息,为了减少利息支出,该公司可以采用( )。
    A. 货币互换　　　　　　　　　　B. 跨期套利
    C. 跨市场套利　　　　　　　　　D. 利率互换

374. 商业银行信用风险管理5C法所涉及的因素有( )。
    A. 经营能力　　　　　　　　　　B. 现金流
    C. 事业的连续性　　　　　　　　D. 担保品

375. 在市场风险的管理中,推迟收付外币用于( )管理。
    A. 信用风险　　　　　　　　　　B. 利率风险
    C. 汇率风险　　　　　　　　　　D. 投资风险

376. 下列期权合约中,可能被提前执行的期权合约类型是( )。
    A. 美式看涨期权　　　　　　　　B. 美式看跌期权
    C. 欧式看涨期权　　　　　　　　D. 欧式看跌期权

377. 假设一支无红利支付的股票当前股价为20元,无风险连续复利为0.05,则该股票1年期的远期是( )元。

A. 20 B. 20.05
C. 21.031 D. 10.05

378. 金融期货可以利用基差的变动规律进行套利，但不包括( )。
    A. 跨资产套利 B. 期现套利
    C. 跨期套利 D. 跨市场套利

379. 某单位在经营过程中，既有借入资产，也有贷出资金，贷出资金采用固定利率，而借入资金采用浮动利率。最近利率一直在上升，则( )。
    A. 该单位可以从利率不匹配中获益 B. 该单位的利息收益会不断减少
    C. 该单位会面临流动性风险 D. 该单位会面临投资风险

380. 美式看跌期权价值的合理范围是( )。
    A. $\max[S_t - Xe^{-r(T-t)}, 0] \leq c \leq S$ B. $\max[Xe^{-r(T-t)} - S, 0] \leq p \leq Xe^{-r(T-t)}$
    C. $\max[X - S_t, 0] \leq P \leq X$ D. $\max[Xe^{-r(T-t)} - S, 0] \leq p \leq S$

381. 我国某企业在出口收汇时正逢人民币升值，结果以收入的外汇兑换到的人民币的金额减少。此种情形说明该企业承受了汇率风险中的( )。
    A. 交易风险 B. 折算风险
    C. 转移风险 D. 经济风险

382. 金融机构所持流动资金不能正常履行业已存在的对外支付义务，导致违约或信誉下降，从而蒙受财务损失的风险属于( )。
    A. 流动性风险 B. 汇率风险
    C. 信用风险 D. 交易风险

383. 巴塞尔协议Ⅲ要求，资本充足率加资本缓冲比率在2019年以前从现在的8%逐步升至( )。
    A. 8.5% B. 9%
    C. 9.5% D. 10.5%

384. 投资者担心利率上升给自己带来损失时可通过( )进行套期保值，以便将未来借款利率固定在某一水平上。
    A. 货币互换 B. 卖出利率期货
    C. 买入远期利率协议 D. 卖出利率期权

385. 期权的价值最大的是( )。
    A. 1个月到期的期权 B. 3个月到期的期权
    C. 6个月到期的期权 D. 1年到期的期权

386. A出口商向B进口商出口商品，后因B进口商所在国家政策，资金无法转移给A出口商，此时A出口商面临的是( )。
    A. 国家转移风险 B. 市场风险
    C. 信用风险 D. 国家主权风险

387. 根据2018年中国某国际金融研究所的测算，如果利息市场化能完全实现，中、农、工、建四大行整体的利息净收入会比2015年下降近一半，净利息收入下降属于这四大行的( )。
    A. 投资风险 B. 利率风险
    C. 汇率风险 D. 法律风险

388. 根据贷款风险五级分类标准，贷款类别不包括(　　)。
    A. 正常类贷款　　　　　　　　B. 优先类贷款
    C. 关注类贷款　　　　　　　　D. 可疑类贷款

389. 下列期货产品中，不属于金融期货的是(　　)。
    A. 货币期货　　　　　　　　　B. 股指期货
    C. 利率期货　　　　　　　　　D. 黄金期货

第八章　货币供求及其均衡

刷基础　　　　　　　　　　　　　　　　　　紧扣大纲　夯实基础

390. 凯恩斯认为，当利率极低时，人们会认为这种利率不太可能上升而只会下跌，从而选择持币在手，这种现象称为(　　)。
    A. 流动偏好陷阱　　　　　　　B. 资产泡沫
    C. 边际消费倾向　　　　　　　D. 交易动机陷阱

391. 从货币形式保有资产存量的角度分析货币需求，重视存量占收入比例的货币需求理论是(　　)。
    A. 剑桥方程式　　　　　　　　B. 费雪方程式
    C. 现金交易说　　　　　　　　D. 凯恩斯的货币需求函数

392. 在我国的货币层次划分中，未包括在 M_1 中，却包括在 M_2 中的是(　　)。
    A. 支票存款　　　　　　　　　B. 流通中的现金
    C. 单位活期存款　　　　　　　D. 单位定期存款

393. 假设法定存款准备金率为10%，超额存款准备金率为5%，流通中的现金40亿美元，存款总量为150亿美元，则基础货币为(　　)亿美元。
    A. 28.5　　　　　　　　　　　B. 55.5
    C. 62.5　　　　　　　　　　　D. 90.0

394. 中央银行确定货币供给统计口径的标准是金融资产的(　　)。
    A. 稳定性　　　　　　　　　　B. 收益性
    C. 风险性　　　　　　　　　　D. 流动性

395. 垄断性企业为了获取垄断利润而人为提高产品售价，由此引起的通货膨胀属于(　　)通货膨胀。
    A. 需求拉上型　　　　　　　　B. 成本推进型
    C. 供求混合型　　　　　　　　D. 结构型

396. 在治理通货膨胀过程中，紧缩性收入政策主要是针对(　　)。
    A. 需求拉上型通货膨胀　　　　B. 成本推进型通货膨胀
    C. 结构型通货膨胀　　　　　　D. 供求混合型通货膨胀

397. 费雪认为，短期内货币流通的速度和产出保持不变，所以，货币存量的变化会引起(　　)水平的变化。
    A. 物价　　　　　　　　　　　B. 收入
    C. 税率　　　　　　　　　　　D. 汇率

398. 商业银行的存款准备金与非银行公众所持有的通货这两者之和是(　　)。

A. 货币供给量 B. 货币需求量
C. 不兑现信用货币 D. 基础货币

399. 假定某商业银行吸收到 2 000 万元的原始存款，然后贷放给客户，法定存款准备金率为 10%，超额存款准备金率为 4%，现金漏损率为 6%，则存款乘数是（　　）。
A. 5.0 B. 6.7
C. 10.0 D. 20.0

400. 表示产品市场上总产出等于总需求量的曲线是（　　）。
A. BP 曲线 B. J 曲线
C. IS 曲线 D. LM 曲线

401. 关于通货膨胀，以下说法中错误的是（　　）。
A. 通货膨胀是指一般物价水平的持续上涨
B. 一般物价水平的上涨是一定时间内的持续上涨
C. 自然灾害引起的物价上涨属于通货膨胀
D. 通货膨胀所指的物价上涨必须超过一定幅度

402. 可用于治理通货膨胀的货币政策措施是（　　）。
A. 提高法定存款准备金率 B. 降低利率
C. 降低再贴现率 D. 公开市场上买入政府债券

403. 假定 M_2 余额为 103.6 万亿元，M_1 余额为 31.1 万亿元，M_0 余额为 5.5 万亿元，则单位活期存款余额是（　　）万亿元。
A. 25.6 B. 67.0
C. 72.5 D. 98.1

404. 费雪方程式对货币需求分析的侧重点与剑桥方程式存在差异，其强调的是货币的（　　）。
A. 贮藏手段功能 B. 交易手段功能
C. 资产功能 D. 价值尺度功能

405. 凯恩斯的货币需求理论认为，人们的货币需求往往是由交易动机、预防动机和投机动机决定的，其中，由投机动机决定的货币需求主要取决于（　　）水平。
A. 利率 B. 收入
C. 物价 D. 边际消费

406. 负责发行货币、实施货币政策的机构是（　　）。
A. 中央银行 B. 财政部
C. 税务部门 D. 商业银行

407. 假定某商业银行原始存款为 1 000 万元，法定存款准备金率为 20%，超额存款准备金率为 2%，现金漏损率为 5%，则派生存款总额为（　　）万元。
A. 5 000 B. 4 000
C. 4 546 D. 3 704

408. 根据 IS-LM 曲线，在 IS 曲线上的任何一点都表示（　　）处于均衡状态。
A. 货币市场 B. 资本市场
C. 产品市场 D. 外汇市场

409. 总供给和总需求共同作用情况下的通货膨胀称为（　　）。

A. 综合型通货膨胀 B. 供求混合推进型通货膨胀
C. 结构型通货膨胀 D. 成本推进型通货膨胀

410. 为治理通货膨胀而采取紧缩性财政政策，政府可以削减转移性支出。下列支出中，属于转移性支出的是(　　)。
A. 政府投资、行政事业费 B. 福利支出、行政事业费
C. 福利支出、财政补贴 D. 政府投资、财政补贴

411. 通货紧缩的基本标志是(　　)。
A. 国民收入持续下降 B. 物价总水平持续下降
C. 货币供应量持续下降 D. 经济增长率持续下降

412. 在货币需求理论中，认为名义收入等于货币存量和货币流通速度的乘积，特别重视货币支持的数量和速度的理论是(　　)。
A. 现金余额说 B. 费雪方程式
C. 剑桥方程式 D. 凯恩斯的货币需求函数

413. 根据IS-LM曲线，在LM曲线上的任何一点都表示(　　)处于均衡状态。
A. 货币市场 B. 资本市场
C. 产品市场 D. 外汇市场

414. 石油危机、资源枯竭等造成原材料、能源价格上升，从而导致一般物价水平上涨，这种情形属于(　　)通货膨胀。
A. 需求拉上型 B. 成本推进型
C. 结构型 D. 隐蔽型

415. 假定某商业银行吸收到1 000万元的原始存款，然后贷放给客户，法定存款准备金率为12%，超额存款准备金率为3%，现金漏损率为5%，则存款乘数是(　　)。
A. 5.0 B. 6.7
C. 10.0 D. 20.0

416. 假定我国流通的货币现金为5万亿元，法定存款准备金为20万亿元，超额准备金为3万亿元，则我国的基础货币为(　　)万亿元。
A. 18 B. 23
C. 25 D. 28

417. 在完全市场经济条件下，货币均衡最主要的实现机制是(　　)。
A. 央行调控机制 B. 货币供给机制
C. 自动恢复机制 D. 利率机制

418. 为治理通货膨胀，中央银行一般会在市场上(　　)。
A. 出售有价证券 B. 购入有价证券
C. 加大货币投放量 D. 降低利率

419. 通货膨胀的基本标志是(　　)。
A. 物价上涨 B. 货币升值
C. 经济过热 D. 消费膨胀

420. 下列支出中，属于购买性支出的是(　　)。
A. 政府投资、行政事业费 B. 福利支出、行政事业费
C. 福利支出、财政补贴 D. 政府投资、财政补贴

421. 弗里德曼等经济学家针对通货膨胀治理而提出的收入指数化政策,是指将工资、利息等各种名义收入部分地或全部地与物价指数相联系,使其自动随物价指数的升降而升降。这种政策(   )。

A. 是针对需求拉上型通货膨胀而采取的一种治理通货膨胀的方法,可以降低通货膨胀在收入分配上的影响

B. 是针对成本推动型通货膨胀而采取的一种治理通货膨胀的方法,可以降低通货膨胀在收入分配上的影响

C. 是针对需求拉上型通货膨胀而采取的一种治理通货膨胀的方法,可以提高通货膨胀在收入分配上的影响

D. 是针对成本推动型通货膨胀而采取的一种治理通货膨胀的方法,可以提高通货膨胀在收入分配上的影响

422. 弗里德曼认为,货币政策的传导变量应为(   )。

A. 基础货币　　　　　　　　B. 超额储备
C. 货币供应量　　　　　　　D. 利率

423. 某国的 LM 曲线为 $Y = 500 + 2\,000i$,某一时期总产出(Y)为 600,利率水平(i)为 10%,表明该时期存在(   )。

A. 超额商品供给　　　　　　B. 超额商品需求
C. 超额货币供给　　　　　　D. 超额货币需求

424. 下列关于派生存款的表述中,错误的是(   )。

A. 派生存款的大小取决于原始存款数量的大小和法定存款准备金率的高低
B. 派生出来的存款同原始存款的数量成反比
C. 派生出来的存款同法定存款准备金率成反比
D. 法定存款准备金率越高,存款扩张倍数越小

425. 国际劳务收支保持不变时收支和利率组合所形成的轨迹是(   )。

A. IS 曲线　　　　　　　　　B. LM 曲线
C. BP 曲线　　　　　　　　　D. KP 曲线

426. 在席卷全球的金融危机期间,中央银行为了对抗经济衰退,刺激国民经济增长,不应该采取的措施是(   )。

A. 降低商业银行法定存款准备金率　　B. 降低商业银行再贴现率
C. 在证券市场上卖出国债　　　　　　D. 下调商业银行贷款基准利率

427. 在货币需求理论中,从用货币形式保有资产存量的角度考虑货币需求,重视存量占收入比例的理论是(   )。

A. 现金交易说　　　　　　　B. 费雪方程式
C. 剑桥方程式　　　　　　　D. 凯恩斯的货币需求函数

428. 凯恩斯认为,(   )是人们喜欢以货币形式保持一部分财富的愿望或动机。

A. 货币流动性偏好　　　　　B. 货币幻觉
C. 流动性偏好陷阱　　　　　D. 流动性过剩

429. 凯恩斯的货币需求函数非常重视(   )。

A. 利率的主导作用　　　　　B. 货币供应量的作用
C. 恒久性收入的作用　　　　D. 汇率的主导作用

430. 西方学者划分货币层次的主要依据是（　　）。
    A. 流动性   B. 稳定性
    C. 风险性   D. 收益性

431. 一国在二级银行体制下，基础货币为100亿元，原始存款为300亿元，货币乘数为5，则该国货币供应量等于（　　）亿元。
    A. 200   B. 300
    C. 500   D. 600

刷进阶　　　　　　　　　　　　　　　高频进阶　强化提升

432. 下列关于蒙代尔-弗莱明模型的说法中，错误的是（　　）。
    A. 财政政策在浮动汇率下对刺激经济效果显著
    B. 货币政策在固定汇率下对刺激经济毫无效果
    C. 货币政策在浮动汇率下对刺激经济效果显著
    D. 财政政策在固定汇率下对刺激经济效果显著

433. 通货膨胀实质是一种货币现象，表现为商品和生产要素价格总水平在一定时期内（　　）。
    A. 持续下降   B. 持续上升
    C. 间歇性下降   D. 间歇性上升

434. 凯恩斯认为，当利率极低时，投机动机引起的货币需求量是无限的，并将这种现象称为（　　）。
    A. 现金偏好   B. 货币幻觉
    C. 流动性过剩   D. 流动性偏好陷阱

435. 凯恩斯认为，货币需求量受未来利率不确定性的影响，因此，货币政策应采取（　　）。
    A. 单一规则   B. 泰勒法则
    C. 相机行事   D. 蛇形浮动

436. 假定某商业银行原始存款为2 000万元，法定存款准备金率为15%，超额存款准备金率为6%，现金漏损率为4%，则派生存款总额为（　　）万元。
    A. 2 000   B. 4 000
    C. 8 000   D. 20 000

437. 一国在二级银行体制下，基础货币为150亿元，原始存款为400亿元，货币乘数为4，则该国货币供应量等于（　　）亿元。
    A. 550   B. 600
    C. 1 600   D. 2 200

438. "太多的货币追求太少的商品"描述的通货膨胀类型是（　　）通货膨胀。
    A. 需求拉上型   B. 预期型
    C. 结构型   D. 成本推进型

439. 货币主义与凯恩斯主义在货币政策传导变量的选择上存在不同。货币主义坚持认为，货币政策的传导变量应该选择（　　）。
    A. 恒久性收入   B. 汇率

C. 利率 D. 货币供应量

440. 费雪方程式表明在交易中发生的货币支付总额等于( )。
    A. 中央银行的货币供给量 B. 人们对货币的需求量
    C. 商品和服务的交易量 D. 被交易商品和服务总价值

441. 货币乘数的计算公式为( )。
    A. 货币乘数=存款总额/原始存款额 B. 货币乘数=派生存款总额/原始存款额
    C. 货币乘数=货币供给量/基础货币 D. 货币乘数=货币流通量/存款准备金

442. 我国的货币供应量划分中，M_0 代表( )。
    A. 单位活期存款 B. 流通中的现金
    C. 单位定期存款+居民个人储蓄存款 D. 流通中的现金+单位活期存款

443. 在通货膨胀时期，中央银行可以采取的办法是( )。
    A. 降低再贴现率 B. 降低法定存款准备金率
    C. 提高法定存款准备金率 D. 降低利率

444. 治理通货紧缩的举措中，一般不经常使用的政策措施是( )。
    A. 减税 B. 扩张性货币政策
    C. 加快产业结构调整 D. 增加财政支出

445. 弗里德曼货币需求函数认为，与货币需求量呈同方向变化的是( )。
    A. 各种资产的预期收益 B. 各种随机变量
    C. 机会成本 D. 财富结构

446. 中央银行要求银行必须持有的准备金称为( )。
    A. 超额存款准备金 B. 法定存款准备金
    C. 自留准备金 D. 流通中现金

447. 如果经济活动位于 IS 曲线右边的区域，说明存在( )。
    A. 超额商品供给 B. 超额商品需求
    C. 超额货币供给 D. 超额货币需求

448. 下列通货膨胀的类型中，不属于按照通货膨胀的程度进行分类的是( )。
    A. 爬行式通货膨胀 B. 结构型通货膨胀
    C. 温和式通货膨胀 D. 奔腾式通货膨胀

449. 下列关于基础货币的说法中，正确的是( )。
    A. 它是单位定期存款和单位其他存款之和
    B. 中央银行通过其资产业务创造基础货币
    C. 它是中央银行的非货币性负债
    D. 中央银行通过卖出黄金投放基础货币

450. 根据我国货币供应量层次的划分，M_1 包括流通中的现金和( )。
    A. 单位定期存款 B. 单位活期存款
    C. 大额可转让定期存单 D. 储蓄存款

451. LM 曲线左侧的点，代表( )。
    A. 超额产品供给 B. 超额货币需求
    C. 超额产品需求 D. 超额货币供给

452. 根据费雪方程式，如果一国货币总量为150，价格水平为2，各类商品的交易数量为

300，则该国的货币流通速度是( )。
A. 0.25　　　　　　　　　　B. 1
C. 4　　　　　　　　　　　　D. 5

453. 有观点认为，当利率极低时，人们的货币需求量无限大，任何新增的货币都会被人们持有。此观点的代表人物是( )。
A. 费雪　　　　　　　　　　B. 马歇尔
C. 凯恩斯　　　　　　　　　D. 弗里德曼

454. 凯恩斯认为，由交易动机和预防动机引起的货币需求取决于( )水平。
A. 收入　　　　　　　　　　B. 物价
C. 利率　　　　　　　　　　D. 汇率

第九章　中央银行与金融监管

刷基础

455. 下列中央银行的职能中，属于"政府的银行"职能的是( )。
A. 管理境内金融市场　　　　B. 制定实施货币政策
C. 控制信用规模　　　　　　D. 代理国债发行

456. 下列中央银行业务中，不属于资产业务的是( )。
A. 再贴现业务　　　　　　　B. 再贷款业务
C. 债券发行业务　　　　　　D. 证券买卖业务

457. 下列关于存款准备金率政策的说法中，错误的是( )。
A. 缺乏弹性，不宜作为中央银行日常调控货币供给的工具
B. 调控效果最猛烈，不宜作为经常性的货币政策工具
C. 对货币供应量的作用迅速，对松紧信用较公平
D. 政策效果不受商业银行超额存款准备金的影响

458. 中央银行进行公开市场操作时，在金融市场上买卖的有价证券主要是( )。
A. 国债　　　　　　　　　　B. 公司债券
C. 银行承兑汇票　　　　　　D. 商业承兑汇票

459. 下列变量中，属于中央银行货币政策操作指标的是( )。
A. 再贴现　　　　　　　　　B. 货币供应量
C. 存款准备金率　　　　　　D. 国际收支

460. 主动性在商业银行而不在中央银行的一般性货币政策工具是( )。
A. 存款准备金率政策　　　　B. 公开市场操作
C. 再贴现政策　　　　　　　D. 贷款限额

461. 根据《商业银行风险监管核心指标》，我国商业银行不良贷款率不得高于( )。
A. 2%　　　　　　　　　　　B. 3%
C. 4%　　　　　　　　　　　D. 5%

462. 下列中央银行资产负债项目中，属于中央银行对金融机构债权的是( )。
A. 对金融机构债权　　　　　B. 存款准备金
C. 资本项目　　　　　　　　D. 通货发行

463. 通货膨胀目标制的核心是以确定的通货膨胀率作为货币政策目标或一个目标区间,当预测实际通货膨胀率高于目标或目标区间时就采取( )。
    A. 紧缩货币政策   B. 宽松货币政策
    C. 非调节型货币政策   D. 中性货币政策

464. 下列货币政策工具中,通过调节货币和信贷的供给影响货币供应量,进而对经济活动的各个方面都产生影响的是( )。
    A. 证券市场信用控制   B. 窗口指导
    C. 公开市场业务   D. 利率限制

465. 在证券公司的股权管理中,证券公司的下列行为不需要报中国证监会批准的是( )。
    A. 向银行进行大额贷款
    B. 减少注册资本
    C. 变更持有5%以上股权的股东
    D. 增加注册资本且股权结构发生重大调整

466. 下列不属于直接信用控制的货币政策工具的是( )。
    A. 流动性比率   B. 利率限制
    C. 直接干预   D. 优惠利率

467. 下列说法中,不属于中央银行存款准备金率政策优点的是( )。
    A. 中央银行具有完全的自主权   B. 对货币供应量的作用迅速
    C. 作用猛烈,缺乏弹性   D. 对松紧信用较公平

468. 下列关于货币政策操作目标的说法中,正确的是( )。
    A. 介于货币中介目标与终极目标政策之间
    B. 介于货币政策工具与中介目标之间
    C. 货币政策实施的远期操作目标
    D. 货币政策工具操作的远期目标

469. 根据《商业银行风险监管核心指标(试行)》,我国商业银行的营业费用与营业收入之比不应高于( )。
    A. 50%   B. 60%
    C. 45%   D. 35%

470. 根据《商业银行风险监管核心指标(试行)》,我国商业银行的资产利润率是( )。
    A. 营业费用与营业收入之比   B. 净利润与平均净资产余额之比
    C. 净利润与平均资产余额之比   D. 流动性负债与流动性资产之比

471. 在银行业监管中,监管当局对商业银行现场检查的基础是( )。
    A. 盈利性检查   B. 流动性检查
    C. 合规性检查   D. 风险性检查

472. 《证券公司监督管理条例》规定,公司应当对离任的证券公司高级管理人员进行审计,并自其离任之日起( )内将审计报告报送国务院证券监督管理机构。
    A. 1个月   B. 2个月
    C. 3个月   D. 6个月

473. 根据我国《证券公司监督管理条例》,下列关于证券公司市场准入条件的说法中,错误

的是( )。
  A. 证券公司股东的出资应是货币或经营中必需的非货币资产
  B. 入股股东被判处刑罚执行完毕未逾3年者不得成为证券公司实际控制人
  C. 单位或个人可以委托他人或接受他人委托，持有证券公司股权
  D. 证券公司高级管理人员应有3名以上具有在证券业担任高级管理人员满2年的经历

474. 在金融宏观调控机制的构成要素中，调控主体是( )。
  A. 商业银行   B. 中央银行
  C. 企业   D. 居民

475. 货币政策的最终目标是( )。
  A. 物价稳定、充分就业、经济增长、国际收支平衡
  B. 物价稳定、充分就业、经济增长、国际收支顺差
  C. 物价稳定、充分就业、经济增长、产业结构升级
  D. 物价稳定、充分就业、经济增长、促进金融改革

476. 下列关于金融宏观调控机制中第一阶段的说法中，正确的是( )。
  A. 调控工具为货币政策工具   B. 中介指标为货币供应量等
  C. 变化中介为商业银行   D. 调控受体为企业与居民

477. 凯恩斯学派与货币主义学派有关货币政策传导机制的主要分歧在于( )。
  A. 前者强调利率指标而后者强调货币供应量指标在传导机制中的作用
  B. 前者强调货币供应量指标而后者强调利率指标在传导机制中的作用
  C. 前者强调基础货币而后者强调短期利率在传导机制中的作用
  D. 前者强调短期利率而后者强调基础货币在传导机制中的作用

478. 以下不属于市场准入监管的是( )。
  A. 审批资本充足率   B. 审批注册机构
  C. 审批注册资本   D. 审批高级管理人员任职资格

479. 根据《商业银行风险监管核心指标(试行)》，我国银行机构的全部关联度，即全部关联授信与资本净额之比，不应高于( )。
  A. 5%   B. 10%
  C. 15%   D. 50%

480. 商业银行的贷款拨备率为( )。
  A. 贷款损失准备与不良贷款余额之比   B. 贷款损失准备与各项贷款余额之比
  C. 各项贷款余额与贷款损失准备之比   D. 不良贷款余额与贷款损失准备之比

481. 非现场监督是监管当局针对单个银行在( )的基础上收集、分析银行机构经营稳健性和安全性的一种方式。
  A. 单一报表   B. 并表
  C. 实地作业   D. 经验判断

482. 下列法律法规中，属于中国证监会证券业监管法律法规体系中第二层次依据的是( )。
  A.《公司法》   B.《证券法》
  C.《证券投资基金法》   D.《证券登记结算管理办法》

483. 在中央银行的职能中，"银行的银行"的职能主要是指( )。

A. 垄断发行货币，调节货币供应量
B. 代理国库
C. 集中保管存款准备金，充当最后贷款人
D. 实施货币政策，制定金融法规

484. 货币政策是中央银行为实现特定经济目标而采取的各种方针、政策、措施的总称。下列关于货币政策基本特征的说法中，错误的是(　　)。
    A. 货币政策是宏观经济政策　　　B. 货币政策是调节社会总供给的政策
    C. 货币政策主要是间接调控政策　D. 货币政策是长期连续的经济政策

485. 在金融宏观调控中，货币政策的传导和调控过程要经历金融领域和实体经济领域。此处的金融领域是指(　　)。
    A. 企业的股票发行与流通　　　B. 居民的金融投资
    C. 政府的国债发行与流通　　　D. 货币的供给与需求

486. 下列关于中央银行业务的描述中，不属于中央银行负债业务的是(　　)。
    A. 中国人民银行通过贷款渠道发行人民币
    B. 中国人民银行吸收存款准备金
    C. 中国人民银行接受政府委托管理国库
    D. 中国人民银行组织全国商业银行进行资金清算

487. 中央银行的公开市场业务的优点是(　　)。
    A. 主动权在政府　　　B. 主动权在企业
    C. 主动权在商业银行　D. 主动权在中央银行

488. 菲利普斯曲线说明了货币政策之间存在矛盾的是(　　)的矛盾。
    A. 稳定物价与经济增长　　B. 稳定物价与充分就业
    C. 稳定物价与国际收支平衡　D. 经济增长与国际收支平衡

489. 中央银行在金融市场上卖出政府债券时，相应(　　)基础货币。
    A. 收回　　B. 卖出
    C. 投放　　D. 买断

490. 降低存款准备金比率，就可以改变货币乘数，(　　)。
    A. 提高商业银行的信用扩张能力，起到收缩货币供应量的效果
    B. 限制商业银行的信用扩张能力，起到收缩货币供应量的效果
    C. 降低商业银行的信用扩张能力，起到扩张货币供应量的效果
    D. 提高商业银行的信用扩张能力，起到扩张货币供应量的效果

491. 单一客户贷款集中度，即对最大一家客户贷款总额与(　　)之比。
    A. 总负债　　　B. 不良贷款总额
    C. 贷款总额　　D. 资本净额

492. 在保险法律体系中，保险公司与投保人、被保险人及受益人通过保险合同建立的主体间的权利义务法律关系，适用(　　)保险法律规范。
    A. 商事　　B. 刑事
    C. 民事　　D. 行政

493. 中央银行为实现特定的经济目标而采取的各种控制、调节货币供应量或信用量的方针、政策、措施的总称是(　　)。

A. 货币政策　　　　　　　　　　B. 货币政策工具
C. 信贷政策　　　　　　　　　　D. 信贷政策工具

494. 作为货币政策工具，再贴现的缺点是(　　)。
   A. 在调节货币供应总量的同时又调节了信贷结构
   B. 主动权不在商业银行
   C. 主动权不在中央银行
   D. 以票据融资风险大

495. 货币政策的操作目标在货币政策传导当中，它(　　)。
   A. 介于货币政策中介目标与最终目标之间
   B. 是货币政策实施的远期操作目标
   C. 是货币政策工具操作的远期目标
   D. 是货币政策工具直接作用的对象

496. 保险法律体系中，保险监管机构与保险人之间的法律规范关系，适用(　　)保险法律规范。
   A. 商事　　　　　　　　　　　B. 刑事
   C. 民事　　　　　　　　　　　D. 行政

497. 根据凯恩斯的货币政策传导机制理论，货币政策增加国民收入的效果取决于投资和货币需求的利率弹性，其中，增加货币供给，能导致国民收入增长较大的组合是(　　)。
   A. 投资的利率弹性小，货币需求的利率弹性大
   B. 投资的利率弹性大，货币需求的利率弹性小
   C. 投资和货币需求的利率弹性都大
   D. 投资和货币需求的利率弹性都小

498. 我国的货币政策目标是(　　)。
   A. 保持货币币值稳定，并以此促进经济增长
   B. 稳定币值
   C. 促进经济增长
   D. 经济增长，充分就业

499. 现券买断为中央银行直接从二级市场买入债券，一次性地(　　)。
   A. 投放基础货币　　　　　　　B. 回笼基础货币
   C. 投放准货币　　　　　　　　D. 回笼准货币

500. 根据《商业银行风险监管核心指标(试行)》，我国商业银行的不良贷款率，即不良贷款与贷款总额之比不得超过(　　)。
   A. 5%　　　　　　　　　　　　B. 8%
   C. 10%　　　　　　　　　　　 D. 15%

501. 根据《商业银行风险监管核心指标(试行)》，我国衡量商业银行资产安全性指标中，不良资产率是指(　　)之比。
   A. 不良贷款与贷款总额　　　　B. 不良贷款与总资产
   C. 不良资产与资产总额　　　　D. 不良资产与贷款总额

502. 根据《商业银行风险监管核心指标(试行)》，资产利润率不应低于(　　)。

A. 35% B. 0.6%
C. 11% D. 15%

503. 在金融宏观调控机制的构成要素中,调控的客体是(   )。
   A. 商业银行 B. 中央银行
   C. 政府 D. 居民

504. 《证券公司监督管理条例》规定,有因故意犯罪被判处刑罚,刑罚执行完毕未逾3年以及不能清偿到期债务等情形之一的单位或者个人,不得成为证券公司持股(   )以上的股东或者实际控制人。
   A. 3% B. 5%
   C. 10% D. 20%

505. 中央银行宏观金融调控的中介指标是(   )。
   A. 再贴现率 B. 超额存款准备金
   C. 基础货币 D. 货币供应量

506. 在经济学中,充分就业是指(   )。
   A. 社会劳动力100%就业
   B. 所有有能力的劳动力都能随时找到适当的工作
   C. 并非劳动力100%就业,至少要排除摩擦性失业和自愿失业
   D. 西方国家一般认为10%以下的失业率为充分就业

507. 作为一种直接信用控制的货币政策工具,利率限制是指中央银行规定(   )。
   A. 存款利率和贷款利率的下限 B. 存款利率和贷款利率的上限
   C. 存款利率的上限和贷款利率的下限 D. 存款利率的下限和贷款利率的上限

508. 中央银行向一级交易商卖出有价证券,并约定在未来特定日期买回有价证券的交易行为是(   )。
   A. 正回购 B. 逆回购
   C. 现券买断 D. 现券卖断

509. 根据凯恩斯学派的货币政策传导机制理论,货币政策增加国民收入的效果,主要取决于(   )。
   A. 投资的利率弹性和货币需求的利率弹性
   B. 投资的利率弹性和货币供给的利率弹性
   C. 投资的收入弹性和货币需求的收入弹性
   D. 投资的收入弹性和货币供给的收入弹性

510. 国内系统重要性银行附加资本要求为风险加权资产的(   ),由核心一级资本满足。
   A. 2% B. 2.5%
   C. 1% D. 1.5%

511. 目前我国证券发行的审核制度是(   )。
   A. 审批制 B. 注册制
   C. 额度制 D. 核准制

512. 作为监管当局分析银行机构经营稳健性和安全性的一种方式,非现场监督的资料收集的基础是(   )。
   A. 单个银行的具体事件 B. 多家银行的问题反映

C. 多家银行的单一报表　　　　D. 单个银行的合并报表

513. 再贴现作用于经济的途径不包括(　　)。
    A. 借款成本效果　　　　　　B. 宣示效果
    C. 结构调节效果　　　　　　D. 对货币乘数的影响

514. 认为政府管制仅仅保护主宰了管制机关的一个或几个特殊利益集团的利益，对整个社会并无助益。这种观点属于(　　)。
    A. 特殊利益论　　　　　　　B. 经济监管论
    C. 公共利益论　　　　　　　D. 社会选择论

515. 中央银行是银行的银行，是指中央银行(　　)。
    A. 是商业银行与其他金融机构的最后贷款人
    B. 监管商业银行与其他金融机构
    C. 通过商业银行的货币创造调节货币供应量
    D. 为政府提供贷款

刷进阶　　　　　　　　　　　　　　　　　　高频进阶 强化提升

516. 宏观调控是国家运用宏观经济政策对经济运行进行的调节和干预，其中，金融宏观调控的核心是(　　)和宏观审慎政策。
    A. 利率政策　　　　　　　　B. 货币政策
    C. 财政政策　　　　　　　　D. 贴现政策

517. 根据凯恩斯学派货币政策传导机制理论，货币政策的作用是首先改变货币市场的均衡，然后改变(　　)。
    A. 利率　　　　　　　　　　B. 货币市场
    C. 货币供应量　　　　　　　D. 实际资产领域

518. 在中央银行的一般性货币政策工具中，与存款准备金政策相比，公开市场业务的优点之一是(　　)。
    A. 富有弹性，可对货币进行微调　　B. 对商业银行具有强制性
    C. 时滞较短，不确定性小　　　　　D. 不需要发达的金融市场条件

519. 正常贷款中变为不良贷款的金额与正常贷款之比是(　　)。
    A. 正常贷款迁徙率　　　　　B. 不良贷款率
    C. 次级贷款迁徙率　　　　　D. 并表和未并表的杠杆率

520. 现券卖断为中央银行直接卖出持有债券，一次性地(　　)。
    A. 投放基础货币　　　　　　B. 回笼基础货币
    C. 投放准货币　　　　　　　D. 回笼准货币

521. 认为政府管制属于公共选择问题，管制制度作为公共产品，供给由政府提供，各利益主体是其需求者，这种观点源自(　　)。
    A. 公共利益论　　　　　　　B. 特殊利益论
    C. 社会选择论　　　　　　　D. 经济监管论

522. 下列法律法规中，属于中国证监会证券监管法律法规体系中第三层次依据的是(　　)。
    A.《证券法》　　　　　　　 B.《证券公司分支机构审批规则》

C.《证券登记结算管理办法》　　　　D.《证券发行与承销管理办法》

523. 中央银行相对独立性模式中，采用独立性较大模式的是(　　)。
    A. 意大利中央银行　　　　　　　B. 英格兰银行
    C. 日本银行　　　　　　　　　　D. 美联储

524. 中央银行代理国债发行及到期国债的还本付息，从其职能上看属于(　　)。
    A. 代理政府金融事务　　　　　　B. 代理国库
    C. 充当最后贷款人　　　　　　　D. 调节国际收支

525. 货币政策最终目标之间基本统一的是(　　)。
    A. 稳定物价与经济增长　　　　　B. 稳定物价与充分就业
    C. 经济增长与充分就业　　　　　D. 经济增长与国际收支平衡

526. 中央银行通过提高利率，紧缩信贷，减少货币供给，从而抑制投资，压缩总需求，防止经济过热的政策是(　　)。
    A. 扩张型货币政策　　　　　　　B. 紧缩型货币政策
    C. 扩张型财政政策　　　　　　　D. 紧缩型财政政策

527. 根据凯恩斯学派货币政策传导机制理论，货币政策首先作用于(　　)。
    A. 利率　　　　　　　　　　　　B. 货币市场
    C. 实际资产领域　　　　　　　　D. 货币供应量

528. 监管是政府对公众要求纠正某些社会组织和个体的不公正、不公平、无效率或低效率的一种回应，是政府用来改善资源配置和收入分配的一种手段。该观点源自管制理论中的(　　)。
    A. 公共利益论　　　　　　　　　B. 特殊利益论
    C. 社会选择论　　　　　　　　　D. 经济监管论

529. 拨备覆盖率为贷款损失准备与不良贷款余额之比，其基本标准是(　　)。
    A. 20%~50%　　　　　　　　　　B. 60%~90%
    C. 70%~100%　　　　　　　　　 D. 120%~150%

530. 假设某证券公司的注册资本为50亿元，则该公司股东的非货币财产出资总额不得超过(　　)亿元。
    A. 5　　　　　　　　　　　　　　B. 10
    C. 12.5　　　　　　　　　　　　 D. 15

531. 在监测银行机构的流动性是否保持在适度水平时，商业银行流动性覆盖率应当不低于(　　)。
    A. 50%　　　　　　　　　　　　 B. 75%
    C. 100%　　　　　　　　　　　　D. 25%

532. 在银行监管的基本方法中，现场检查主要包括的内容为(　　)。
    A. 合理性检查和流动性检查　　　B. 合规性检查和风险性检查
    C. 收益性检查和稳定性检查　　　D. 合法性检查和安全性检查

533. 在下列法律关系中，属于保险行政法律规范的是(　　)。
    A. 保险公司与投保人之间的权利义务法律关系
    B. 被保险人与受益人之间的权利义务法律关系
    C. 保险公司与保险代理人之间的权利义务法律关系

D. 保险监管机构与保险人之间的法律规范关系

534. 中央银行多次上调法定存款准备金率和存贷款基准利率,其政策效果是(　　)。
A. 降低商业银行创造货币的能力,提高企业借贷成本
B. 提高商业银行创造货币的能力,提高企业借贷成本
C. 提高商业银行创造货币的能力,降低企业借贷成本
D. 降低商业银行创造货币的能力,降低企业借贷成本

535. 在中央银行的职能中,"发行的银行"的职能主要是指(　　)。
A. 垄断发行货币,调节货币供应量
B. 代理国库
C. 集中保管存款准备金,充当最后贷款人
D. 实施货币政策,制定金融法规

536. 中国人民银行向一级交易商购买有价证券,并约定在未来特定日期卖给原一级交易商的交易行为是(　　)。
A. 正回购　　　　　　　　　B. 逆回购
C. 现券买断　　　　　　　　D. 现券卖断

537. 根据《商业银行风险监管核心指标(试行)》,核心负债比例是核心负债与总负债之比,不应低于(　　)。
A. 25%　　　　　　　　　　B. 35%
C. 50%　　　　　　　　　　D. 60%

538. 中期借贷便利作为中国人民银行新创设的货币政策工具,其发放方式是(　　)。
A. 担保方式　　　　　　　　B. 质押方式
C. 信用方式　　　　　　　　D. 抵押方式

539. 管制制度作为一种公共产品,只能由代表社会利益的政府来供给和安排,目的在于促进一般社会福利,该观点源自金融监管理论中的(　　)。
A. 经济监管论　　　　　　　B. 公共利益论
C. 社会选择论　　　　　　　D. 特殊利益论

540. 我国法律规定银行对最大一家客户贷款总额与资本净额之比不得高于(　　)。
A. 10%　　　　　　　　　　B. 20%
C. 30%　　　　　　　　　　D. 5%

541. 证券公司股东的非货币财产出资总额不得超过证券公司注册资本的(　　)。
A. 10%　　　　　　　　　　B. 20%
C. 30%　　　　　　　　　　D. 50%

542. 我国目前对保险公司偿付能力的监管标准适用的是(　　)偿付能力原则。
A. 适度　　　　　　　　　　B. 自主
C. 最低　　　　　　　　　　D. 最高

543. 中央银行货币政策工具中,再贴现政策的优点不包括(　　)。
A. 政策效果猛烈　　　　　　B. 调整机动、灵活
C. 以票据融资,风险较小　　D. 有利于中央银行发挥最后贷款人职能

544. 在金融市场失灵的条件下,市场机制不能带来资源的最优配置,因此需要政府进行金融监管,这种观点符合(　　)。

A. 公共利益论 B. 特殊利益论
C. 社会选择论 D. 监管辩证论

545. 根据2015年4月1日起施行的《商业银行杠杆率管理办法(修订)》,商业银行并表和未并表的杠杆率均不得低于( )。
A. 2% B. 3%
C. 4% D. 6%

546. 某商业银行的净利润与资产平均余额之比为0.5%,流动性资产与流动性负债之比为30%。根据《商业银行风险监管核心指标》,该银行的( )不满足监管要求。
A. 资本充足性指标 B. 流动适度性指标
C. 资产安全性指标 D. 收益合理性指标

547. 关于中央银行是"发行的银行"的说法,错误的是( )。
A. 中央银行具有发行货币职能 B. 中央银行负责维护货币的稳定
C. 中央银行负责创造货币的需求 D. 中央银行可以调节货币供给

548. 根据《商业银行风险监管核心指标》,不良资产率是指不良资产与( )的比率。
A. 贷款总额 B. 资本净额
C. 全部关联授信额 D. 资产总额

第十章 国际金融及其管理

刷基础

549. 按照离岸金融中心的分类,新加坡的亚洲货币单位属于( )。
A. 避税港型中心 B. 伦敦型中心
C. 东京型中心 D. 纽约型中心

550. 类似于传统钉住安排,但波动幅度大于±1%的汇率安排是( )。
A. 水平区间内钉住汇率制 B. 爬行钉住汇率制
C. 爬行区间钉住汇率制 D. 单独浮动

551. 以外国货币表示本国货币的价格,这种汇率为( )。
A. 外汇汇率 B. 本币汇率
C. 即期汇率 D. 远期汇率

552. 2019年12月底,某国当年未清偿外债余额为14 320亿美元,短期债务率是62%,则该国的短期外债余额是( )亿美元。
A. 5 643 B. 6 105
C. 7 359 D. 8 878

553. 一国出现国际收支逆差时,可以采用( )。
A. 紧的财政政策 B. 松的财政政策
C. 中性财政政策 D. 混合财政政策

554. 以汇率形成机制为标准,汇率可分为( )。
A. 基本汇率与套算汇率 B. 双边汇率与多边汇率
C. 官方汇率与市场汇率 D. 即期汇率与远期汇率

555. 在传统的钉住汇率制下,汇率波动幅度一般不超过( )。

A. ±0.25% B. ±0.5%
C. ±1.0% D. ±2.25%

556. 假定某国 2018 年国民生产总值为 20 000 亿美元, 短期外债余额为 250 亿美元, 当年未清偿外债余额为 1 650 亿美元, 当年货物服务出口总额为 2 100 亿美元, 则该国当年负债率为( )。
   A. 1.25% B. 8.25%
   C. 10.50% D. 15.15%

557. 如果一国出现国际收支逆差, 则该国( )。
   A. 外汇供不应求, 外汇汇率上升, 本币贬值
   B. 外汇供不应求, 外汇汇率下降, 本币升值
   C. 外汇供过于求, 外汇汇率上升, 本币贬值
   D. 外汇供过于求, 外汇汇率下降, 本币升值

558. 如果一国的国际收支因为本国的通货膨胀率高于他国的通货膨胀率而出现不均衡, 则称该国的国际收支不均衡是( )。
   A. 收入性不均衡 B. 货币性不均衡
   C. 周期性不均衡 D. 结构性不均衡

559. 以下属于我国外债的总体结构特征的是( )。
   A. 以长期外债为主 B. 外币外债余额占比高
   C. 企业外债余额占比最高 D. 偿债率偏高

560. 与传统的国际金融市场不同, 欧洲货币市场从事( )。
   A. 居民与非居民之间的借贷 B. 非居民与非居民之间的借贷
   C. 居民与非居民之间的外汇交易 D. 非居民与非居民之间的外汇交易

561. 某国未清偿外债余额为 1 200 亿美元, 国民生产总值为 8 000 亿美元, 货物服务出口总额为 1 600 亿美元, 当年外债还本付息总额为 400 亿美元, 则该国外债债务率为( )。
   A. 15% B. 75%
   C. 25% D. 5%

562. 当国际收支出现逆差时, 一国之所以采用本币贬值的汇率政策, 是因为本币贬值以后, 以外币标价的出口商品价格下降, 而以本币标价的进口商品价格上涨, 从而( ), 使国际收支逆差减小, 乃至恢复均衡。
   A. 刺激出口和进口 B. 限制出口和进口
   C. 刺激出口, 限制进口 D. 限制出口, 刺激进口

563. 在一国出现国际收支逆差时, 该国可以采用本币贬值的汇率政策进行调节, 该政策主要用来调节逆差国家国际收支的( )。
   A. 经常项目收支 B. 资本项目收支
   C. 金融项目收支 D. 错误与遗漏项目收支

564. 在国际储备的结构管理中, 国际储备资产结构的优化集中在( )结构的优化上。
   A. 黄金储备和特别提款权
   B. 黄金储备和外汇储备
   C. 特别提款权和 IMF 储备头寸

D. 外汇储备和 IMF 储备头寸

565. 以特别提款权为面值发行的国际债券属于( )。
A. 扬基债券　　　　　　　　B. 外国债券
C. 欧洲债券　　　　　　　　D. 武士债券

566. 狭义的外汇管理主要表现为( )。
A. 对外汇可得性和价格的限制　　B. 对外汇可得性和数量的限制
C. 对外汇流动性和数量的限制　　D. 对外汇流动性和价格的限制

567. 在汇率制度中，管理浮动的本质特征是( )。
A. 各国维持本币对美元的法定平价　　B. 官方或明或暗地干预外汇市场
C. 汇率变动受黄金输送点约束　　D. 若干国家的货币彼此建立固定联系

568. 下列关于国际收支不均衡调节的经济政策的说法中，错误的是( )。
A. 财政政策主要调节经常项目收支
B. 货币政策只调节资本项目收支
C. 货币政策既调节经常项目收支，也调节资本项目收支
D. 汇率政策主要调节经常项目收支

569. 当一国出现国际收支顺差时，该国货币当局会投放本币，收购外汇，从而导致( )。
A. 外汇储备增多，通货膨胀　　B. 外汇储备增多，通货紧缩
C. 外汇储备减少，通货膨胀　　D. 外汇储备减少，通货紧缩

570. 非居民在异国债券市场上以市场所在地货币为面值发行的国际债券称为( )。
A. 外国债券　　　　　　　　B. 欧洲债券
C. 亚洲债券　　　　　　　　D. 国际债券

571. 如果我国允许国内企业为支付商品或劳务进口而自由地将人民币兑换为外币，则说明人民币实现了( )。
A. 自由兑换　　　　　　　　B. 完全可兑换
C. 资本项目可兑换　　　　　　D. 经常项目可兑换

572. 如果一国出现国际收支逆差，该国外汇供不应求，则( )。
A. 外汇汇率下跌　　　　　　B. 外汇汇率上涨
C. 本币汇率上涨　　　　　　D. 本币法定升值

573. 当一国出现国际收支逆差进而导致外汇储备不足时，该国可以采用紧缩性货币政策进行调节。这是因为，紧缩性货币政策可以同时导致( )，从而使国际收支逆差减小，乃至恢复均衡。
A. 有支付能力的进口需求减少，国外资本因利率提高而流入
B. 有支付能力的进口需求增多，国外资本因利率提高而流入
C. 有支付能力的进口需求增多，国外资本因利率下降而流出
D. 有支付能力的进口需求减少，国外资本因利率下降而不再流入

574. 某年10月，国际金融公司和亚洲开发银行分别获准在我国银行间债券市场发行11.3亿元和10亿元的人民币债券。该种债券在性质上属于( )。
A. 外国债券　　　　　　　　B. 欧洲债券
C. 扬基债券　　　　　　　　D. 武士债券

575. 欧洲货币市场的交易客体是欧洲货币。下列资金借贷中，属于欧洲货币交易的是（　　）。
　　A. 不用缴纳存款准备金的居民之间的资金借贷
　　B. 需要缴纳存款准备金的居民之间的资金借贷
　　C. 需要缴纳存款准备金的居民与非居民之间的资金借贷
　　D. 不用缴纳存款准备金的非居民之间的资金借贷

576. 在我国，负责1年期以上的中长期外债管理的是（　　）。
　　A. 商务部　　　　　　　　　　B. 全国人大常委会
　　C. 国家发改委　　　　　　　　D. 国家外汇管理局

577. 如果一国的物价水平与其他国家的物价水平相比相对上涨，则该国货币对其他国家货币（　　）。
　　A. 升值　　　　　　　　　　　B. 贬值
　　C. 升水　　　　　　　　　　　D. 贴水

578. 如果我国人民币实现国际化，被其他国家作为储备货币，则我国就成为储备货币发行国。到那时，我国的国际储备就可以（　　）。
　　A. 增加外汇储备　　　　　　　B. 保有较少总量
　　C. 投资更多股权　　　　　　　D. 增加资源储备

579. 在管理上，对境外货币和境内货币严格分账，是（　　）离岸金融中心的特点。
　　A. 伦敦型　　　　　　　　　　B. 纽约型
　　C. 避税港型　　　　　　　　　D. 巴哈马型

580. 市场上几乎没有实际的交易，而只是起着其他金融中心资金交易的记账和转账作用的离岸金融中心是（　　）。
　　A. 伦敦型　　　　　　　　　　B. 纽约型
　　C. 避税港型　　　　　　　　　D. 巴哈马型

581. 1996年12月以来，我国实现了人民币（　　）。
　　A. 经常项目可兑换　　　　　　B. 资本项目可兑换
　　C. 完全可兑换　　　　　　　　D. 金融账户可兑换

582. 根据IMF协定第八条款的规定，货币可兑换概念主要是指（　　）。
　　A. 经常项目可兑换　　　　　　B. 资本项目可兑换
　　C. 金融项目可兑换　　　　　　D. 完全可兑换

583. 如果美元利率上升，直至高于人民币利率，那么，这会导致（　　）。
　　A. 国际资本从中国流向美国，人民币升值
　　B. 国际资本从美国流向中国，人民币升值
　　C. 国际资本从中国流向美国，人民币贬值
　　D. 国际资本从美国流向中国，人民币贬值

584. "沪港通"业务正式启动之后，上海证券交易所和香港证券交易所允许两地投资者通过当地证券公司买卖规定范围内的在对方交易所上市的股票。这意味着，我国进一步放宽了对国际收支（　　）的外汇管理。
　　A. 商品与服务项目　　　　　　B. 经常项目
　　C. 资本项目　　　　　　　　　D. 平衡项目

刷进阶

585. 在国际储备管理中，力求降低软币的比重，提高硬币的比重，是着眼于(　　)。
   A. 国际储备总量的适度　　　　　B. 国际储备资产结构的优化
   C. 外汇储备资产结构的优化　　　D. 外汇储备货币结构的优化

586. 按照离岸金融中心的分类，日本东京的海外特别账户属于(　　)。
   A. 避税港型中心　　　　　　　　B. 伦敦型中心
   C. 东京型中心　　　　　　　　　D. 纽约型中心

587. 如果中国政府在美国纽约发行一笔美元债券，则该笔债券属于(　　)的范畴
   A. 外国债券　　　　　　　　　　B. 猛犬债券
   C. 武士债券　　　　　　　　　　D. 欧洲债券

588. 在监测外债总量是否适度的指标中，偿债率等于(　　)。
   A. 当年未清偿外债余额/当年国民生产总值×100%
   B. 当年未清偿外债余额/当年货物服务出口总额×100%
   C. 当年外债还本付息总额/当年货物服务出口总额×100%
   D. 当年外债还本付息总额/当年国民生产总值×100%

589. 本币贬值以后，以外币计价的出口商品与劳务的价格下降，以本币计价的进口商品与劳务的价格上涨，从而(　　)。
   A. 刺激出口和进口，减少经常项目逆差
   B. 限制出口和进口，增加经常项目逆差
   C. 刺激出口，限制进口，减少经常项目逆差
   D. 限制出口，刺激进口，增加经常项目顺差

590. 下列各汇率制度中，汇率弹性按照由小到大进行排列的是(　　)。
   A. 货币局安排—传统盯住安排—水平区间盯住—爬行盯住—单独浮动
   B. 水平区间盯住—传统盯住安排—货币局安排—爬行盯住—单独浮动
   C. 独立浮动—爬行盯住—水平区间盯住—传统盯住安排—货币局安排
   D. 独立浮动—货币局安排—传统盯住安排—水平区间盯住—爬行盯住

591. 国际储备的主要功能不包括(　　)。
   A. 弥补国际收支逆差　　　　　　B. 维持国际资信和投资环境
   C. 稳定本币汇率　　　　　　　　D. 提高国内就业水平

592. 熊猫债券指的是在中国发行的(　　)。
   A. 外国债券　　　　　　　　　　B. 点心债券
   C. 欧洲债券　　　　　　　　　　D. 扬基债券

593. 如果我国在巴黎发行一笔美元债券，则该笔交易属于(　　)市场的范畴。
   A. 欧洲债券　　　　　　　　　　B. 外国债券
   C. 扬基债券　　　　　　　　　　D. 武士债券

594. 官方按照预先宣布的固定汇率，依据若干量化指标的变动，定期小幅调整汇率的制度称为(　　)。
   A. 爬行盯住制　　　　　　　　　B. 货币局制
   C. 联系汇率制　　　　　　　　　D. 管理浮动制

595. 自2005年7月21日我国实行人民币汇率形成机制改革以来,美元对人民币的汇率由 1∶8.2765变为2018年11月16日的1∶6.9406,这表明人民币对美元已经较大幅度地( )。
    A. 法定升值(Revaluation)   B. 法定贬值(Devaluation)
    C. 升值(Appreciation)   D. 贬值(Depreciation)

596. 国际收支逆差时,紧的货币政策会使价格下跌,从而( )。
    A. 使出口减少、进口增加   B. 刺激出口和进口
    C. 限制出口和进口   D. 使出口增加、限制进口

597. 非居民在异国债券市场上以市场所在地货币为面值发行的国际债券,这是指( )。
    A. 外国债券   B. 欧洲债券
    C. 亚洲债券   D. 国际债券

598. 现行外汇管理体制下,人民币( )。
    A. 可以与外币自由兑换   B. 资本项目可兑换
    C. 是一种世界货币   D. 经常项目可兑换

599. 2015年11月,国际货币基金组织将( )纳入特别提款权(SDR)货币篮子,SDR货币篮子扩大至五种货币。
    A. 日元   B. 美元
    C. 英镑   D. 人民币

600. 在离岸金融市场中,最初的离岸货币是( )。
    A. 欧元   B. 瑞士法郎
    C. 英镑   D. 美元

601. 现实中,部分可兑换一般是指( )。
    A. 经常项目可兑换   B. 资本项目可兑换
    C. 货物可兑换   D. 服务可兑换

602. 按照国际货币基金组织1999年新的分类法,下列汇率制弹性最大的是( )。
    A. 水平区间盯住   B. 单独浮动
    C. 传统盯住安排   D. 货币局安排

603. 假定我国某年外债还本付息额为5091亿人民币,某年货物服务出口总额为25452亿元人民币,两者之比为20%。这一比率是我国该年的( )。
    A. 短期债务率   B. 偿债率
    C. 债务率   D. 负债率

604. 一国实现资本项目可兑换所需的条件不包括( )。
    A. 稳定的宏观经济环境   B. 稳健的金融体系
    C. 弹性的汇率制度   D. 本币为国际储备货币

刷 多项选择题

多项选择题 答题技巧

多项选择题在各类题型中得分率较低。根据考试要求，多项选择题的5个备选项中，有2~4个选项符合题意，至少有1个错项。错选，该题不得分；少选，所选的每个选项得0.5分。面对这种评分标准，考生要认真审题，在不犯低级错误的前提下，快速答题。千万不要在多选题上浪费太多时间。如果遇到不会做的题目，宁可少选，也别贪多。针对多选题，目标就是拿到50%以上的分数，不要给自己太大的压力。

第一章 金融市场与金融工具

刷基础

605. 按照资产配置比例的不同，基金可分为( )。
   A. 偏股型基金　　　　　　　B. 偏债型基金
   C. 私募基金　　　　　　　　D. 股债平衡型基金
   E. 灵活配置型基金

606. 关于金融衍生品的说法，正确的有( )。
   A. 金融衍生品的价格决定基础金融产品的价格
   B. 金融衍生品的基础变量包括利率、汇率、价格指数等种类
   C. 基础金融产品不能是金融衍生品
   D. 金融衍生品具有高风险性
   E. 金融衍生品合约中需载明交易品种、数量、交割地点等

607. 在传统的金融市场中，交易的金融工具具有"准货币"特征的市场有( )。
   A. 同业拆借市场　　　　　　B. 回购协议市场
   C. 股票市场　　　　　　　　D. 债券市场
   E. 银行承兑汇票市场

608. 最普遍的利率互换有( )。
   A. 普通互换　　　　　　　　B. 可赎回互换
   C. 可延期互换　　　　　　　D. 股权互换
   E. 交叉互换

609. 短期融资券的特点包括( )。
   A. 发行主体是我国"非金融"企业法人
   B. 具有债券性质
   C. 产品性质与股票类似

D. 本质上是一种融资性商业票据

E. 限定在银行间债券市场发行和交易

610. 与传统的定期存单相比,大额可转让定期存单的特点有(   )。

　　A. 不记名并可转让流通

　　B. 面额不固定且为大额

　　C. 不可提前支取

　　D. 利率一般高于同期限的定期存款利率

　　E. 利率是固定的

611. 下列由证监会负责监管的有(   )。

　　A. 互联网信托业务　　　　　　　B. 股权众筹融资

　　C. 互联网保险业务　　　　　　　D. 互联网基金销售业务

　　E. 互联网支付业务

612. 货币市场是交易期限在 1 年以内的进行资金融通与借贷的交易市场,包括(   )。

　　A. 同业拆借市场　　　　　　　　B. 回购协议市场

　　C. 票据市场　　　　　　　　　　D. 债券市场

　　E. 大额可转让定期存单市场

613. 与传统金融中介相比,互联网金融的特点包括(   )。

　　A. 互联网金融本质上是传统金融

　　B. 互联网金融是传统金融的数字化、网络化和信息化

　　C. 互联网金融是一种更普惠的大众化金融模式

　　D. 互联网金融具有延展性

　　E. 互联网金融能够提高金融服务效率,降低金融服务成本

614. 关于我国债券市场现状的描述,正确的有(   )。

　　A. 债券市场的主体是银行间债券市场

　　B. 债券市场以人民币债券为主

　　C. 债券市场的主体是交易所债券市场

　　D. 上市商业银行可以在交易所债券市场进行交易

　　E. 外资金融机构经批准可以进入银行间债券市场进行交易

615. 信用衍生产品类型多样,形式灵活,下列属于组合的信用衍生产品的有(   )。

　　A. 总收益互换　　　　　　　　　B. 担保债务凭证

　　C. 互换期权　　　　　　　　　　D. 信用联结票据

　　E. 指数 CDS

616. 在金融市场构成要素中,(   )是最基本的构成要素,是形成金融市场的基础。

　　A. 金融市场主体　　　　　　　　B. 金融市场客体

　　C. 金融市场中介　　　　　　　　D. 金融市场价格

　　E. 金融监管机构

617. 普通股的特点有(   )。

　　A. 具有投票权

　　B. 普通股的股利随公司盈利高低而变化

　　C. 普通股股东承担的风险高于优先股股东

D. 优先分配公司盈利和剩余财产
E. 普通股股东和优先股股东一样分享公司所有权

618. 下列属于目前比较常见的远期合约的有（　　）。
A. 远期利率协议　　　　　　B. 金融期货合约
C. 远期外汇合约　　　　　　D. 远期股票合约
E. 信用违约互换

619. 关于我国互联网金融的说法，正确的有（　　）。
A. 网络借贷由中国人民银行监管
B. 互联网基金销售由中国银保监会监管
C. 股权众筹融资由中国证监会监管
D. 互联网支付由中国人民银行监管
E. 互联网消费金融由中国银保监会监管

620. 货币市场主要品种不包括（　　）。
A. 银行承兑汇票市场　　　　B. 商业票据市场
C. 债券市场　　　　　　　　D. 短期政府债券市场
E. 外汇市场

621. 我国股票市场融资融券交易的功能包括（　　）。
A. 价格发现功能　　　　　　B. 市场稳定功能
C. 增强流动性功能　　　　　D. 风险管理功能
E. 支付中介功能

622. 议价市场的特点有（　　）。
A. 在议价市场上，买卖双方通过协商形成金融资产交易价格
B. 该市场没有固定场所，相对分散
C. 金融资产在到期偿还之前可以自由交易
D. 一般在有组织的证券交易所内进行
E. 是众多买主和卖主公开竞价形成金融资产的交易价格的市场

623. 目前，我国金融衍生品市场的品种主要有（　　）。
A. 利率期货　　　　　　　　B. 远期利率协议
C. 利率互换　　　　　　　　D. 债券远期
E. 利率期权

624. 我国参与同业拆借市场的金融机构有（　　）。
A. 证券公司　　　　　　　　B. 商业银行
C. 证券登记结算有限责任公司　D. 信托投资公司
E. 财务公司

625. 下列属于金融市场构成要素的有（　　）。
A. 金融市场主体　　　　　　B. 金融市场价格
C. 金融市场客体　　　　　　D. 金融市场中介
E. 金融市场类型

626. 我国已经建成的多层次的股票市场包括（　　）。
　　A. 主板市场　　　　　　　　　B. 中小企业板市场
　　C. 创业板市场　　　　　　　　D. 股指期货市场
　　E. 股指期权市场

第二章　利率与金融资产定价

刷基础　紧扣大纲　夯实基础

627. 下列假设中，属于布莱克-斯科尔斯期权定价模型假设的有（　　）。
　　A. 无风险利率为常数
　　B. 没有交易成本、税收和卖空限制，不存在无风险套利机会
　　C. 标的资产在期权到期之前可以支付股息和红利
　　D. 市场交易是连续的
　　E. 标的资产价格波动率为常数

628. 下列关于期限结构理论中预期理论的说法中，正确的有（　　）。
　　A. 短期利率的预期值是相同的
　　B. 长期利率的波动低于短期利率的波动
　　C. 不同期限的利率波动幅度相同
　　D. 短期债券的利率一定高于长期利率
　　E. 长期债券的利率等于预期的短期利率的平均值

629. 我国贷款利率市场化的基本方式应为（　　）。
　　A. 激进模式　　　　　　　　　B. 先外币、后本币
　　C. 先贷款、后存款　　　　　　D. 先本币、后外币
　　E. 先长期、大额，后短期、小额

630. 包含应计利息的债券价格称为（　　）。
　　A. 全价　　　　　　　　　　　B. 净价
　　C. 利息　　　　　　　　　　　D. 肮脏价格
　　E. 溢价

631. 决定债券到期收益率的因素有（　　）。
　　A. 票面收益　　　　　　　　　B. 买入债券到债券到期的时间
　　C. 偿还价格　　　　　　　　　D. 购买价格
　　E. 汇率

632. 在期权定价理论中，根据布莱克-斯科尔斯模型，决定欧式看涨期权价格的因素主要有（　　）。
　　A. 期权的执行价格　　　　　　B. 期权期限
　　C. 标的资产波动率　　　　　　D. 无风险利率
　　E. 现金股利

633. 流动性偏好的动机包括（　　）。
　　A. 投资动机　　　　　　　　　B. 交易动机
　　C. 预防动机　　　　　　　　　D. 价值动机

E. 投机动机

634. 能够解释不同期限的债券的利率往往会同升或同降现象的理论有( )。
   A. 古典利率理论
   B. 流动性偏好理论
   C. 市场分割理论
   D. 预期理论
   E. 流动性溢价理论

635. 下列关于资产风险的说法中,正确的有( )。
   A. 资产风险分为系统风险和非系统风险
   B. 系统风险包括公司财务风险、经营风险
   C. 系统风险属于可分散风险
   D. 非系统风险属于不可分散风险
   E. 资本资产定价模型提供了测度系统风险的指标

636. 资本资产定价理论认为,不可能通过资产组合来降低或消除的风险有( )。
   A. 特有风险
   B. 宏观经济运行引致的风险
   C. 非系统性风险
   D. 市场结构引致的风险
   E. 政治因素

637. 目前,解释利率期限结构的理论主要有( )。
   A. 预期理论
   B. 分割市场理论
   C. 流动性溢价理论
   D. 古典利率理论
   E. 可贷资金理论

638. 下列由中国银保监会监管的有( )。
   A. 互联网支付
   B. 网络借贷
   C. 股权众筹融资
   D. 互联网消费金融
   E. 互联网保险

639. 上海银行同行业拆放利率是中国人民银行培育的一种基准利率。该利率属于( )。
   A. 单利
   B. 复利
   C. 算术平均利率
   D. 零售性利率
   E. 批发性利率

第三章　金融机构与金融制度

640. 单一银行制度作为商业银行的一种组织形式,其优点有( )。
   A. 防止银行的集中和垄断
   B. 加强了银行的竞争
   C. 降低了银行的营业成本
   D. 鼓励了银行的业务创新
   E. 实现了银行的规模效益

641. 在金融行业发展过程中,我国金融行业自律组织起到的积极作用主要有( )。
   A. 实现金融行业的自我约束和自我管理
   B. 保护行业共同利益

C. 提高政府的监管水平
D. 提高金融行业的管理水平
E. 优化金融行业的业务品种

642. 下列金融机构中，由中国证监会负责监督管理的有(　　)。
A. 保险公司　　　　　　　　B. 证券经营机构
C. 期货经营机构　　　　　　D. 信用合作社
E. 证券投资基金管理公司

643. 下列关于小额贷款公司的表述正确的有(　　)。
A. 小额贷款公司不能对外投资
B. 小额贷款公司不能设立分支机构
C. 小额贷款公司可以跨业经营
D. 小额贷款公司不吸收公共存款
E. 小额贷款公司的主要资金来源为股东缴纳的资本金、捐赠资金等

644. 机构监管的缺点是(　　)。
A. 监管重叠　　　　　　　　B. 监管缺位
C. 监管套利　　　　　　　　D. 监管成本差异
E. 监管侧重点不同

645. 下列金融行业自律组织中，接受中国证监会、国家民政部的业务指导、监督、管理的是(　　)。
A. 中国银行业协会　　　　　B. 中国证券业协会
C. 中国证券投资基金业协会　D. 中国支付清算协会
E. 中国保险业协会

646. 分支银行制度作为商业银行的一种组织形式，它的优点主要有(　　)。
A. 加速银行的垄断与集中　　B. 规模效益高
C. 管理难度大　　　　　　　D. 竞争力强
E. 易于监管

647. 与功能监管类似，目标监管会导致一个金融机构需要同时接受几个监管部门的监管，容易造成(　　)。
A. 监管成本的下降　　　　　B. 监管成本的上升
C. 监管效率的下降　　　　　D. 监管效率的上升
E. 监管目的的不明确

648. 金融机构的主要职能有(　　)。
A. 促进资金融通　　　　　　B. 便利支付结算
C. 降低交易成本和风险　　　D. 减少信息成本
E. 实现可持续发展

649. 下列关于商业银行总分行的说法中，正确的有(　　)。
A. 是所有商业银行都实行的制度　　B. 加速垄断与集中
C. 易于实现规模效应　　　　D. 抵御风险能力差
E. 内部层级多，管理难度大

刷进阶

650. 下列关于金融监管思路的说法中，正确的有(　　)。
    A. 机构监管容易造成监管重叠或监管缺位现象的产生，并导致监管套利的出现
    B. 功能监管是指各类金融机构的同一类型业务统一由一个监管机构监管
    C. 功能监管是按照金融监管的不同目标分别设立监管部门，对各种类型金融机构统一监管
    D. 目标监管容易造成监管成本的上升和监管效率的下降
    E. 目标监管是按照金融监管的不同目标分别设立监管部门，对各种类型金融机构统一监管

651. 以下属于金融行业自律性组织的有(　　)。
    A. 证券交易所　　　　　　　　B. 中国银行业协会
    C. 证券公司　　　　　　　　　D. 中国银行间市场交易商协会
    E. 中国证券业协会

652. 下列属于吸收个人和机构存款，并发放贷款的存款性金融机构的有(　　)。
    A. 银行业协会　　　　　　　　B. 信托公司
    C. 商业银行　　　　　　　　　D. 信用合作社
    E. 储蓄银行

653. 证券公司的主要业务包括(　　)。
    A. 推销政府债券　　　　　　　B. 推销企业债券
    C. 参与企业收购　　　　　　　D. 充当企业财务顾问
    E. 办理资金清算服务

654. 中国人民银行履行的职责包括(　　)。
    A. 管理征信业，推动建立社会信用体系
    B. 依法制定和执行货币政策、信贷政策
    C. 向各级政府部门提供贷款
    D. 承担最后贷款人职责
    E. 包销国债、地方政府债

655. 金融机构的职能有(　　)。
    A. 制定金融政策　　　　　　　B. 促进资金融通
    C. 便利支付结算　　　　　　　D. 降低交易成本
    E. 减少信息成本

第四章　商业银行经营与管理

刷基础

656. 根据我国商业银行资本充足率的计算公式，商业银行风险加权资产包括(　　)。
    A. 信用风险加权资产　　　　　B. 市场风险加权资产
    C. 声誉风险加权资产　　　　　D. 战略风险加权资产
    E. 操作风险加权资产

657. 商业银行根据投资性质的不同,将理财产品分为( )。
  A. 固定收益类理财产品
  B. 权益类理财产品
  C. 商品及金融衍生品类理财产品
  D. 混合类理财产品
  E. 浮动收益类理财产品

658. 目前,我国银行信贷管理一般实行( )相结合,以切实防范、控制和化解贷款业务风险。
  A. 集中授权管理   B. 统一授信管理
  C. 统一审贷   D. 统一审批
  E. 贷款管理责任制

659. 商业银行借入款中的短期借款是指期限在一年或一年以下的借款,主要包括( )。
  A. 证券回购   B. 同业拆借
  C. 发行可转换债券   D. 中央银行借款
  E. 发行普通金融债券

660. 目前,国际银行业较为通行的资产负债管理方法中,属于基础管理方法的有( )。
  A. 缺口分析   B. 久期分析
  C. 外汇敞口与敏感性分析 D. 情景模拟
  E. 流动性压力测试

661. 进入21世纪后,商业银行采取了以竞争为导向的"4R"营销组合策略,即( )。
  A. 产品   B. 关联
  C. 反应   D. 关系
  E. 回报

662. 补偿性支出包括( )。
  A. 固定资产折旧   B. 无形资产摊销
  C. 递延资产摊销   D. 税费支出
  E. 保险费

663. 我国商业银行债券投资的对象主要包括( )。
  A. 存款准备金   B. 中央银行票据
  C. 资产支持证券   D. 国债
  E. 证券投资基金

664. 商业银行资产管理主要由( )组成。
  A. 贷款管理   B. 债券投资管理
  C. 存款管理   D. 借入款管理
  E. 现金资产管理

665. 在选择贷款客户时,银行信贷人员要想了解客户自身及项目,通常要完成的步骤包括( )。
  A. 宏观经济分析   B. 贷款面谈
  C. 行业调查   D. 信用调查
  E. 财务分析

666. 下列业务活动中,属于商业银行中间业务的有( )。
   A. 代理收费　　　　　　　　　B. 咨询顾问
   C. 自营债券投资　　　　　　　D. 基金和债券的代理买卖
   E. 托管及支付结算业务

667. 商业银行成本管理应该遵循的基本原则有( )。
   A. 成本最大化原则　　　　　　B. 全面成本管理原则
   C. 成本责任制原则　　　　　　D. 成本管理的科学化原则
   E. 成本最低化原则

668. 商业银行根据募集方式的不同,将理财产品分为( )。
   A. 公募理财产品　　　　　　　B. 封闭式理财产品
   C. 开放式理财产品　　　　　　D. 私募理财产品
   E. 混合类理财产品

669. 我国商业银行的现金资产主要包括( )。
   A. 债券投资　　　　　　　　　B. 库存现金
   C. 存放中央银行款项　　　　　D. 支付结算业务
   E. 存放同业及其他金融机构款项

670. 存款管理是商业银行负债管理的重点,主要内容包括( )。
   A. 对吸收存款方式的管理　　　B. 存款利率管理
   C. 借入款管理　　　　　　　　D. 存款保险管理
   E. 现金资产管理

671. 与巴塞尔协议相比,巴塞尔协议Ⅱ做出的改进有( )。
   A. 加强市场约束　　　　　　　B. 增加逆周期缓冲资本
   C. 提出最低资本充足率要求　　D. 加强监管当局的监管检查
   E. 引入杠杆率监管标准

672. 商业银行常用的风险管理策略有( )。
   A. 风险预防　　　　　　　　　B. 风险分散
   C. 风险对冲　　　　　　　　　D. 风险抑制
   E. 风险计量

673. 商业银行风险事前控制的主要方法包括( )。
   A. 风险缓释　　　　　　　　　B. 限额管理
   C. 风险定价　　　　　　　　　D. 制定应急预案
   E. 重新分配风险资本

674. 下列属于商业银行营业外支出的项目有( )。
   A. 固定资产盘亏　　　　　　　B. 违约金
   C. 坏账准备金　　　　　　　　D. 非常损失
   E. 证券交易差错损失

675. 商业银行内部控制应遵循的原则有( )。
   A. 制衡性原则　　　　　　　　B. 全覆盖原则

C. 相匹配原则 D. 效益性原则
E. 审慎性原则

676. 核心一级资本包括(　　)。
    A. 实收资本　　　　　　　　B. 一般风险准备
    C. 未分配利润　　　　　　　D. 资本公积可计入部分
    E. 其他一级资本工具及其溢价

677. 下列资金来源中，不能作为中央银行资本的有(　　)。
    A. 实收资本　　　　　　　　B. 法定存款准备金
    C. 财政拨款　　　　　　　　D. 在经营活动中的留存利润
    E. 财政存款

678. 商业银行新型业务运营模式的优点有(　　)。
    A. 业务处理的集约化　　　　B. 运营效率有效提升
    C. 风险防范能力降低　　　　D. 成本大幅度降低
    E. 前台营业网点业务操作规范化、工序化

679. 商业银行开展理财业务应遵循(　　)的原则。
    A. 诚实守信、勤勉尽职地履行受人之托、代人理财职责
    B. 遵守成本可算、风险可控、信息充分披露
    C. 严格遵守投资者适当性管理要求
    D. 保护投资者合法权益
    E. 商业银行承担投资风险，投资者获得投资收益

第五章　投资银行与证券投资基金

刷基础

680. 在资本市场中，由投资银行的融资功能与经纪业务相结合而产生的业务有(　　)。
    A. 证券存管业务　　　　　　B. 证券交割业务
    C. 证券清算业务　　　　　　D. 融券业务
    E. 融资业务

681. 基金当事人包括(　　)。
    A. 基金监管机构　　　　　　B. 基金份额持有人
    C. 基金管理人　　　　　　　D. 基金销售机构
    E. 基金托管人

682. 封闭式基金与开放式基金的区别表现在(　　)。
    A. 开放式基金一般是无期限的
    B. 开放式基金规模不固定，投资者可随时提出申购和赎回申请
    C. 开放式基金交易在投资者与基金管理人之间完成
    D. 开放式基金的交易价格主要受二级市场供求关系影响
    E. 开放式基金向基金管理人提供了更好的激励约束机制

683. 基金管理人的职责主要有(　　)。
    A. 管理基金备案手续　　　　B. 依法募集基金

C. 编制中期和年度基金报告 D. 召集基金份额持有人大会
E. 安全保管基金财产

684. 按规定证券公司可以从事的客户资产管理业务有( )。
A. 为单一客户办理定向资产管理业务
B. 为多个客户办理集合资产管理业务
C. 为客户提供股权投资的财务顾问服务
D. 设立直投基金,筹集并管理客户资金进行股权投资
E. 为客户办理特定目的的专项资产管理业务

685. 基金托管人的职责包括( )。
A. 管理基金备案手续 B. 安全保管基金财产
C. 按照规定召集基金份额持有人大会 D. 按照规定监督基金管理人的投资运作
E. 按照规定开设基金财产的资金账户和证券账户

686. 证券发行人及其承销商在实施超额配售选择权时,应遵守( )等机构的相关规定。
A. 证券交易所 B. 证券投资基金协会
C. 中国证监会 D. 证券登记结算机构
E. 中国证券业协会

687. 关于绿色债券的说法,正确的有( )。
A. 允许绿色债券面向机构投资者非公开发行
B. 发行绿色债券的企业不受发债指标限制
C. 资金专项用于绿色项目建设
D. 仅允许绿色投资基金发行
E. 不允许上市公司的子公司发行绿色债券

688. 按规定,我国证券公司从事证券自营业务,可以买卖的证券范围有( )。
A. 已经和依法可以在境内证券交易所上市交易的证券
B. 已经在全国中小企业股份转让系统挂牌转让的证券
C. 已经和依法可以在境内银行间市场交易的证券
D. 经国家金融监管部门或者授权机构依法批准或备案发行并在境内金融机构柜台交易的证券
E. 计划在境内证券交易所上市交易的证券

689. 基金管理公司开展特定客户资产管理业务应满足的要求有( )。
A. 将委托资产交由具备基金托管资格的托管机构托管
B. 基金管理公司开展特定资产管理业务,应当设立专门的业务部门
C. 不得采用任何形式向资产委托人返还管理费
D. 同一资产组合在同一交易日内可以进行反向交易
E. 办理特定资产管理业务的投资经理与证券投资基金的基金经理不得相互兼任

690. 目前货币市场基金能够进行投资的金融工具主要包括( )。
A. 现金 B. 股票
C. 期限在1年以内的银行存款 D. 期限在1年以内的央行票据
E. 可转换债券

691. 相对于公募发行而言,证券私募发行具有的优点有( )。

A. 简化了发行手续　　　　　　B. 证券流动性好

C. 缩短了发行时间　　　　　　D. 避免公司商业机密泄露

E. 发行价格有利于筹资者

692. 封闭式基金与开放式基金主要区别有(　　)。

A. 交易场所不同　　　　　　　B. 期限不同

C. 价格形成方式不同　　　　　D. 激励约束机制与投资策略不同

E. 基金营运依据不同

693. 依法可以在境内证券交易所上市交易的证券包括(　　)。

A. 股票　　　　　　　　　　　B. 债券

C. 权证　　　　　　　　　　　D. 证券投资基金

E. 非流通股

694. 股票基金与单一股票之间的不同点有(　　)。

A. 每一交易日股票基金只有一个价格

B. 股票基金份额净值会由于买卖数量或申购、赎回数量的多少而受到影响

C. 股票基金净值在每一交易日内始终处于变动之中

D. 股票基金的投资风险低于单一股票的投资风险

E. 对股票基金份额净值高低进行合理与否的判断没有意义

695. 投资银行是通过中介作用来发挥其媒介资金供求的功能的,其中介作用体现在(　　)。

A. 支付中介　　　　　　　　　B. 期限中介

C. 风险中介　　　　　　　　　D. 信息中介

E. 流动性中介

刷进阶

696. 以下公募基金的说法中,正确的有(　　)。

A. 可以面向社会公众公开发售基金份额

B. 可以面向社会公众宣传推广

C. 基金募集对象固定

D. 投资金额要求低,适宜中小投资者参与

E. 必须遵守基金法律和法规约束,并接受监管部门的严格监管

697. 契约型基金与公司型基金的区别包括(　　)。

A. 法律主体资格不同　　　　　B. 投资者的地位不同

C. 基金营运依据不同　　　　　D. 交易场所不同

E. 份额限制不同

698. 目前可申请从事基金销售的机构主要包括(　　)。

A. 基金注册登记机构　　　　　B. 商业银行

C. 证券公司　　　　　　　　　D. 证券投资咨询机构

E. 独立基金销售机构

699. 根据我国法律法规的要求,基金资产托管业务或者托管人承担的职责主要包括(　　)。

A. 基金募集 B. 资产保管
C. 资金清算 D. 资产核算
E. 投资运作监督

700. 证券承销的形式包括（　　）。
A. 包销 B. 代销
C. 余额包销 D. 尽力推销
E. 全额包销

701. 相对于公募发行而言，证券私募发行具有的优点有（　　）。
A. 简化了发行手续 B. 缩短了发行时间
C. 避免公司商业机密泄露 D. 比公开发行更有成功的把握
E. 证券流动性好

702. 证券经纪业务成交原则有（　　）。
A. 价格优先 B. 时间优先
C. 数量优先 D. 客户优先
E. 效率优先

703. 货币市场基金可以投资的金融工具有（　　）。
A. 现金 B. 期限在1年以内的银行存款
C. 同业存单 D. 股票
E. 可转换债券、可交换债券

第六章　信托与租赁

刷基础

704. 下列关于信托特征的说法中，正确的有（　　）。
A. 信托具有无风险性
B. 受托人承担有限信托责任
C. 信托财产独立于受托人的固有财产
D. 信托管理不因意外事件的出现而终止
E. 受益人无须承担管理之责就能享受信托财产的利益

705. 融资租赁合同中，出租人的义务包括（　　）。
A. 及时支付货款 B. 收取货款
C. 购买租赁物 D. 租赁期满取得租赁物所有权
E. 对租赁标的物及供货方的选择权

706. 信托财产的独立性表现为（　　）。
A. 信托财产的处分不受限制
B. 信托财产独立于受托人的固有财产
C. 信托财产独立于委托人未设立信托的其他财产
D. 信托财产独立于受益人的固有财产
E. 信托财产原则上不得强制执行

707. 下列关于融资租赁的说法中，正确的有（　　）。

A. 融资租赁具有融资、融物的双重职能
B. 涉及出租人、承租人双方当事人
C. 融资租赁包括租赁合同、供货合同等两个或两个以上的合同
D. 租期大部分相当于设备寿命期
E. 在租赁期内，租赁设备的所有权属于承租人

708. 租赁的特点包括( )。
A. 所有权与使用权相分离　　　　B. 分散风险
C. 租赁具有连续性　　　　　　　D. 融资与融物相结合
E. 租金分期支付

709. 根据我国《金融租赁公司管理办法》，下列金融租赁公司的行为中，不符合监管要求的有( )。
A. 对单一承租人的全部融资租赁业务余额为资本净额的40%
B. 对单一集团的全部融资租赁业务余额为资本净额的40%
C. 对一个关联方的全部融资租赁业务余额为资本净额的40%
D. 对全部关联方的全部融资租赁业务余额为资本净额的40%
E. 同业拆入资金余额为资本净额的40%

710. 融资租赁合同的特征有( )。
A. 融资租赁合同是可以单方解除的合同
B. 融资租赁合同是诺成、要式合同
C. 融资租赁合同是双务、有偿合同
D. 融资租赁合同是单务、有偿合同
E. 融资租赁合同是不可单方解除的合同

711. 融资租赁合同中，出租人的权利包括( )。
A. 对租赁标的物及供货方有选择权
B. 按合同规定收取租金的权利
C. 在租期内享有租赁物的所有权
D. 合同期满有收回租赁资产的权利
E. 租赁期满取得租赁物所有权的权利

712. 信托公司财务管理的内容主要包括( )。
A. 筹资管理　　　　　　　　　　B. 资产管理
C. 资金管理　　　　　　　　　　D. 成本费用管理
E. 财务会计报告管理

713. 设立信托的条件包括( )。
A. 信托当事人意思表示一致　　　B. 要有合法的信托目的
C. 信托财产应当明确合法　　　　D. 信托文件应当采用书面形式
E. 要依法办理信托登记

714. 金融租赁公司的盈利模式包括( )。
A. 债权收益　　　　　　　　　　B. 余值收益
C. 服务收益　　　　　　　　　　D. 运营收益
E. 分红收益

多项选择题

刷进阶 高频进阶 强化提升

715. 根据《信托公司管理办法》和《非银行金融机构行政许可事项实施办法》的规定，我国设立信托公司的条件有( )。
    A. 有具备中国银保监会规定的入股资格的股东
    B. 有符合《公司法》和中国银保监会规定的公司章程
    C. 注册资本最低限额为3亿元人民币或等值的可自由兑换货币
    D. 注册资本为实缴货币资本或产业资本
    E. 具有健全的组织机构、信托业务操作规程和风险控制制度

716. 各因素对租金的影响具体体现为( )。
    A. 支付的保证金越多，租金总额越大
    B. 租期越长，租赁费用的总额越大
    C. 在固定利率条件下，若其他因素不变，利率越高，租金总额越大
    D. 租金支付的间隔期越长，租金总额越大
    E. 期末付租的租金要相对较高

717. 在实践中，信托财产法律上的处分具体表现为( )。
    A. 买卖 B. 转让债权
    C. 赠予 D. 质押
    E. 消费

718. 信托业务操作风险管理策略包括( )。
    A. 加强内控制度建设和落实 B. 合理设置体现制衡原则的岗位职责
    C. 建立完善的授权制度 D. 严格落实担保等措施
    E. 严格按照业务流程、制度规定和相应程序开展信托业务

719. 金融租赁是以物为载体的融资服务，获得( )是金融租赁公司最主要的盈利模式。
    A. 利差 B. 租金收益
    C. 手续费收入 D. 余值收益
    E. 运营收益

720. 影响融资租赁每期租金的因素有( )。
    A. 设备买价 B. 利息
    C. 租赁手续费 D. 租赁支付方式
    E. 设备维修保养费

721. 服务收益包括出租人为承租人提供租赁服务收取的( )费用。
    A. 手续费 B. 财务咨询费
    C. 销售佣金 D. 规模采购折扣
    E. 利差收入

第七章 金融工程与金融风险

刷基础 紧扣大纲 夯实基础

722. 机构或个人在使用外汇时，可以采取空头套期保值的情形有( )。

A. 出口商品 B. 去欧洲旅游
C. 到非洲务工 D. 计划进行外汇投资
E. 到期收回贷款

723. 关于货币互换与利率互换的比较,以下说法正确的有( )。
A. 货币互换只涉及一种货币 B. 利率互换涉及两种货币
C. 利率互换不交换本金 D. 货币互换双方常交换本金
E. 两种互换在结构和运作机制上相似

724. 为了控制贷款中的信用风险,可以( )。
A. 进行久期管理
B. 对借款人进行信用的"5C""3C"分析
C. 建立审贷分离机制
D. 保持负债的流动性
E. 做货币衍生产品交易

725. 在实际运用中,会影响套期保值的效果的因素有( )。
A. 需要避险的资产与期货标的资产不完全一致
B. 需要避险的资产与期货标的资产完全一致
C. 套期保值者不能确切地知道未来拟出售或购买资产的时间
D. 需要避险的期限与避险工具的期限不一致
E. 需要避险的期限与避险工具的期限一致

726. 金融工程的应用领域包括( )。
A. 投机 B. 金融产品创新
C. 投融资策略设计 D. 资产定价
E. 金融风险管理

727. 市场风险是因金融市场价格发生意外变动而蒙受经济损失的可能性,它包括( )。
A. 利率风险 B. 投资风险
C. 汇率风险 D. 流动性风险
E. 信用风险

728. COSO 在其《内部控制—整合框架》中正式提出了内部控制由五项要素组成,下列属于这五项要素的有( )。
A. 控制环境 B. 风险评估
C. 公平竞争 D. 信息与沟通
E. 监督

729. 下列风险管理方法中,属于汇率风险管理的方法的有( )。
A. 进行远期外汇交易 B. 做利率衍生品交易
C. 做货币衍生品交易 D. 缺口管理
E. 选择有利的货币

730. 在远期利率协议中,若协议利率>参考利率,则( )。
A. 交割额为负 B. 交割额为正
C. 卖方向买方支付交割额 D. 买方向卖方支付交割额
E. 交割额为零

731. 利率风险的管理方法包括(　　)。
    A. 选择有利的利率　　　　　　　B. 久期管理
    C. 利用利率衍生产品交易　　　　D. 缺口管理
    E. 进行结构性套期保值

732. COSO认为全面风险管理的维度有(　　)。
    A. 企业目标　　　　　　　　　　B. 企业层级
    C. 风险管理的要素　　　　　　　D. 风险管理体系
    E. 风险管理流程

733. 以下各项业务中，可以通过买入远期外汇合约来避免汇率上升风险的有(　　)。
    A. 出口商品　　　　　　　　　　B. 出国旅游
    C. 到期偿还外债　　　　　　　　D. 计划进行外汇投资
    E. 提供劳务

734. 金融工程的基本分析方法包括(　　)。
    A. 简单加权平均法　　　　　　　B. 积木分析法
    C. 套利定价法　　　　　　　　　D. 风险中性定价法
    E. 状态价格定价技术

735. 下列方法中，属于利率风险管理的方法有(　　)。
    A. 做远期外汇交易　　　　　　　B. 缺口管理
    C. 做货币衍生品交易　　　　　　D. 做利率衍生品交易
    E. 做结构性套期保值

736. 在商业银行信用风险管理中，需要构建的管理机制包括(　　)。
    A. 审贷分离机制　　　　　　　　B. 集中分散机制
    C. 授权管理机制　　　　　　　　D. 额度管理机制
    E. 贷后问责机制

737. 下列关于远期价格的公式的说法中，正确的有(　　)。
    A. 资产的远期价格仅与当前的现货价格有关
    B. 资产的远期价格与未来的资产价格无关
    C. 远期价格是对未来资产价格的预期
    D. 远期价格并不是对未来资产价格的预期
    E. 资产的远期价格既与当前的现货价格有关，也与未来的资产价格有关

738. 下列说法中，属于商业银行对信用风险进行事前管理的方法有(　　)。
    A. 利用评级机构的信用评级结果　B. 转让债权
    C. 进行"5C"分析　　　　　　　　D. 行使抵押权
    E. 进行"3C"分析

739. 商业银行内部控制系统包括的要素主要有(　　)。
    A. 管理监督与控制文化　　　　　B. 风险识别与评估
    C. 控制活动与职责划分　　　　　D. 监管活动与错误纠正
    E. 合规管理与合规控制

第八章 货币供求及其均衡

刷基础

740. 如果 IS、LM 和 BP 曲线存在共同的焦点，则在该点上各曲线所代表的子市场同时处于均衡状态，这些子市场有（　　）。
    A. 货币市场　　　　　　　　　B. 商品市场
    C. 黄金市场　　　　　　　　　D. 外汇市场
    E. 股票市场

741. 政府为治理恶性通货膨胀而进行的币制改革，其措施主要有（　　）。
    A. 冻结存款　　　　　　　　　B. 废除旧币
    C. 发行新币　　　　　　　　　D. 提高利率
    E. 变更钞票面值

742. 供给学派主张采取刺激生产增加供给的方法来治理通货膨胀，其主要措施有（　　）。
    A. 减税　　　　　　　　　　　B. 增加进口
    C. 削减社会福利开支　　　　　D. 适当增加货币供给
    E. 精简规章制度

743. 凯恩斯主义的货币需求函数中，影响货币需求的变量包括（　　）。
    A. 物价水平　　　　　　　　　B. 货币供应量
    C. 预期物价变动率　　　　　　D. 利率水平
    E. 国民收入水平

744. 现代信用制度下货币供应量的决定因素主要有（　　）。
    A. 货币层次　　　　　　　　　B. 基础货币
    C. 原始存款　　　　　　　　　D. 存款结构比例
    E. 货币乘数

745. 下列关于通货膨胀概念的说法中，正确的有（　　）。
    A. 通货膨胀所指的物价上涨必须超过一定的幅度
    B. 通货膨胀所指的物价上涨是全部物品及劳务的加权平均价格的上涨
    C. 通货膨胀所指的物价上涨是季节性或自然灾害等原因引起的物价上涨
    D. 通货膨胀所指的物价上涨是一定时间内的持续上涨
    E. 通货膨胀所指的物价上涨在非市场经济中表现为商品短缺、凭票供应等

746. 在弗里德曼的货币需求函数中，与货币需求成反比的因素有（　　）。
    A. 定期存单的预期收益率　　　B. 股票的预期收益率
    C. 恒久性收入　　　　　　　　D. 债券的预期收益率
    E. 人力财富比重

747. 根据我国的货币层次划分，货币供应量 M_1 即（　　）。
    A. 居民储蓄存款　　　　　　　B. 单位活期存款
    C. 流通中现金　　　　　　　　D. 单位定期存款
    E. 商业票据

748. 通货膨胀所指的物价上涨是（　　）。

A. 个别商品或劳务价格的上涨　　B. 一定时间内物价的持续上涨
C. 物价一次性的大幅上涨　　　　D. 全部物品及劳务的加权平均价格的上涨
E. 季节性因素引起的部分商品价格的上涨

749. 中央银行投放基础货币的渠道有（　　）。
A. 对商业银行等金融机构的再贷款
B. 商业银行在中央银行的存款
C. 收购黄金、外汇等储备资产投放的货币
D. 购买政府部门的债券
E. 卖出政府部门的债券

750. 关于蒙代尔-弗莱明模型的分析，正确的有（　　）。
A. 财政政策在浮动汇率下对刺激经济效果甚微或毫无效果
B. 财政政策在固定汇率下对刺激经济效果显著
C. 货币政策在浮动汇率下对刺激经济效果显著
D. 货币政策在固定汇率下对刺激经济毫无效果
E. 财政政策在浮动汇率下对刺激经济效果显著

751. 按照商业银行存款创造的基本原理，影响派生存款的因素有（　　）。
A. 原始存款数量　　　　　　　B. 法定存款准备金率
C. 超额存款准备金率　　　　　D. 拨备覆盖率
E. 现金漏损率

752. 在治理通货膨胀时，可以采用的紧缩性货币政策措施主要有（　　）。
A. 提高法定存款准备金率　　　B. 提高再贴现率
C. 公开市场卖出业务　　　　　D. 减少储备存款
E. 直接提高利率

753. 紧缩性的财政政策措施主要包括（　　）。
A. 增加政府支出　　　　　　　B. 降低法定存款准备金率
C. 适当增加财政赤字　　　　　D. 减少政府转移支付
E. 增加税收

754. 存款创造倍数的实现要基于假设条件，这些假设条件主要有（　　）。
A. 固定汇率制度　　　　　　　B. 全额准备金制度
C. 部分准备金制度　　　　　　D. 券款对付结算制度
E. 非全额现金结算制度

755. 在市场经济制度下，货币均衡主要取决于（　　）。
A. 稳定的物价水平　　　　　　B. 大量的国际储备
C. 健全的利率机制　　　　　　D. 发达的金融市场
E. 有效的中央银行调控机制

756. 下列情形中，可能会导致成本推进型通货膨胀的有（　　）。
A. 垄断性大公司为获取垄断利润人为提高产品价格
B. 劳动力和生产要素不能根据社会对产品和服务的需求及时发生转移

C. 有组织的工会迫使工资的增长率超过劳动生产率的增长率
D. 资源在各部门之间的配置严重失衡
E. 汇率变动引起原材料成本上升

757. 弗里德曼把影响货币需求量的诸因素划分为(　　)。
 A. 各种金融资产　　　　　　　　B. 各种有价证券
 C. 各种资产预期收益率和机会成本　D. 各种随机变量
 E. 恒久性收入与财富结构

758. "流动性"好的金融资产所包含的特征有(　　)。
 A. 价格稳定　　　　　　　　　　B. 购买力强
 C. 不兑现　　　　　　　　　　　D. 变现能力强
 E. 可随时出售、转让

759. 治理通货紧缩的政策措施包括(　　)。
 A. 减税　　　　　　　　　　　　B. 增加财政支出
 C. 下调利率　　　　　　　　　　D. 增加对中小金融机构再贷款
 E. 提高存款准备金

760. 下列选项中，可以治理通货紧缩的政策措施有(　　)。
 A. 扩张性的财政政策　　　　　　B. 增加税收
 C. 减少政府支出　　　　　　　　D. 加快产业结构调整
 E. 扩张性的货币政策

761. 实施通货膨胀目标制应具备的基本前提条件有(　　)。
 A. 必须将价格稳定作为货币政策的首要目标
 B. 金融体系发展较完善，实现了利率的管理化和利率的固定制
 C. 中央银行在执行货币政策时具有较强的责任性和高度的透明度
 D. 能够对通货膨胀目标或目标区间进行合理确定，并对通货膨胀率进行精确预测
 E. 中央银行具有较强的独立性

762. 在治理通货紧缩的政策措施中，扩张性的财政政策包括(　　)。
 A. 减税　　　　　　　　　　　　B. 增加财政支出
 C. 下调利率　　　　　　　　　　D. 增加货币供应
 E. 增加公开市场操作

763. 某个时期物价下降，若发生下列情况中的(　　)时，则可判定该时期出现了通货紧缩。
 A. 个别商品或劳务价格下降　　　B. 物价持续下降
 C. 物价一次性大幅下降　　　　　D. 通货膨胀率由正转负
 E. 季节性因素引起部分商品价格下降

第九章　中央银行与金融监管

刷基础

764. 下列政策工具中，属于选择性货币政策工具的有(　　)。
 A. 消费者信用控制　　　　　　　B. 不动产信用控制

C. 利率限制　　　　　　　　　　D. 道义劝告
E. 优惠利率

765. 下列变量中，属于中央银行货币政策中介目标的有(　　)。
A. 法定存款准备金率　　　　　　B. 超额存款准备金率
C. 货币供应量　　　　　　　　　D. 再贴现率
E. 利率

766. 再贴现的优点主要有(　　)。
A. 有利于中央银行发挥最后贷款人的作用
B. 比存款准备金率的调整更机动、灵活
C. 以票据融资，风险较小
D. 再贴现的主动权在商业银行，而不在中央银行
E. 可调节总量还可以调节结构

767. 根据《证券公司监督管理条例》，以下不得成为证券公司持股5%以上的股东或实际控制人的情形有(　　)。
A. 非故意犯罪　　　　　　　　　B. 因故意犯罪被判处刑罚的
C. 刑罚执行完毕未逾3年的　　　　D. 不能清偿到期债务
E. 刑罚执行完毕未逾5年的

768. 中央银行的负债业务有(　　)。
A. 外汇　　　　　　　　　　　　B. 通货发行
C. 国库存款　　　　　　　　　　D. 商业银行等金融机构存款
E. 国际储备

769. 金融监管的基本原则有(　　)。
A. 监管主体独立性原则　　　　　B. 公平互信原则
C. 依法监管原则　　　　　　　　D. 安全稳健与经营效率结合原则
E. 适度竞争原则

770. 我国衡量资产安全性的贷款质量指标有(　　)。
A. 不良资产率不得高于4%
B. 不良贷款率不得高于5%
C. 单一集团客户授信集中度不得高于15%
D. 单一客户贷款集中度不得高于20%
E. 全部关联度不得高于50%

771. 中央银行的职能有(　　)。
A. 发行的银行　　　　　　　　　B. 政府的银行
C. 银行的银行　　　　　　　　　D. 管理金融的银行
E. 企业的银行

772. 宽松的货币政策措施包括(　　)。
A. 降低法定存款准备金率　　　　B. 提高再贴现率
C. 降低再贴现率　　　　　　　　D. 在公开市场上卖出有价证券
E. 扩大贷款规模

773. 中央银行的中间业务包括(　　)。

A. 货币发行 B. 证券买卖
C. 结清交换差额 D. 办理异地资金转移
E. 集中办理票据交换

774. 《保险资金运用管理暂行办法》规定，保险资金的运用限于下列形式中的（　　）。
A. 银行存款 B. 投资不动产
C. 放贷 D. 买卖债券
E. 买卖股票

775. 货币政策的基本特征包括（　　）。
A. 货币政策是宏观经济政策 B. 货币政策是调节社会总需求的政策
C. 货币政策是直接调控政策 D. 货币政策主要是间接调控政策
E. 货币政策是长期连续的经济政策

776. 在中央银行的货币政策工具中，存款准备金政策的主要内容包括（　　）。
A. 规定存款准备金计提的基础 B. 规定法定存款准备金率
C. 规定存款准备金运用的方式 D. 规定存款准备金提取的时间
E. 规定存款准备金的构成

777. 根据《商业银行风险监管核心指标（试行）》，我国商业银行收益合理性的监管指标有（　　）。
A. 净利息收入 B. 总利息收入
C. 成本收入比 D. 资产利润率
E. 资本利润率

778. 贷款的五级分类中，属于不良贷款的有（　　）。
A. 正常类 B. 关注类
C. 次级类 D. 可疑类
E. 损失类

779. 在监测银行机构的流动性是否保持在适度水平时，流动性风险指标包括（　　）。
A. 资本利润率 B. 不良贷款率
C. 流动性覆盖率 D. 流动性比例
E. 净稳定资金比例

刷进阶

780. 我国证券公司准入条件有（　　）。
A. 证券公司股东的出资应当是货币或者证券公司经营中必需的非货币财产
B. 证券公司股东的非货币财产出资总额不得超过证券公司注册资本的30%
C. 单位或个人可视情况自行委托他人或者接受他人委托，持有或者管理证券公司的股权
D. 证券公司的股东不得违反国家规定，约定不按照出资比例行使表决权
E. 证券公司应当有3名以上在证券业担任高级管理人员满2年的高级管理人员

781. 在货币政策工具中，直接信用控制主要包括（　　）。
A. 道义劝告 B. 贷款限额
C. 窗口指导 D. 直接干预

E. 利率限制

782. 在市场经济条件下,货币均衡的前提条件不包括( )。
　　A. 高速的经济增长水平　　　　B. 足额的国际储备
　　C. 国际收支保持均衡　　　　　D. 发达的金融市场
　　E. 有效的中央银行调控机制

783. 根据《商业银行贷款损失准备管理办法》,我国银行业监管机构设置( )指标考核商业银行贷款损失准备的充足率。
　　A. 贷款拨备率　　　　　　　　B. 不良贷款率
　　C. 流动比率　　　　　　　　　D. 拨备覆盖率
　　E. 速动比率

784. 下列法律法规中,属于中国证监会证券监管法律法规体系中第一层次依据的有( )。
　　A.《公司法》　　　　　　　　B.《证券法》
　　C.《证券登记结算管理办法》　　D.《证券投资基金法》
　　E.《证券发行与承销管理办法》

785. 下列属于选择性的货币政策工具的有( )。
　　A. 证券市场信用控制　　　　　B. 消费者信用控制
　　C. 不动产信用控制　　　　　　D. 优惠利率
　　E. 道义劝告

786. 关于人民银行常备借贷便利(SLF)的说法,正确的有( )。
　　A. 又称为短期流动性调节工具　B. 由金融机构主动发起
　　C. 中央银行与金融机构一对一交易　D. 是中央银行管理流动性的重要工具
　　E. 向商业银行提供中期基础货币

787. 银行业市场准入监管的内容有( )。
　　A. 审批注册地点　　　　　　　B. 审批注册机构
　　C. 审批注册资本　　　　　　　D. 审批高级管理人员的任职资格
　　E. 审批业务范围

788. 在银行业监管中,监管当局对即将倒闭银行的处置措施主要有( )。
　　A. 收购　　　　　　　　　　　B. 兼并
　　C. 依法清算　　　　　　　　　D. 注资入股
　　E. 接管

第十章　国际金融及其管理

刷基础

789. 国际收支具有的本质特征有( )。
　　A. 国际收支是一个流量概念　　B. 国际收支是一个总量概念
　　C. 国际收支是一个存量概念　　D. 国际收支是一个成本概念
　　E. 国际收支是一个收支概念

790. 过度外汇管理导致的副作用主要有( )。

A. 汇率扭曲　　　　　　　　　B. 寻租和腐败行为
C. 非法地下金融蔓延　　　　　D. 收入分配不公
E. IMF 取消贷款救助

791. 下列举措中，能够减少我国的国际收支顺差的有（　　）。
A. 允许我国出口企业将外汇收入存放在境外
B. 放宽我国企业对外直接投资的外汇管制
C. 鼓励高科技的外资流入
D. 限制低附加值的直接投资流入
E. 严控国外投机热钱流入

792. 一国要实现本国货币资本项目可兑换需要的条件有（　　）。
A. 稳定的国际环境　　　　　　B. 健全的经济体系
C. 稳定的宏观经济环境　　　　D. 稳健的金融体系
E. 弹性的汇率制度

793. 一国之所以可以运用货币政策调节国际收支不均衡，是因为货币政策对该国国际收支可以产生（　　）等调节作用。
A. 需求效应　　　　　　　　　B. 结构效应
C. 价格效应　　　　　　　　　D. 利率效应
E. 供给效应

794. 在国际货币体系中，现行牙买加体系的内容有（　　）。
A. 国际间资本的自由流动　　　B. 浮动汇率合法化
C. 黄金非货币化　　　　　　　D. 扩大特别提款权的作用
E. 扩大对发展中国家的融资

795. 国家外汇管理局按季对外公布的全口径外债包括（　　）。
A. 以黄金表示的外债
B. 以一篮子货币表示的外债
C. 以普通提款权形式存在的外债
D. 以外币表示的外债
E. 以人民币形式存在的外债

796. 国际收支不均衡的调节的必要性包括（　　）。
A. 财政政策有效的要求　　　　B. 货币政策有效的要求
C. 稳定物价的要求　　　　　　D. 稳定汇率的要求
E. 保有适量外汇储备的要求

797. 不能作为国际储备资产的有（　　）。
A. 非货币性黄金
B. 外汇储备
C. 国际货币基金组织的储备头寸
D. 特别提款权
E. 跨国企业持有的外汇资产

798. 牙买加体系的主要运行特征包括（　　）。
A. 黄金非货币化　　　　　　　B. 建立稳定汇率机制

C. 国际储备货币多样化 D. 汇率制度安排多元化
E. 国际收支调节机制多样化

799. 布雷顿森林体系的特征包括(　　)。
   A. 实行以美元为中心的、可调整的固定汇率制度
   B. 美国以外的国家需要承担本国货币与美元汇率保持稳定的义务
   C. 美元由于与黄金挂钩，取得了等同于黄金的地位，成为最主要的国际储备货币
   D. 黄金非货币化
   E. 国际货币基金组织作为一个新兴机构成为国际货币体系的核心

800. 我国实行人民币经常项目可兑换条件下的资本项目管理，境外资本可以通过证券投资的渠道进入我国，具体的进入方式有(　　)。
   A. 投资于 B 股市场
   B. 投资于央行票据
   C. 投资于银行承兑汇票
   D. 通过合格境外机构投资者间接投资于 A 股市场
   E. 投资于银行理财产品

801. 下列情况中，一国会倾向于选择固定汇率制度的有(　　)。
   A. 经济开放程度高
   B. 经济规模小
   C. 进出口集中在某几种商品或某一国家
   D. 国内通货膨胀率与其他主要国家不一致
   E. 经济开放程度低

802. 2005 年 7 月 21 日，我国启动了人民币汇率形成机制的改革，改革后形成的人民币汇率制度的特征是(　　)。
   A. 以市场供求为基础 B. 实行银行结售汇制
   C. 参考一篮子货币进行调节 D. 建立银行间外汇市场
   E. 有管理的浮动汇率制度

803. 能引起货币升值的因素有(　　)。
   A. 国际收支顺差 B. 相对通货紧缩
   C. 相对通货膨胀 D. 国际收支逆差
   E. 市场预期货币升值

804. 欧洲银行同业拆借市场品种有(　　)。
   A. 隔夜存款 B. 隔日存款
   C. 定期存款 D. 活期存款
   E. 通知存款

刷 案例分析题

案例分析题 答题技巧

《专业知识与实务》中的案例分析题的得分规则与多项选择题类似。每题的4个备选项中,有1~3个选项符合题意,至少有1个错项。错选,该题不得分;少选,所选的每个选项得0.5分。本着谨慎原则,不确定的项目不选,拿满分很困难,拿60%~70%左右的分数相对较容易。关键在于协调好答题时间,不在前面不会的题目(尤其是多项选择题)上浪费时间,案例分析题只要拿到二十几分,加上前面题型最基本的分数,那么通过考试十拿九稳。

第一章 金融市场与金融工具

（一）

20世纪80年代以来,国际金融市场最重要的创新便是金融衍生品市场的发展。最早出现的是简单的衍生品,如远期、期货、期权、互换等,随后出现了多种复杂产品。20世纪90年代信用衍生品的出现,将金融衍生品市场的发展推向新的阶段。在2007年爆发的美国次贷危机中,信用衍生品如信用违约掉期(CDS)的无序发展对危机的蔓延和恶化起到了推波助澜的作用,其负面效应也开始被意识到。为此,各国政府正在探索更有力的监管措施,以促进金融衍生品市场更平稳、有效运行。

根据以上资料,回答下列问题。

805. 金融衍生品具有的基本特征包括(　　)。
 A. 跨期性　　　　　　　　　B. 杠杆性
 C. 联动性　　　　　　　　　D. 低风险性

806. 固定利率支付与浮动利率支付设定上限的互换指的是(　　)。
 A. 普通互换　　　　　　　　B. 远期互换
 C. 利率上限互换　　　　　　D. 股权互换

807. 信用违约互换作为最常用的信用衍生品,当约定的信用事件发生时,导致的结果是(　　)。
 A. 由卖方向买方赔偿,金额相当于合约中基础资产面值
 B. 由买方向卖方赔偿,金额相当于合约中基础资产面值
 C. 由卖方向买方赔偿由信用事件所导致的基础资产面值的损失部分
 D. 由买方向卖方赔偿由信用事件所导致的基础资产面值的损失部分

808. 信用违约互换市场在美国次贷危机中暴露出来的缺陷有(　　)。
  A. 同时在交易所和柜台进行交易　　B. 缺乏监管
  C. 市场操作不透明　　D. 没有统一的清算报价系统

第二章　利率与金融资产定价

(二)

张先生需要借款 10 000 元,借款期限为 2 年,当前市场年利率为 6%,他向银行进行咨询,A 银行给予张先生单利计算的借款条件,B 银行给予张先生按年复利率的借款条件,C 银行给予张先生按半年计算复利的借款条件。
根据以上资料,回答下列问题。

809. 如果张先生从 A 银行借款,到期应付利息为(　　)元。
  A. 1 000　　B. 1 200
  C. 1 400　　D. 1 500

810. 如果张先生从 B 银行借款,到期时的本息和为(　　)元。
  A. 11 210　　B. 11 216
  C. 11 236　　D. 11 240

811. 如果张先生从 C 银行借款,到期时本息和为(　　)元。
  A. 11 245　　B. 11 246
  C. 11 252　　D. 11 255

812. 通过咨询,张先生发现,在银行借款,如果按复利计算,则(　　)。
  A. 每年的计息次数越多,最终的本息和越大
  B. 随着计息间隔的缩短,本息和以递减的速度增加
  C. 每年的计息次数越多,最终的本息和越小
  D. 随着计息间隔的缩短,本息和以递增的速度增加

(三)

某贴现债券的发行价格为 80 元,面值为 100 元,期限为 2 年,到期后按照票面金额偿付。
根据以上资料,回答下列问题。

813. 如果按年复利计算,则该债券的到期收益率为(　　)。
  A. 11.1%　　B. 11.4%
  C. 11.8%　　D. 12.5%

814. 如果按半年复利计算,则该债券的到期收益率等于(　　)。
  A. 11.18%　　B. 11.47%
  C. 11.52%　　D. 12.18%

815. 如果按连续复利计算,则该债券的到期收益率等于(　　)。
  A. 11.16%　　B. 11.37%
  C. 11.8%　　D. 12.5%

816. 在收益固定的情况下,按照案例中的资料进行计算,结论正确的是(　　)。
  A. 随着计算间隔的缩短,年利率呈上升趋势

B. 如果追求高利率，投资者会选择按年复利计息
C. 随着计算间隔的缩短，年利率呈下降趋势
D. 如果追求高利率，投资者会选择按连续复利计息

(四)

某公司是专业生产芯片的厂商，已在美国纳斯达克上市。当前该公司的 β 系数为 1.5，纳斯达克的市场组合收益率为 8%，美国国债的利率是 2%。

根据以上资料，回答下列问题。

817. 当前市场条件下美国纳斯达克市场的风险溢价是(　　)。
    A. 3%   B. 5%
    C. 6%   D. 9%

818. 该公司股票的风险溢价是(　　)。
    A. 6%   B. 9%
    C. 10% D. 12%

819. 通过 CAPM 模型测得的该公司股票的预期收益率是(　　)。
    A. 3%   B. 6%
    C. 9%   D. 11%

820. 资本资产定价理论认为，不可能通过资产组合来降低或消除的风险是(　　)。
    A. 特有风险   B. 宏观经济形势引致的风险
    C. 非系统性风险   D. 政治因素引致的风险

(五)

2016 年 1 月，某企业发行一种票面利率为 6%、每年付息一次、期限为 3 年、面值为 100 元的债券。假设 2016 年 1 月至今的市场利率是 4%。2019 年 1 月，该企业决定永久延续该债券期限，即实际上实施了债转股，假设此时该企业的每股税后盈利是 0.50 元，该企业债转股后的股票市价是 22 元。

根据以上资料，回答下列问题。

821. 2017 年 1 月，该债券的购买价应是(　　)元。
    A. 90.2   B. 103.8
    C. 105.2 D. 107.4

822. 在债券发行时如果市场利率高于债券票面利率，则(　　)。
    A. 债券的购买价高于面值
    B. 债券的购买价低于面值
    C. 按面值出售时投资者对该债券的需求减少
    D. 按面值出售时投资者对该债券的需求增加

823. 债转股后的股票定价是(　　)元。
    A. 8.5   B. 12.5
    C. 22.0   D. 30.0

824. 按照 2019 年 1 月的市场状况，该股票的市盈率是(　　)倍。
    A. 10   B. 24
    C. 30   D. 44

(六)

我国某企业计划于年初发行面额为100元、期限为3年的债券200亿元。该债券票面利息为每年6元,于每年年末支付,到期还本。该债券发行采用网上向社会公众投资者定价发行的方式进行。

根据以上资料,回答下列问题。

825. 该债券的名义收益率是( )。
   A. 4%   B. 6%
   C. 10%   D. 12%

826. 假定该债券的名义收益率为4%,当年通货膨胀率为3%,则其实际收益率是( )。
   A. 1%   B. 2%
   C. 3%   D. 5%

827. 如果该债券的市场价格是110元,则该债券的本期收益率是( )。
   A. 2%   B. 3%
   C. 5.5%   D. 5%

828. 根据发行价格与票面面额的关系,债券公开发行可以分为( )发行。
   A. 折价   B. 溢价
   C. 平价   D. 竞价

(七)

某公司为扩大业务范围,在上海证券交易所通过发行债券的方式筹集资金,共发行面值为100元、票据利率为5%、到期期限为3年的债券10亿元,每年11月20日支付利息,到期还本付息,假定未来3年市场利率一直保持为5%。

根据以上资料,回答下列问题。

829. 该债券的投资者每张债券第一年后收到的第一笔利息的现值为( )元。
   A. 4.5   B. 4.55
   C. 4.76   D. 5.05

830. 该债券的发行价格应为( )元。
   A. 86.38   B. 90.7
   C. 95.23   D. 100.00

831. 该债券的投资者以发行价格买入该债券,持有至到期的收益为( )。
   A. 70%   B. 4.55%
   C. 5.00%   D. 5.23%

832. 下列关于市场利率、债券价格与收益之间关系的说法中,正确的有( )。
   A. 市场利率上升,债券价格下降   B. 市场利率下降,债券价格不变
   C. 债券价格越高,到期收益率越高   D. 债券价格越低,到期收益率越高

(八)

某公司拟进行股票投资,计划购买甲、乙、丙三种股票组成投资组合,已知三种股票的 β 系数分别为1.5、1.0和0.5,该投资组合甲、乙、丙三种股票的投资比重分别为50%、20%、30%,全市场组合的预期收益率为9%,无风险收益率为4%。

根据以上资料,回答下列问题。

833. 该投资组合的 β 系数为( )。

A. 0.15 B. 0.8
C. 1.0 D. 1.1

834. 投资者在投资甲股票时所要求的均衡收益率应当是( )。
　　A. 4% B. 9%
　　C. 11.5% D. 13%

835. 下列说法中，正确的是( )。
　　A. 甲股票所含系统风险大于甲、乙、丙三种股票投资组合风险
　　B. 乙股票所含系统风险大于甲、乙、丙三种股票投资组合风险
　　C. 丙股票所含系统风险大于甲、乙、丙三种股票投资组合风险
　　D. 甲、乙、丙三种股票投资组合可以消除政治因素引起的风险

836. 关于投资组合风险的说法，正确的是( )。
　　A. 当投资充分组合时，可以分散掉所有的风险
　　B. 投资组合的风险包括公司特有风险和市场风险
　　C. 公司特有风险是可分散风险
　　D. 市场风险是不可分散风险

（九）

A 企业计划发行面额为 100 元、期限为 5 年的债券 10 亿元，该债券的票面利息为每年 10 元，于每年年末支付，到期还本付息，当年通胀率为 3%。
根据以上资料，回答下列问题。

837. 该债券的名义收益率是( )。
　　A. 7% B. 10%
　　C. 13% D. 5%

838. 如果该债券市场价格为 80 元，则该债券的本期收益率为( )。
　　A. 7% B. 10%
　　C. 12.5% D. 15.5%

839. 如果发行时本期收益率为 8%，则该债券的发行价格应当是( )元。
　　A. 90 B. 100
　　C. 120 D. 125

840. 在债券发行时如果市场利率高于债券票面利率，则( )。
　　A. 债券的购买价高于面值
　　B. 债券的购买价低于面值
　　C. 按面值出售时投资者对该债券的需求减少
　　D. 按面值出售时投资者对该债券的需求增加

第三章　金融机构与金融制度

（十）

2008 年国际金融危机后，越来越多的国家明确了中央银行宏观审慎管理的重要性。同时，微观审慎监管职能也有向中央银行集中的趋势。比如，危机后美联储负责对资产

超过500亿美元的银行业金融机构、所有具有系统重要性非银行金融机构，以及系统重要性金融基础设施进行监管，同时保留对小银行的监管权。

根据以上资料，回答下列问题。

841. 美国对以金融控股公司为代表的混业经营的金融机构主要采取哪种监管方式？（　　）
 A. 目标监管　　　　　　　　B. 超级监管
 C. 功能监管　　　　　　　　D. 机构监管

842. 2008年国际金融危机后，各国意识到，此次危机爆发的重要原因是（　　）。
 A. 宏观审慎政策缺失　　　　B. 系统性风险评估不足
 C. 系统性风险应对不足　　　D. 市场监管执行不利

843. 目前，越来越多的国家明确了中央银行宏观审慎管理在防范和化解（　　）之中的地位。
 A. 操作风险　　　　　　　　B. 市场风险
 C. 信用风险　　　　　　　　D. 系统性金融风险

844. 对不同金融机构的所有监管（包括审慎监管和市场行为监管）均交给一个监管机构统一负责。这种监管模式是（　　）。
 A. 分业监管　　　　　　　　B. 机构监管
 C. 统一监管　　　　　　　　D. 超级监管

第四章　商业银行经营与管理

刷通关　　举一反三　高效通关

（十一）

2018年年底，A银行资产规模为600亿元，负债规模为700亿元，房地产贷款是该银行业务重要组成部分。资产平均到期日为300元，负债平均到期日为360天。

根据以上资料，回答下列问题。

845. 银行进行资产负债管理的理论依据为（　　）。
 A. 规模对称原理　　　　　　B. 汇率管理原理
 C. 目标互补原理　　　　　　D. 利率管理原理

846. 运用资产负债管理方法分析，A银行的资产运用情况属于（　　）。
 A. 过度　　　　　　　　　　B. 不足
 C. 合适　　　　　　　　　　D. 不确定

847. 分析2018年A银行的资产负债状况，在市场利率下降的环境中，该银行的利润（　　）。
 A. 减少　　　　　　　　　　B. 先减后增
 C. 增加　　　　　　　　　　D. 先增后减

848. 2019年，房地产市场调控措施不断出台，A银行开始预算，如果房价大幅下降，银行是否可以承受房价下跌造成的损失。这一测算方法是指（　　）。
 A. 缺口分析　　　　　　　　B. 久期分析
 C. 敏感性分析　　　　　　　D. 流动性压力测试

（十二）

某商业银行实收资本为1 500万元，盈余公积为600万元，资本公积为500万元，未分配利润为300万元，超额贷款损失准备为1 700万元，风险加权资产为200 000万元，资产证券化销售利得为250万元，正常类贷款为400万元，关注类贷款为6 000万元，次级类贷款为400万元，可疑类贷款为600万元，损失类贷款为300万元。

根据以上资料，回答下列问题。

849. 该银行的核心一级资本为（　　）万元。
 A. 2 900 B. 2 800
 C. 1 700 D. 3 100

850. 该银行的核心一级资本充足率为（　　）。
 A. 1.24% B. 1.33%
 C. 1.57% D. 2.56%

851. 该银行的资本充足率为（　　）。
 A. 6.7% B. 2.46%
 C. 4.83% D. 2.18%

852. 商业银行在计算资本充足率时，监管资本中需要扣除一些项目，下列属于扣除项的有（　　）。
 A. 贷款损失准备缺口 B. 资产证券化销售利得
 C. 直接或间接持有本银行的股票 D. 超额贷款损失准备

（十三）

某商业银行实收资本为160万元，盈余公积为55万元，资本公积为60万元，未分配利润为35万元，超额贷款损失准备为180万元，风险加权资产为10 000万元，贷款损失准备缺口为30万元。正常类贷款为900万元，关注类贷款为700万元，次级类贷款为50万元，可疑类贷款为70万元，损失类贷款为40万元。

根据以上资料，回答下列问题。

853. 该银行的核心一级资本为（　　）万元。
 A. 310 B. 275
 C. 160 D. 215

854. 该银行的核心一级资本充足率为（　　）。
 A. 3.1% B. 2.8%
 C. 2.75% D. 2.45%

855. 该银行的不良贷款率为（　　）。
 A. 2.27% B. 6.25%
 C. 9.09% D. 48.86%

856. 该银行的资本充足率为（　　）。
 A. 2.8% B. 3.1%
 C. 4.6% D. 4.9%

（十四）

2014年年底中国银监会发布了《商业银行理财业务监督管理办法（征求意见稿）》，对银行理财业务进行全面规范。随着我国社会财富的快速增长、社会融资结构的深刻变化、利率市场化的持续推进、大资管时代的到来，商业银行理财业务也面临着前所未有的发展机遇和挑战。

根据以上资料，回答下列问题。

857. 从目前的趋势看，商业银行理财业务转型的方向体现为以下特征(　　)。
　　A. 从存款替代型理财向真正的代客理财回归
　　B. 理财投资类型由债务型向权益型转变
　　C. 理财业务风险控制由信贷模式向综合模式转变
　　D. 理财产品形态从净值收益型向预期收益型转变

858. 从负债端看，理财业务面临着巨大的转型压力，回归(　　)的本原已是大势所趋。
　　A. 资产管理　　　　　　　　B. 成本管理
　　C. 利润管理　　　　　　　　D. 财务管理

859. 从客户端看，理财客户群将加速迁移向(　　)。
　　A. 第三方　　　　　　　　　B. 政府
　　C. 机构投资者　　　　　　　D. 高净值个人客户

860. 中国银保监会推出了一种由商业银行设立、直接以单一企业的债权类融资项目为投资方向、在中央结算公司统一托管、在银行间公开交易、在指定渠道进行公开信息披露的标准化投资工具。这种工具是(　　)。
　　A. 理财间接融资工具　　　　B. 理财直接融资工具
　　C. 封闭式理财产品　　　　　D. 分级产品

第五章　投资银行与证券投资基金

（十五）

某机构投资者与某证券公司签订了证券交易委托代理协议，按照证券交易品种开立了股票交易账户，并且也开立了用于证券交易资金清算的专用资金账户。

根据以上资料，回答下列问题。

861. 在该机构投资者签订的证券交易委托代理协议中，该证券公司承担证券(　　)角色。
　　A. 承销商　　　　　　　　　B. 交易商
　　C. 经纪商　　　　　　　　　D. 做市商

862. 《证券账户业务指南》规定，一个投资者在同一市场最多可以申请开立(　　)个B股账户。
　　A. 1　　　　　　　　　　　B. 3
　　C. 10　　　　　　　　　　　D. 20

863. 如果该机构投资者的资金账户选择了保证金账户，则该机构投资者可以接受该证券公司提供的(　　)业务。
　　A. 融资或称卖空　　　　　　B. 融资或称买空
　　C. 融券或称卖空　　　　　　D. 融券或称买空

864. 该机构投资者在委托股票交易时，其成交价格按照"价格优先，时间优先"原则由证券交易所撮合主机自动撮合确定成交价格。如果该机构投资者是在10∶00—11∶00委托交易，其股票成交价的竞价是( )。
A. 集合竞价 B. 连续竞价
C. 投标竞价 D. 招标竞价

（十六）

甲股份有限公司以饲养奶牛和生产原奶为主要业务，每股盈利0.5元。乙股份有限公司主要生产液态奶、奶粉和冰激凌等产品，每股盈利1.0元。这两家公司都是民营企业。乙股份有限公司的管理层通过银行贷款筹集资金，以每股25元的价格购买甲股份有限公司的股票，同时以一股本公司股票换取两股甲股份有限公司的股票的方式，收购了甲股份有限公司55%的股份。

根据以上资料，回答下列问题。

865. 从企业间的市场关系看，此次并购属于( )。
A. 横向并购 B. 纵向并购
C. 混合并购 D. 水平并购

866. 并购完成后，乙股份有限公司对甲股份有限公司形成了( )。
A. 吸收合并 B. 新设合并
C. 控股关系 D. 被控股关系

867. 此次并购的支付方式有( )。
A. 现金买资产 B. 现金买股票
C. 交换发盘 D. 以股票换资产

868. 从并购融资渠道看，此次并购属于( )。
A. 要约收购 B. 资产收购
C. 管理层收购 D. 股份回购

（十七）

A股份有限公司首次公开发行人民币普通股（A股）的申请获中国证监会核准许可。本次新股发行规模为16亿股，发行的保荐机构为甲子证券股份有限公司和乙丑证券股份有限公司。本次发行采用向战略投资者定向配售、网下向询价对象询价配售与网上资金申购发行相结合的方式进行。参加本次网下初步询价的机构投资者共70家，其中68家提供了有效报价。最终股票发行价定为5.40元/股。

根据上述资料，回答下列问题。

869. 该公司首次公开发行A股，在股票发行审核制度中，( )是一种市场化的股票首次公开发行监管核准制度。
A. 审批制 B. 核准制
C. 注册制 D. 定额制

870. 根据《证券发行与承销管理办法》，网下初始发行比例不低于( )。
A. 8.0亿股 B. 9.6亿股
C. 11.2亿股 D. 12.8亿股

871. 首次公开发行股票在( )亿股以上的，可以向战略投资者配售股票。
A. 1 B. 3
C. 4 D. 6

872. 网上投资者有效申购倍数超过150倍的，回拨后网下发行比例不超过本次公开发行股票数量的( )。
A. 10% B. 20%
C. 30% D. 40%

(十八)

A 公司首次公开发行 30 亿股人民币普通股(A 股)的申请已获中国证监会证监许可核准。本次发行的保荐人是甲金融有限公司。本次发行网下发行与网上发行同时进行，参与申购的网下和网上投资者应当全额缴付申购资金。投资者应自行选择参与网下或网上发行，不得同时参与。

根据以上资料，回答下列问题。

873. 发行人和主承销商应当合理确定剔除最高报价部分后的有效报价投资者数量。针对 A 公司而言，有效报价投资者的数量为( )。
A. 有效报价投资者≥10 B. 有效报价投资者≥20
C. 有效报价投资者≤40 D. 有效报价投资者≤60

874. 针对 A 公司而言，网下初始发行比例不低于本次公开发行股票数量的( )。
A. 40% B. 50%
C. 60% D. 70%

875. 相比核准制，成熟市场较多采用的注册制发审方式，这种方式的特点是( )。
A. 限制较少 B. 带有强烈的行政干预色彩
C. 审核效率较高 D. 简单备案

876. 根据该公司首次发行 A 股，其股票发行监管核准制度不包括( )。
A. 审批制 B. 核准制
C. 注册制 D. 定额制

(十九)

2014 年 4 月，中国证监会发布了《关于修改〈证券发行与承销管理办法〉的决定》。2018 年 6 月，KH 股份有限公司在主板市场首发新股，由 ZY 国际证券有限责任公司担任保荐人。本次公开发行新股 4 560 万股，回拨机制启动前，网下初始发行数量为 3 192 万股，占本次发行总股数的 70%；网上初始发行数量为 1 368 万股，占本次发行总股数的 30%。本次公开发行采用网下向符合条件的投资者询价配售和网上按市值申购定价发行相结合的方式。发行人和保荐人根据网下投资者的报价情况，对所有报价按照申报价格由高到低的顺序进行排序，并且根据修订后的《证券发行与承销管理办法》对网下的特定投资者进行了优先配售。最终本次发行价格为 13.62 元，对应市盈率为 22.98 倍。

根据以上资料，回答下列问题。

877. 在本次发行中，保荐人 ZY 国际证券有限责任公司的重要身份是( )。
A. 证券经纪商 B. 证券做市商
C. 证券交易商 D. 证券承销商

878. 网上投资者连续 12 个月内累计出现 3 次中签后未足额缴款的情形时，( )个月内不得参与新股、可转换公司债券、可交换公司债券申购。
A. 1 B. 3
C. 12 D. 6

879. 在本次新股发行的定价方式下，当网下投资者报价后，所有报价应按照申报价格由高到低的顺序进行排序。为了保证新股定价的合理性，应从拟申购总量中至少(   )。
  A. 剔除10%报价最低的部分　　　　B. 分别剔除10%报价最高和最低的部分
  C. 剔除10%报价最高的部分　　　　D. 分别剔除5%报价最高和最低的部分

880. 根据修订后的《证券发行与承销管理办法》，对网下投资者有限配售的特定对象有(   )。
  A. 保险资金　　　　　　　　　　B. 企业年金
  C. 公募基金　　　　　　　　　　D. 私募基金

（二十）

小张和小李同在一家企业工作，小张今年35岁，有很强的财富规划欲望，属于典型的风险爱好者。对于理财他追求高收益高回报，也敢于承担风险。小李今年33岁，属于典型的风险厌恶者。对于理财他追求稳妥、固定的收益回报，秉承安全第一的原则。两者最近都有打算要投资基金产品。
根据以上资料，回答下列问题。

881. 从投资目标来看，小张应该会考虑投资哪种基金产品？(   )
  A. 增长型基金　　　　　　　　　　B. 收入型基金
  C. 货币市场基金　　　　　　　　　D. 私募基金

882. 从投资目标来看，小李应该会考虑投资哪种基金产品？(   )
  A. 增长型基金　　　　　　　　　　B. 收入型基金
  C. 股票基金　　　　　　　　　　　D. 私募基金

883. 股票基金以追求长期的资本增值为目标，比较适合长期投资。小张也看重了股票基金的这一特性，欲考虑投资股票基金。那么，若小张真的投资股票基金，则他将面临哪些风险？(   )
  A. 系统性风险　　　　　　　　　　B. 经营风险
  C. 管理运作风险　　　　　　　　　D. 声誉风险

884. 根据投资对象的不同，小李应该考虑投资的基金产品是(   )。
  A. 股票基金　　　　　　　　　　　B. 债券基金
  C. 货币市场基金　　　　　　　　　D. 混合基金

（二十一）

2017年9月，中国证监会发布了《关于修改证券发行与承销管理办法的决定》。2018年6月，YT光学股份有限公司在主板市场首发新股，由北京DY证券有限责任公司担任保荐机构。本次YT光学股份公开发行新股2 680万股，计划网下初始发行1 876万股，网上初始发行804万股，分别占本次发行总量的70%和30%。本次公开发行采用的方式是：网下向具有丰富投资经验和良好定价能力的投资者询价配售，网上按市值申购。发行人和保荐机构可以根据修订后的《证券发行与承销管理办法》对网下的特定投资者进行优先配售。北京DY证券有限责任公司按照规定的发行条件尽力推销证券，发行结束后将未售出的证券退还YT光学股份有限公司，且不承担发行风险。
根据以上资料，回答下列问题。

885. 本次发行的保荐机构承担的角色是(   )。
  A. 主承销商　　　　　　　　　　　B. 经纪商
  C. 交易商　　　　　　　　　　　　D. 做市商

886. 根据《证券发行与承销管理办法》,对网下投资者优先配售的特定对象有( )。
   A. 养老基金 B. 企业年金基金
   C. 社保基金 D. 私募基金

887. 发行人和主承销商应当剔除拟申购总量中报价最高的部分,剔除部分不得低于所有网下投资者拟申购总量的( )。
   A. 10% B. 20%
   C. 30% D. 50%

888. 北京DY证券有限责任公司采用的承销方式是( )。
   A. 包销 B. 余额包销
   C. 代销 D. 全额包销

第六章 信托与租赁

刷通关

(二十二)

因业务发展需要,大华公司准备以融资租赁的方式购置一批设备。目前,有甲、乙、丙三家金融租赁公司向大华公司提供了融资租赁方案,具体操作如下:

甲租赁公司联合多家有融资租赁资质的金融租赁公司共同提供租赁融资,其中甲租赁公司作为牵头人,出面与大华公司订立相关合同。

乙租赁公司则采取杠杆租赁的方式,提供相关租赁融资。

丙租赁公司则采取委托租赁的方式,由A法人机构将自身的财产作为信托财产委托给丙租赁公司,提供相关租赁融资。

根据以上资料,回答下列问题。

889. 从以上资料分析,甲租赁公司提供的融资租赁业务属于( )。
   A. 直接租赁 B. 转租赁
   C. 联合租赁 D. 杠杆租赁

890. 乙租赁公司采取杠杆租赁的方式,杠杆租赁的特点是( )。
   A. 融资租赁项目中大部分租赁融资由其他金融机构以银团贷款的形式提供
   B. 金融机构对承办该融资租赁项目的租赁公司有追索权
   C. 金融机构按相关比例直接享有回收租金中所含的租赁收益
   D. 该融资租赁项目的风险和收益全部归委托人

891. 丙租赁公司采取委托租赁的方式,下列关于委托租赁的说法中,正确的是( )。
   A. 该融资租赁项目的风险和收益全部归A法人机构
   B. 丙租赁公司依据该信托合同的约定获取由A法人机构支付的报酬
   C. 丙租赁公司处于受托人的地位
   D. 委托租赁属于公司同其他机构分担风险的融资租赁业务

892. 若大华公司最终与丙租赁公司达成合作协议,则该融资租赁项目的风险和收益全部归( )。
   A. 大华公司 B. 丙租赁公司
   C. A法人机构 D. 甲租赁公司

第七章 金融工程与金融风险

刷通关

(二十三)

假定某一股票的现价为32美元,如果某投资者认为这以后的3个月中股票价格不可能发生重大变化,现在3个月期看涨期权的市场价格如下表所示。

执行价格/美元	看涨期权的价格/美元
26	12
30	8
34	6

根据以上资料,回答下列问题。

893. 此时,投资者进行套利的方式是( )。
 A. 水平价差期权 B. 盒式价差期权
 C. 蝶式价差期权 D. 鹰式价差期权

894. 投资者构造该投资组合的成本为( )。
 A. -1 B. 0
 C. 1 D. 2

895. 如果3个月后股票价格为27美元,投资者收益为( )美元。
 A. -1 B. 0
 C. 1 D. 2

896. 3个月后投资者获得了最大利润,当时股票价格为( )美元。
 A. 25 B. 29
 C. 30 D. 34

(二十四)

我国某汽车公司并购了某一发达国家的汽车公司。该发达国家具有发达的金融市场,能够进行所有的传统金融和现代金融衍生品交易。该汽车公司并购中的动作行为和并购后的运营模式:(1)为了补充并购资金的不足,从国内商业银行取得了5年期浮动利率的美元贷款;(2)被并购的公司依然在该发达国家生产原有品牌的汽车,有部分汽车零部件转从我国进口,有部分汽车对我国出口;(3)被并购的公司会将暂时闲置的货币资金在当地进行股票投资。

根据以上资料,回答下列问题。

897. 在从国内商业银行提供浮动利率的美元贷款中,该汽车公司承受的金融风险有( )。
 A. 信用风险 B. 利率风险
 C. 汇率风险 D. 投资风险

898. 被并购的公司对我国出口汽车时,承受的金融风险有( )。
 A. 利率风险 B. 汇率风险
 C. 投资风险 D. 国家风险中的主权风险

899. 为了控制从我国进口汽车零部件时的汇率风险,被并购的公司可以采取的方法有( )。
   A. 进行远期外汇交易　　　　　　B. 进行利率期货交易
   C. 进行货币期货交易　　　　　　D. 进行利率期权交易

900. 为了控制股票投资风险,被并购的公司可以采取的方法是( )。
   A. 进行缺口管理　　　　　　　　B. 分散投资
   C. 进行"5C"分析　　　　　　　　D. 购买股票型投资基金

(二十五)

2008年爆发的金融危机暴露了巴塞尔协议Ⅱ的诸多不足,在银行监管的核心价值观上,安全超越了效率,进一步强化银行的资本监管成为国际社会的共识。巴塞尔委员会于2010年12月正式公布了巴塞尔协议Ⅲ,自2013年1月1日开始实施新监管标准,在2019年1月1日前全部达标。

根据以上资料,回答下列问题。

901. 巴塞尔协议Ⅱ的内容体现在三大支柱上,即提出银行监管重要支柱包括( )。
   A. 最低资本要求　　　　　　　　B. 流动性约束
   C. 监管部门监督检查　　　　　　D. 市场约束

902. 巴塞尔协议Ⅲ对巴塞尔协议Ⅱ的发展和完善主要体现在( )。
   A. 重新界定资本监管　　　　　　B. 降低资本充足率
   C. 强调对资本的计量　　　　　　D. 安排充裕的过渡期

903. 巴塞尔协议Ⅲ引入了( ),以强化对银行流动性的监管。
   A. 流动性覆盖比率(LCR)　　　　B. 净稳定融资比率(MSPR)
   C. 流动性比率　　　　　　　　　D. 资产负债比率

904. 巴塞尔协议Ⅲ规定,全球各商业银行5年内必须将一级资本充足率的下限由4%提高到( )。
   A. 5%　　　　　　　　　　　　　B. 6%
   C. 7%　　　　　　　　　　　　　D. 8%

(二十六)

我国某公司到某一发达国家建立一家分公司。该分公司的基本运营模式是,从母公司进口家用电器零部件,组装成最终产品,并在当地销售。在运营中,该分公司要保留一定数量的货币资金,并将货币资金用于在商业银行存款、购买公司债券和股票等;同时,也会向当地商业银行进行短期和中长期借款。该发达国家有发达的金融市场,能够进行所有的传统金融交易和现代金融衍生品交易。

根据以上资料,回答下列问题。

905. 该分公司在商业银行存款和购买公司债券时,承受的金融风险是( )。
   A. 信用风险　　　　　　　　　　B. 投资风险
   C. 声誉风险　　　　　　　　　　D. 国家风险中的主权风险

906. 该分公司为了控制在购买公司债券和向商业银行进行中长期借款中的利率风险,可以采取的方法是进行( )。
   A. 远期外汇交易　　　　　　　　B. 利率期货交易
   C. 利率期权交易　　　　　　　　D. 股指期货交易

907. 该分公司为了控制从母公司进口零部件的汇率风险，可以采取的方法是（   ）。
    A. 做远期利率协议   B. 进行远期外汇交易
    C. 做利率上下限   D. 进行"3C"分析

908. 在市场风险的管理中，做远期外汇交易用于（   ）管理。
    A. 信用风险   B. 利率风险
    C. 汇率风险   D. 投资风险

(二十七)

假设英镑和美元汇率为1英镑=1.3美元。A公司想借入5年期的2 000万英镑借款，B公司想借入5年期的2 600万美元借款。市场向它们提供的固定利率如下表所示。

公司 \ 固定利率 \ 币种	美元	英镑
A公司	8%	11.6%
B公司	10%	12%

A、B公司希望通过设计货币互换协议进行互换套利，降低融资成本。假设A、B公司均分套利利润。

根据以上资料，回答下列问题。

909. A公司在英镑市场上比B公司的融资成本低（   ）。
    A. 0.4%   B. 2%
    C. 1.6%   D. 4%

910. A公司在美元市场上比在英镑市场上相对B公司融资成本优势更大，这里存在的套利利润为（   ）。
    A. 0.4%   B. 2%
    C. 1.6%   D. 4%

911. 如果双方合作，通过货币互换交易分享无风险利润，则A公司最终融资英镑的成本是（   ）。
    A. 11.6%   B. 12%
    C. 10.8%   D. 8%

912. 如果双方合作，通过货币互换交易分享无风险利润，则B公司最终融资美元的成本是（   ）。
    A. 11.6%   B. 9.2%
    C. 10.8%   D. 8%

(二十八)

某年6月，我国某银行在迪拜、新加坡、中国台湾地区、中国香港地区和伦敦发行等值40亿美元的"一带一路"债券，该债券采用固定的利率和浮动的利率两种计息方式，覆盖7个期限，包括人民币（50亿）、美元（23亿）、新加坡元（5亿）、欧元（5亿）4个币种。筹集的资金主要用于满足沿线分行资金需求，支持码头、电力、交通、机场建设等"一带一路"沿线项目融资。

根据以上资料，回答下列问题。

913. 作为该债券的发行者，我国某银行的金融风险有（　　）。
    A. 信用风险　　　　　　　　　　B. 利率风险
    C. 汇率风险　　　　　　　　　　D. 投资风险

914. 该债券的迪拜投资者承担的金融风险有（　　）。
    A. 信用风险　　　　　　　　　　B. 利率风险
    C. 汇率风险　　　　　　　　　　D. 声誉风险

915. 该银行在将所有筹集的资金用于"一带一路"沿线国家的项目融资中时，要承担信用风险，为控制该风险，该银行可以采取的方法有（　　）。
    A. 信用风险缓释　　　　　　　　B. 进行缺口管理
    C. 进行套期保值　　　　　　　　D. 信用风险转移

916. 该银行在将所筹集的资金用于"一带一路"沿线国家的项目融资中时，要承担国家风险中的转移风险。为控制该风险，该银行可以采取的方法有（　　）。
    A. 进行利率衍生品的套期保值　　B. 评估借贷人所在国的国家风险
    C. 采用辛迪加形式的联合贷款　　D. 保持负债的流动性

（二十九）
我国某商业银行在某发达国家新设一家分行，获准开办所有的金融业务。该发达国家有发达的金融市场，能够进行所有的传统金融交易和现代金融衍生产品交易。
根据以上资料，回答下列问题。

917. 该分行为了控制金融衍生产品的投资风险，可以采取的管理方法是（　　）。
    A. 加强制度建设　　　　　　　　B. 进行限额管理
    C. 调整借贷期限　　　　　　　　D. 进行风险敞口的对冲与套期保值

918. 该分行在将所获利润汇回国内时，承受的金融风险是（　　）。
    A. 信用风险　　　　　　　　　　B. 汇率风险中的交易风险
    C. 汇率风险中的折算风险　　　　D. 国家风险中的主权风险

919. 该分行为了控制在当地贷款中的信用风险，可以采取的方法是（　　）。
    A. 进行持续期管理　　　　　　　B. 对借款人进行信用的"5C""3C"分析
    C. 建立审贷分离机制　　　　　　D. 保持负债的流动性

920. 该分行为了通过风险转移来管理操作风险，可以采取的机制和手段是（　　）。
    A. 对职员定期轮岗　　　　　　　B. 保证信息系统的安全
    C. 业务外包　　　　　　　　　　D. 优化管理流程

（三十）
假设甲、乙公司都想借入5年期的1 000万美元借款，甲公司想借入与6个月期相关的浮动利率借款，乙公司想借入固定利率借款。但两家公司信用等级不同，故市场向它们提供的利率也不同。假设甲、乙公司均分套利利润。

市场提供给甲、乙两公司的借款利率

公司 \ 利率形式	固定利率	浮动利率
甲公司	7.00%	6个月期 LIBOR+0.30%
乙公司	8.20%	6个月期 LIBOR+1.00%

根据以上资料，回答下列问题。

921. 通过利率互换之后，甲公司最终的融资成本为（　　）。
    A. 7.00% B. 7.95%
    C. LIBOR+0.80% D. LIBOR+0.05%

922. 通过利率互换之后，乙公司最终的融资成本为（　　）。
    A. 7.00% B. 7.95%
    C. LIBOR+0.80% D. LIBOR+0.05%

923. 通过利率互换之后，甲公司可以节约的成本为（　　）。
    A. 3.00% B. 0.05%
    C. 0.25% D. 0.8%

924. 下列关于利率互换的说法中，正确的有（　　）。
    A. 互换的期限通常在2年以上
    B. 利率互换通常能够降低双方的融资成本
    C. 通常双方既交换利息差，也交换本金
    D. 其中一方的现金流根据浮动利率计算出来，而另一方的现金流根据固定利率计算

（三十一）

我国某商业银行在某发达国家新设一家分行，获准开办所有的金融业务。该发达国家有发达的金融市场，能够进行所有的传统金融交易和现代金融衍生产品交易。
根据上述资料，回答下列问题。

925. 该分行在将所获利润汇回国内时，承受的金融风险是（　　）。
    A. 信用风险 B. 汇率风险中的交易风险
    C. 汇率风险中的折算风险 D. 国家风险中的主权风险

926. 该分行为了控制在当地经营中的利率风险，可以采取的方法是（　　）。
    A. 进行远期外汇交易 B. 进行货币期货交易
    C. 进行利率衍生产品交易 D. 进行缺口管理

927. 操作风险管理政策是商业银行操作风险管理的总纲领，主要内容包括（　　）。
    A. 操作风险报告程序
    B. 适当的操作风险管理组织架构、权限和责任
    C. 操作风险的定义
    D. 保险政策

928. 该分行为了控制在当地贷款中的信用风险，可以采取的方法是（　　）。
    A. 建立审贷分离机制
    B. 做货币衍生品交易
    C. 对借款人进行信用的"5C""3C"分析
    D. 建立不良贷款的分析审查机制

（三十二）

A、B两公司都想借入3年期的500万美元借款，A公司想借入固定利率借款，B公司想借入浮动利率借款。因两家公司信用等级不同，市场向它们提供的利率也不同，具体情况见下表。假设A、B公司均分套利利润。

市场提供给 A、B 两公司的借款利率

公司 \ 利率值 \ 利率形式	固定利率	浮动利率
A 公司	5.1%	6 个月期 LIBOR+0.5%
B 公司	4.5%	6 个月期 LIBOR+0.3%

注：表中的利率均为一年计一次复利的年利率

根据以上资料，回答下列问题。

929. 下列关于 A、B 公司的说法，正确的是(　　)。
 A. B 公司在浮动利率市场上存在风险敞口
 B. A 公司在浮动利率市场上存在比较优势
 C. B 公司在固定利率市场上存在比较优势
 D. A 公司在固定利率市场上存在竞争优势

930. 两家公司总的套利利润是(　　)。
 A. 0.4%　　　　　　　　B. 0.2%
 C. 0.6%　　　　　　　　D. 0.8%

931. 两家公司可以选择的套利方案是(　　)。
 A. 利率远期协议　　　　B. 货币互换
 C. 跨期套利　　　　　　D. 利率互换

932. A 公司最终的融资利率是(　　)。
 A. 4.3%　　　　　　　　B. 4.5%
 C. 4.9%　　　　　　　　D. 4.7%

第八章　货币供求及其均衡

(三十三)

2008 年，受美国次贷危机的影响，蹒跚前行的全球经济引发了人们对通货紧缩的担忧，由次贷危机引发的大范围的金融危机，已经危害到各个经济领域，制造、加工等实体经济也受到很大损害。世界市场萎缩，中国传统的出口产品一下子失去了市场，大量的产能过剩，人员失业、市场出现了疲软状况。

根据以上资料，回答下列问题。

933. 为了使经济迅速走出低谷，保持较快的经济增长，中央银行配合财政部门应该采取的对策是(　　)。
 A. 松的货币政策和松的财政政策　　B. 松的货币政策和紧的财政政策
 C. 紧的货币政策和松的财政政策　　D. 紧的货币政策和紧的财政政策

934. 通货紧缩的标志是(　　)。
 A. 财政赤字持续增加　　　　B. 价格总水平持续上升
 C. 价格总水平持续下降　　　D. 经济增长率持续下降

935. 判断某个时期的物价下降是否是通货紧缩，主要看(　　)。

A. 通货膨胀率是否由正变负　　　　B. 通货膨胀率是否由负变正
C. 这种下降是否持续了一定的时期　D. 货币供应量是否下降了

936. 为了治理通货紧缩问题，可以采取的货币政策措施为(　　)。
A. 调低利率　　　　　　　　　　B. 提高利率
C. 中央银行在公开市场卖出国债　D. 中央银行在公开市场购入国债

(三十四)

设某地区某时流通中的通货为1 500亿元，中央银行的法定存款准备金率为7%，商业银行的存款准备金为500亿元，存款货币总量为4 000亿元。
根据以上资料，回答下列问题。

937. 下列属于基础货币的有(　　)。
A. 通货　　　　　　　　　B. 存款准备金
C. 货币供给量　　　　　　D. 存款货币

938. 该地区当时的货币乘数为(　　)。
A. 2　　　　　　　　　　B. 2.75
C. 3　　　　　　　　　　D. 3.25

939. 该地区当时的货币供给量为(　　)亿元。
A. 3 000　　　　　　　　B. 4 500
C. 5 500　　　　　　　　D. 6 000

940. 若中央银行将法定存款准备金率上调为8%，则该地区当时的货币供应量将(　　)。
A. 减少　　　　　　　　　B. 不变
C. 不确定　　　　　　　　D. 增加

(三十五)

为调控宏观经济，应对就业及经济增长乏力的态势，中国人民银行同时采取了以下货币政策措施：买入商业银行持有的国债200亿元；购回300亿元商业银行持有的到期央行票据。假定当时商业银行的法定存款准备金率为15%，超额存款准备金率为2%，现金比率为3%。
根据以上资料，回答下列问题。

941. 此次货币政策操作，中国人民银行基础货币的净投放是(　　)亿元。
A. 100　　　　　　　　　B. 200
C. 300　　　　　　　　　D. 500

942. 通过此次货币政策操作，中国人民银行每投放1元的基础货币，就会使货币供给(M_1)增加(　　)元。
A. 5　　　　　　　　　　B. 5.15
C. 6.06　　　　　　　　　D. 20

943. 中国人民银行此次货币投放产生的货币供应量M_1是(　　)亿元。
A. 500　　　　　　　　　B. 2 500
C. 2 575　　　　　　　　D. 3 030

944. 关于此次货币政策操作的说法，正确的有(　　)。
A. 买入200亿元国债是回笼货币　　B. 买入200亿元国债是投放货币
C. 购回300亿元央行票据是回笼货币　D. 购回300亿元央行票据是投放货币

(三十六)

伴随着中国经济不断回升向好，中国的 CPI 在 2009 年年末也开始由负转正，而且在 2010 年呈现逐季加快的趋势。物价高位运行，2011 年 7 月份数据显示全国居民消费价格总水平同比上涨 6.5%，食品价格上涨 14.8%，其中肉禽及其制品价格上涨 33.6%，影响价格总水平上涨约 2.08 个百分点。通胀压力依旧较高。

根据以上资料，回答下列问题。

945. 这种物价现象属于(　　)。
  A. 通货膨胀　　　　　　　　B. 通货紧缩
  C. 经济危机　　　　　　　　D. 正常的物价波动

946. 2010 年以来出现较大通胀压力的原因有(　　)。
  A. 货币超发是推动物价上涨的最根本因素
  B. 共同理性预期的形成放大通货膨胀效应
  C. 需求拉上型物价上涨是引发全面通胀风险的主要因素
  D. 现阶段的通胀主要表现为重要农产品和关键生产或生活用品的价格上涨

947. 为了治理这种物价问题，可以采取的货币政策措施有(　　)。
  A. 调低利率　　　　　　　　B. 提高利率
  C. 中央银行在公开市场卖出国债　　D. 中央银行在公开市场购入国债

948. 治理通货膨胀的主要政策措施包括(　　)。
  A. 紧缩的需求政策　　　　　B. 积极的财政政策
  C. 积极的供给政策　　　　　D. 积极的消费政策

第九章　中央银行与金融监管

(三十七)

资产安全性监管是监管机构对银行机构监管的重要内容，监管重点是银行机构风险的公布、资产集中程度和关系人贷款。我国金融监管的重要依据是《商业银行风险监管核心指标(试行)》。我国某商业银行 2019 年年末的相关数据如下表所示。

单位：亿元

序号	项目	期末余额
1	资产净额	100
2	资产总额	1 200
3	信用资产总额	1 100
4	贷款总额	1 000
	其中：正常贷款	900
	关注贷款	55
	次级贷款	15
	可疑贷款	20
	损失贷款	10

续表

序号	项目	期末余额
5	最大一家集团客户授信总额	15
6	最大一家客户贷款总额	12
7	全部关联授信总额	48

根据以上资料，回答下列问题。

949. 该银行的不良资产率为（　　）。
 A. 1%   B. 1.8%
 C. 4.1%   D. 5%

950. 监管机构规定的银行不良贷款率不得高于（　　）。
 A. 4%   B. 5%
 C. 6%   D. 8%

951. 计算授信集中度、贷款集中度和全部关联度的基础是（　　）。
 A. 资产总额   B. 贷款总额
 C. 资本净额   D. 授信总额

952. 该银行资产安全性指标没有达到规定标准的有（　　）。
 A. 不良贷款率   B. 不良资产率
 C. 全部关联度   D. 单一客户贷款集中度

（三十八）

中央银行在公开市场上买入国债 300 亿元，购入商业银行持有的中央银行票据 400 亿，法定存款准备金率为 12%，超额存款准备金率为 3%，现金漏损率为 5%。

根据以上资料，回答下列问题。

953. 此操作对货币市场的影响是（　　）。
 A. 净回笼 100 亿元   B. 净投放 100 亿元
 C. 净回笼 700 亿元   D. 净投放 700 亿元

954. 按此操作人民银行增建 1 元基础货币，货币供应量增加或减少（　　）。
 A. 5   B. 5.15
 C. 5.25   D. 5.75

955. 此操作使货币供应量（　　）。
 A. 增加 3 675 亿元   B. 减少 3 675 亿元
 C. 增加 3 875 亿元   D. 减少 3 875 亿元

956. 关于此操作，下面的说法中正确的有（　　）。
 A. 投放货币增加流动性   B. 回笼货币减少流动性
 C. 作用过于猛烈，缺乏弹性 D. 银行存储需要时间，不能立即生效

（三十九）

某年 2 月起，为弥补流动性缺口，保持流动性合理适度，中国人民银行多次降准与降息。
(1) 该年 2 月 5 日起下调金融机构人民币存款准备金率 0.5 个百分点，同期金融机构存款金额为 86 万亿元人民币。
(2) 该年 3 月 1 日起下调金融机构人民币贷款和存款基准利率。金融机构一年期贷款

基准利率下调 0.25 个百分点至 5.35%。

根据以上资料，回答下列问题。

957. 我国中央银行下调存款准备金率 0.5 个百分点，可释放流动性（　　）亿元人民币。
   A. 320
   B. 390
   C. 4 300
   D. 8 280

958. 目前，我国的货币政策目标制度是（　　）。
   A. 单一目标制
   B. 双重目标制
   C. 多目标制
   D. 联动目标制

959. 我国下调存款准备金率和利率，通过商业银行的信贷行为，最终对企业的影响有（　　）。
   A. 企业向商业银行贷款的成本提高
   B. 企业向商业银行借贷的成本降低
   C. 商业银行对企业的可贷款数量增加
   D. 商业银行对企业的可贷款量减少

960. 该年下半年，我国货币政策的首要目标应当是（　　）。
   A. 抑制通货膨胀
   B. 增加就业
   C. 平衡国际收支
   D. 促进经济增长

（四十）

某年第一季度我国经济开局平稳，中国人民银行根据国际收支和流动性供需形势，合理运用政策工具，管理和调节银行体系流动性。春节前合理安排 21 天期的逆回购操作 400 亿元，有效应对季节性因素引起的短期流动性波动；春节后开展 14 天期和 28 天期正回购操作，促进银行体系流动性供求的适度均衡。

根据以上资料，回答下列问题。

961. 该年第一季度中国人民银行的逆回购操作和正回购操作在性质上属于（　　）。
   A. 存款准备金政策
   B. 公开市场操作
   C. 再贴现与再贷款
   D. 长期利率工具

962. 关于正回购和逆回购操作的界定，正确的有（　　）。
   A. 正回购指卖出有价证券，并约定在未来特定日期买回有价证券的行为
   B. 逆回购指卖出有价证券，并约定在未来特定日期买回有价证券的行为
   C. 正回购指买入有价证券，并约定在未来特定日期卖出有价证券的行为
   D. 逆回购指买入有价证券，并约定在未来特定日期卖出有价证券的行为

963. 下列关于该年春节前逆回购操作的说法中，正确的是（　　）。
   A. 春季前的逆回购首期投放基础货币 400 亿元
   B. 春季前的逆回购到期回笼基础货币 400 亿元
   C. 春节前的逆回购首期回笼基础货币 400 亿元
   D. 春节前的逆回购到期投放基础货币 400 亿元

964. 中央银行运用公开市场操作的条件有（　　）。
   A. 利率市场化
   B. 参与的金融机构都须持有相当数量的有价证券
   C. 存在较发达的金融市场
   D. 信用制度健全

(四十一)

甲机构在交易市场上按照每份10元的价格，向乙机构出售100万份证券。同时双方约定在一段时期后甲方按每份11元的价格，回购这100万份证券。

根据以上资料，回答下列问题。

965. 这种证券回购交易属于(　　)。
   A. 货币市场　　　　　　　　B. 票据市场
   C. 资本市场　　　　　　　　D. 股票市场

966. 这种回购交易实际上是一种(　　)行为。
   A. 质押融资　　　　　　　　B. 抵押融资
   C. 信用借款　　　　　　　　D. 证券交易

967. 我国回购交易的期限不能超过(　　)。
   A. 1个月　　　　　　　　　　B. 3个月
   C. 6个月　　　　　　　　　　D. 12个月

968. 甲机构卖出证券的价格与回购证券的价格存在着一定的差额，这种差额实际上就是(　　)。
   A. 证券的收益　　　　　　　B. 手续费
   C. 企业利润　　　　　　　　D. 借款利息

(四十二)

假设我国某商业银行是一家系统重要性银行，2019年年末，该银行的部分业务及监管指标如下：不良贷款余额为900亿元，不良贷款率为1.5%；对最大一家客户贷款总额与资本净额之比为12%；流动性资产与流动性负债之比为30%；成本收入比为25%。

根据以上资料，回答下列问题。

969. 2019年年末，该银行的贷款总额为(　　)亿元。
   A. 3 000　　　　　　　　　　B. 3 600
   C. 4 500　　　　　　　　　　D. 60 000

970. 根据2013年1月1日起实行的《商业银行资本管理办法(试行)》，该银行需按照风险加权资产的(　　)计提附加资本。
   A. 1%　　　　　　　　　　　B. 2%
   C. 3%　　　　　　　　　　　D. 4%

971. 该银行未达到监管要求的指标有(　　)。
   A. 成本收入比　　　　　　　B. 流动性比例
   C. 不良贷款率　　　　　　　D. 单一客户贷款集中度

972. 假设2018年该银行的关注类贷款为400亿元，损失类贷款为80亿元，可疑类贷款为120亿元，则该银行的次级类贷款为(　　)亿元。
   A. 200　　　　　　　　　　　B. 300
   C. 600　　　　　　　　　　　D. 700

(四十三)

近年来，我国某商业银行的经营环境不断改善，资产质量日益提高。截至2019年12月31日，该商业银行按照贷款五级分类口径统计的各项贷款余额及提取的贷款损失准备数据如下：正常贷款800亿元(人民币，下同)、关注贷款200亿元、次级贷款

25 亿元、可疑贷款 15 亿元、损失贷款 5 亿元、提取的损失贷款准备 90 亿元。

根据以上资料，回答下列问题。

973. 2019 年年底，该商业银行的不良贷款总额是（　　）亿元。
   A. 20　　　　　　　　　　　　B. 45
   C. 5　　　　　　　　　　　　 D. 40

974. 2019 年年底，该商业银行的不良贷款率是（　　）。
   A. 1.91%　　　　　　　　　　B. 4.31%
   C. 5.51%　　　　　　　　　　D. 0.48%

975. 2019 年年底，该商业银行的拨备覆盖率是（　　）。
   A. 200%　　　　　　　　　　 B. 180%
   C. 225%　　　　　　　　　　 D. 450%

976. 根据我国《商业银行风险监管核心指标》和《商业银行贷款损失准备管理办法》，下列说法中正确的是（　　）。
   A. 该银行的贷款拨备覆盖率达到监管指标要求
   B. 该银行的不良贷款率达到监管指标要求
   C. 该银行的贷款拨备覆盖率未达到监管指标要求
   D. 该银行的不良贷款率未达到监管指标要求

第十章　国际金融及其管理

（四十四）

在金本位制度下，1 英镑的含金量是 113.001 6 格令，1 美元的含金量是 23.22 格令，把黄金从美国送到英国的运输费用是 0.02 美元，第二次世界大战后，IMF 规定的一英镑的含金量是 3.581 34 格令，1 美元的含金量是 0.888 671 格令。后来在金块本位制和金汇总本位制下，金平价表现为法定平价。

根据以上资料，回答下列问题。

977. 英镑和美元的铸币平价是（　　）。
   A. 4.856 5　　　　　　　　　 B. 4.866 6
   C. 4.876 7　　　　　　　　　 D. 4.886 8

978. 本案例中美国对英国的黄金输送点是（　　）。
   A. 4.846 6　　　　　　　　　 B. 4.886 6
   C. 4.887 1　　　　　　　　　 D. 4.927 7

979. 第二次世界大战后，英镑和美元之间的金平价是（　　）。
   A. 1.34　　　　　　　　　　　B. 2.69
   C. 3.11　　　　　　　　　　　D. 4.03

980. 铸币平价和法定平价均产生于（　　）。
   A. 固定汇率　　　　　　　　　B. 浮动汇率
   C. 爬行盯住汇率制度　　　　　D. 联系汇率制度

(四十五)

根据国家外汇管理局公布的《中国国际收支报告》，某年我国货物贸易顺差为2 542亿美元，服务贸易逆差为221亿美元，收入项目顺差为304亿美元，经常转移项目顺差为429亿美元，资本项目顺差为46亿美元，直接投资顺差为1 249亿美元，证券投资顺差为240亿美元，其他投资顺差为724亿美元，净错误与遗漏为-597亿美元。

根据以上资料，回答下列问题。

981. 我国国际收支的经常项目为( )亿美元。
   A. 顺差2 625 B. 顺差3 054
   C. 逆差221 D. 逆差597

982. 我国国际收支的资本与金融项目为( )亿美元。
   A. 顺差2 259 B. 顺差2 213
   C. 逆差221 D. 逆差597

983. 剔除汇率、资产价格等估值因素影响，计入净错误与遗漏，我国新增国际储备资产( )亿美元。
   A. 5 313 B. 4 884
   C. 2 457 D. 4 716

984. 下列做法中，属于我国为调节国际收支顺差而采取的措施的是( )。
   A. 严格控制"高耗能高污染和资源性"产品出口
   B. 取消406个税号产品的出口退税
   C. 鼓励企业有序开展对外投资
   D. 支持成套设备出口

(四十六)

据统计，某年我国国民生产总值为74 970亿美元；该年我国货物服务出口总额为20 867亿美元，经常账户收支顺差为2 017亿美元，资本和金融账户收支顺差为2 211亿美元，国际储备资产增加3 878亿美元，该年年底未清偿外债余额为5 489亿美元。

根据以上资料，回答下列问题。

985. 我国外债的负债率为( )。
   A. 7.3% B. 18.2%
   C. 26.3% D. 37.4%

986. 我国外债的债务率为( )。
   A. 7.3% B. 9.6%
   C. 26.3% D. 42.1%

987. 我国经常账户收支顺差额与资本和金融账户收支顺差额之和，大于国际存储资产增加额，意味着贷方总额大于借方总额，其差额应当记入( )。
   A. 经常账户 B. 储备资产账户
   C. 资本和金融账户 D. 净错误和遗漏账户

988. 假定其他因素不变，我国的国际收支顺差会导致我国( )。
   A. 投放本币，收购外汇，通货膨胀
   B. 人民币升值

C. 增加外汇储备
D. 动用外汇储备，回笼本币

(四十七)

人民币汇率形成机制改革坚持主动性、可控性、渐进性的原则，2005年7月21日，人民币汇率形成机制改革启动，开始实行以市场供求为基础、参考一篮子货币进行调节、有管理的浮动汇率制度。自汇率形成机制改革以来，人民币汇率弹性逐步扩大，并形成双向波动的格局，呈现稳中有升的态势。

根据以上资料，回答下列问题。

989. 以下因素中支持我国选择较大弹性汇率制度的是(　　)。
    A. 经济开放程度低
    B. 进出口商品地域分布分散化
    C. 同国际金融市场联系密切
    D. GDP高速增长

990. 在此次人民币汇率形成机制改革中，人民币汇率中间价的形成参考上一交易日的(　　)，人民币对其他货币的买卖价格围绕中间价在一定幅度内浮动。
    A. 收盘价　　　　　　　　B. 开盘价
    C. 最高价　　　　　　　　D. 最低价

991. 在此次人民币汇率形成机制改革中，增加外汇交易品种，扩大外汇交易主体，改进人民币汇率中间价形成机制，引入(　　)，人民币汇率弹性和市场化水平进一步提高。
    A. 双向交易模式　　　　　B. 集合竞价制度
    C. 询价模式　　　　　　　D. 做市商制度

992. 导致人民币升值的因素有(　　)。
    A. 国际收支持续双顺差
    B. 我国的通货膨胀率高于美国
    C. 提高本国利率水平
    D. 外汇储备下降

(四十八)

根据国际货币基金的划分，按照汇率弹性由小到大，目前汇率制度安排有货币局制、传统的盯住汇率制、水平区间内盯住汇率制、爬行盯住汇率制等7种类型。

由于经济持续快速增长，国际收支双顺差，外汇储备快速增长，人民币面临升值压力。党的十六届三中全会明确要求"完善人民币汇率形成机制，保持人民币汇率在合理、均衡水平上的基本稳定"。

2005年7月21日，人民币汇率形成机制改革启动，开始实行以市场供求为基础、参考一篮子货币进行调节、有管理的浮动汇率制度。自汇率形成机制改革以来，人民币汇率弹性逐步扩大，并形成双向波动的格局，呈现稳中有升的态势。

根据以上资料，回答下列问题。

993. 一般而言，按照汇率变动的幅度，汇率制度可以分为(　　)。
    A. 固定汇率制　　　　　　B. 单独汇率制
    C. 联合汇率制　　　　　　D. 浮动汇率制

994. 2017年，中国人民银行继续完善人民币对美元汇率中间价报价机制，形成"上一交易日收盘价+一篮子货币汇率变化+( )"共同决定的人民币对美元汇率中间价形成机制。

  A. 人民币汇率指数   B. 逆周期因子
  C. 系统性风险因子   D. 汇率浮动指数

995. 以下因素中支持我国选择较大弹性汇率制度的是( )。

  A. 资本流出入较为可观和频繁

  B. 进出口商品结构多样化

  C. 国内通货膨胀率与其他主要国家不一致

  D. 进出口对 GNP 的高比率

996. 以下因素中导致人民币汇率升值的是( )。

  A. 国际收支持续双顺差   B. 物价水平相对提高
  C. 人民币利率不断提高   D. 取消出口退税

(四十九)

某国对外开放程度和外贸依存度都较高,国际融资尤其是短期融资规模相对较大。该国货币波动比较频繁,长期实行干预外汇市场等比较强烈的汇率制度。最新数据显示,2017 年年底,该国的国际储备为 7 000 亿美元,国民生产总值为 23 000 亿美元,外债总额为 8 800 亿美元,当年的进口额为 6 000 亿美元。

根据以上资料,回答下列问题。

997. 决定该国国际储备总量的主要因素是( )。

  A. 利率制度以及市场化程度 B. 汇率制度及外汇干预情况
  C. 外债规模与短期融资能力 D. 经济规模与对外开放程度

998. 该国的国际储备额与国民生产总值之比( )。

  A. 远低于经验指标   B. 略低于经验指标
  C. 高于经验指标   D. 等于经验指标

999. 该国的国际储备额与外债总额之比是( )。

  A. 61.82%   B. 79.55%
  C. 35.69%   D. 48.33%

1000. 该国 7 000 亿美元国际储备额能够满足( )。

  A. 13 个月的进口需求   B. 14 个月的进口需求
  C. 16 个月的进口需求   D. 15 个月的进口需求

参考答案及解析

 单项选择题

第一章 金融市场与金融工具

刷基础

1. **D** （解析）本题考查我国回购协议市场。买断式回购的期限为 1~365 天。
2. **D** （解析）本题考查债券的特征。债券的特征包括：偿还性、流动性、收益性和安全性。
3. **A** （解析）本题考查金融市场的类型。按交易期限的不同，金融市场划分为货币市场和资本市场。
4. **B** （解析）本题考查 A 股的概念。A 股，即人民币普通股，是由中国境内公司发行，供境内机构、组织或个人以人民币认购和交易的普通股股票。所以，人民币普通股股票账户又称为 A 股账户。
5. **B** （解析）本题考查互联网金融的模式。互联网信托业务由中国银保监会负责监管。
6. **B** （解析）本题考查金融市场的类型。发行市场又称一级市场、初级市场，是新发行的金融工具最初由发行者出售给投资者的市场。在一级市场中，投资银行、经纪人和证券商等作为经营者，承担政府和公司企业新发行债券的承购和分销业务。
7. **A** （解析）本题考查套期保值者的概念。套期保值者又称风险对冲者，他们从事衍生品交易是为了减少未来的不确定性，降低甚至消除风险。
8. **B** （解析）本题考查看涨期权。对于看涨期权的买方来说，当市场价格高于合约的执行价格时，其会行使期权，取得收益；当市场价格低于执行价格时，其会放弃合约，亏损金额即为期权费。
9. **D** （解析）本题考查短期融资券市场。短期融资券的期限不超过 365 天。
10. **B** （解析）本题考查我国的金融衍生品市场。2015 年 1 月 9 日，中国证监会正式批准上海证券交易所开展上证 50ETF 期权的交易试点。经证监会批准，上海证券交易所于 2015 年 2 月 9 日上市交易上证 50ETF 期权合约品种。
11. **B** （解析）本题考查金融工具的性质。金融工具的性质包括期限性、流动性、收益性和风险性。其中，流动性是指金融工具在金融市场上能够迅速地转化为现金而不致遭受损失的能力。

12. A （解析）本题考查质押式回购的定义。质押式回购是交易双方进行的以债券为权利质押的一种短期资金融通业务，指资金融入方（正回购方）在将债券出质给资金融出方（逆回购方）融入资金的同时，双方约定在未来某一日期由正回购方按约定回购利率计算的资金额向逆回购方返还资金，逆回购解除出质债券上质权的融资行为。

13. B （解析）本题考查股票市场。通常，只有普通股股东有权参与投票决定公司的重大事务，如董事会的选举、批准发行新股、修改公司章程以及采纳新的公司章程等。

14. C （解析）本题考查同业拆借市场。同业拆借市场的参与者广泛。商业银行、非银行金融机构和中介机构都是主要参与者。我国同业拆借市场的参与机构包括中资大型银行、中资中小型银行、证券公司、基金公司、保险公司、外资金融机构以及其他金融机构。

15. B （解析）本题考查互联网金融的模式。互联网基金销售业务由证监会负责监管。

16. C （解析）本题考查金融期权。看跌期权的买方有权在某一确定时间或确定的时间内，以确定的价格出售相关资产。

17. C （解析）本题考查金融市场的类型。按照交易中介作用的不同，金融市场可以分为直接金融市场和间接金融市场。其中，间接金融市场是以银行等信用中介机构作为媒介来进行资金融通的市场。

18. A （解析）本题考查货币市场工具的特点。货币市场中交易的工具一般具有期限短、流动性强、对利率敏感等特点，具有"准货币"特性。

19. B （解析）本题考查股票市场。股票市场分为一级市场和二级市场。一级市场就是股票的发行市场，是股份公司发行新股票筹集资本的市场。

20. A （解析）本题考查我国同业存单市场。同业存单是指由银行业存款类金融机构法人在全国银行间市场上发行的记账式定期存款凭证，是一种货币市场工具。

21. C （解析）本题考查交叉互换的概念。交叉互换是利率互换和货币互换的结合，在一笔交易中既有不同货币支付的互换，又有不同种类利率的互换。

22. C （解析）本题考查金融工具的分类。按与实际金融活动的关系，金融工具分为原生金融工具和金融衍生工具。原生金融工具是指商业票据、股票、债券、基金等基础金融工具；金融衍生工具是在前者的价值中派生出来的，包括期货合约、期权合约、互换合约等新型金融工具。

23. A （解析）本题间接考查资本市场的概念。资本市场是融资期限在一年以上的长期资金交易市场。选项A股票市场属于资本市场，融资期限在一年以上。选项B、C、D都属于货币市场。

24. C （解析）本题考查回购协议市场。回购协议市场是指通过证券回购协议进行短期资金融通交易的市场。题干所说"通过持有的债券，获得一笔短期资金融通"，正对应了回购协议市场的概念。

25. A （解析）本题考查证券投资基金的类型。开放式基金设立后，投资者可以随时申购或赎回基金份额，因此基金规模不固定。

26. A （解析）本题考查金融期货合约。主要的金融期货合约有货币期货、利率期货、股指期货等。货币期货是依赖于外汇或本币的金融期货合约。

27. B （解析）本题考查直接金融市场和间接金融市场的区别。直接金融市场和间接金融市场的差别并不在于是否有中介机构参与，而在于中介机构在交易中的地位和性质。

参考答案及解析

28. **B** （解析）本题考查对证券回购概念的理解。证券回购是以证券为质押品而进行的短期资金融通。证券的卖方以一定数量的证券为抵押进行短期借款，条件是在规定期限内再购回证券，且购回价格高于卖出价格，两者的差额即借款的利息。

29. **B** （解析）本题考查质押式回购的概念。质押式回购是交易双方进行的以债券为权利质押的一种短期资金融通业务，指资金融入方（正回购方）在将债券出质给资金融出方（逆回购方）融入资金的同时，双方约定在将来某一日期由正回购方按约定回购利率计算的资金额向逆回购方返还资金，逆回购方解除出质债券上质权的融资行为。

30. **D** （解析）本题考查短期融资券市场。超短期融资券是指具有法人资格、信用评级较高的非金融企业在银行间债券市场发行的，期限在270天以内的短期融资券。

31. **B** （解析）本题考查网络借贷。网络借贷由中国银保监会负责监管。

32. **C** （解析）本题考查B股的概念。B股是以人民币为面值、以外币为认购和交易币种、在上海和深圳证券交易所上市交易的普通股票。

33. **B** （解析）本题考查看涨期权的相关知识。对于看涨期权的买方来说，当市场价格高于合约的执行价格时，看涨期权的买方会行使期权，取得收益。

34. **B** （解析）本题考查互联网金融模式。股权众筹融资主要是指通过互联网形式进行公开小额股权融资的活动。

35. **B** （解析）本题考查公开市场的概念。公开市场是指众多买主和卖主公开竞价形成金融资产的交易价格的市场。

36. **D** （解析）本题考查金融工具的分类。按与实际金融活动的关系，金融工具可分为原生金融工具和金融衍生工具。前者是指商业票据、股票、债券、基金等基础金融工具。后者是一种金融交易合约，这种合约的价值从前者的价值中派生出来，包括期货合约、期权合约、互换合约等金融衍生工具。

37. **D** （解析）本题考查A股的概念。A股是由中国境内公司发行，供境内机构、组织和个人以人民币认购和交易的普通股股票。

刷进阶 高频进阶 强化提升

38. **B** （解析）本题考查普通互换的概念。普通互换是指固定利率支付与浮动利率支付之间的定期互换，有时也称为固定-浮动利率互换。

39. **C** （解析）本题考查互联网金融的特点。互联网金融区别于传统金融产品的特点之一是其边际成本极低。利用互联网平台，通过标准化的服务和合同，其边际成本远远低于传统金融产品。

40. **B** （解析）本题考查金融市场的类型。发行市场又称一级市场、初级市场，是新发行的证券或票据等金融工具最初从发行者手中出售给投资者手中的市场。

41. **A** （解析）本题考查本票的概念。本票是出票人签发的，承诺自己在见票时无条件支付确定的金额给收款人或持票人的票据。

42. **D** （解析）本题考查金融期权的相关知识。看涨期权的买方有权在某一确定时间或确定的时间内，以确定的价格购买相关资产。

43. **B** （解析）本题考查信用违约互换（CDS）的概念。信用违约互换是最常用的一种信用衍生品。合约规定，信用风险保护买方向信用风险保护卖方定期支付固定的费用或者一次性支付保险费，当信用事件发生时，卖方向买方赔偿信用事件所导致的基础资产面值的损失部分。

44. A 【解析】本题考查套期保值者的概念。套期保值者又称风险对冲者，他们从事衍生品交易是为了减少未来的不确定性，降低甚至消除风险。

45. A 【解析】本题考查互联网金融的模式。互联网支付业务由中国人民银行负责监管。

46. A 【解析】本题考查我国回购协议市场的相关知识。银行间回购利率已成为反映货币市场资金价格的市场化利率基准，为货币政策的决策提供了重要依据，在利率市场化进程中扮演重要角色。

47. B 【解析】本题考查金融市场的类型。按照金融交易是否有固定场所，金融市场可划分为场内市场和场外市场。场内市场又称证券交易所市场。

48. B 【解析】本题考查我国股票市场。在运行中小企业板市场取得丰富经验后，国家开始着手设立服务于高新技术或新兴经济企业的创业板市场。

49. C 【解析】本题考查同业拆借市场。在同业拆借市场交易的主要是金融机构存放在中央银行账户上的超额存款准备金。

50. D 【解析】本题考查质押式回购。质押式回购的期限为1~365天。

51. B 【解析】本题考查金融市场的类型。流通市场又称二级市场或次级市场，是指对已经发行的证券或票据等金融工具进行转让交易的市场。

52. A 【解析】本题考查同业存单市场。2017年9月1日起，同业存单的期限明确为不超过1年。

53. A 【解析】本题考查证券投资基金市场。封闭式基金的规模在发行前已确定，在发行完毕后的规定期限内，基金规模固定不变。

54. D 【解析】本题考查金融衍生品市场的交易机制。经纪人作为交易的中介，以促成交易、收取佣金为目的。

55. D 【解析】本题考查金融工具的性质。市场风险是指金融工具的价值因汇率、利率或股价变化而发生变动的风险。

56. A 【解析】本题考查货币市场及其工具。从期限结构看，同业拆借市场交易更趋集中于隔夜品种。

57. B 【解析】本题考查资本市场及其工具。货币市场的交易期限在一年以内。资本市场是融资期限在一年以上的长期资金交易市场。所以与货币市场工具相比，资本市场工具期限长。

第二章　利率与金融资产定价

刷基础

58. A 【解析】本题考查现值的计算。$FV=10\,000$，$r=6\%$，$n=2$。$PV=FV\div(1+r)^n=10\,000\div(1+6\%)^2=8\,900$（元）。

59. D 【解析】本题考查古典利率理论。古典利率理论认为，利率取决于储蓄与投资的相互作用。

60. B 【解析】本题考查溢价发行的概念。如果市场利率（债券预期收益率）低于债券收益率（息票利率），债券的市场价格（购买价）高于债券面值，即债券为溢价发行。

61. C 【解析】本题考查资本市场线。在均衡状态下，资本市场线（CML）表示对所有投资者而言是最好的风险收益组合，任何不利用全市场组合，或者不进行无风险借贷的投资组合均位于资本市场线的下方。

62. C （解析）本题考查股票预期收益率的计算。股票预期收益率 $r_i = \beta \times (r_M - r_f) + r_f = 1.15 \times (8\% - 3\%) + 3\% = 8.75\%$。

63. D （解析）本题考查非系统性风险的概念。非系统风险是指包括公司财务风险、经营风险等在内的特有风险。它们可由不同的资产组合予以降低或消除，属于可分散风险。

64. D （解析）本题考查复利本息和计算公式。按复利计算，本息和 $= 10 \times (1 + 10\%)^2 = 12.1$（万元）。

65. A （解析）本题考查影响债券工具利率的流动性因素。影响债券利率的一个重要因素是债券的流动性。一般来说，国债的流动性强于公司债券；期限越长的债券，流动性越差，流动性差的债权工具，风险相对较大，利率定得就高一些；债券流动性越强，其利率越低。

66. A （解析）本题考查本期收益率的概念。本期收益率又称当前收益率，是信用工具的票面收益与市场价格之比率。

67. B （解析）本题考查到期一次还本付息债券定价。$P_0 = F / (1+r)^n = 1\,000 / (1 + 5\%)^2 = 907.03$（元）。

68. C （解析）本题考查资本市场线。$E(r_P) = r_f + \dfrac{E(r_M) - r_f}{\sigma_M} \sigma_P = 2\% + \dfrac{5\% - 2\%}{10\%} \times 15\% = 6.5\%$。

69. C （解析）本题考查现值的计算。$P = F / (1+i)^n = 100 / (1 + 5\%)^2 = 90.70$（万元）。

70. A （解析）本题考查预期理论的相关知识。预期理论认为，长期债券的利率等于长期利率到期之前人们所预期的短期利率的平均值。

71. A （解析）本题考查利率的期限结构。流动性溢价理论认为，长期债券的利率应等于两项之和，第一项是长期债券到期前预期短期利率的平均值，第二项是随债券供求状况变动而变动的流动性溢价（又称期限溢价）。

72. C （解析）本题考查实际收益率。实际收益率 = 名义收益率 - 通货膨胀率 = $5\% - 2\% = 3\%$。

73. B （解析）本题考查持有期收益率的计算。年利息 = $100 \times 10\% = 10$（元），（偿还价格 - 买入价格）/ 买入债券到债券到期的时间 = $(100 - 90) / 3 = 3.33$（元），持有期收益率 = $(10 + 3.33) / 90 = 14.8\%$。

74. A （解析）本题考查流动性偏好理论。在"流动性陷阱"区间，货币政策是完全无效的，此时只能依靠财政政策。流动性陷阱发生后，货币需求曲线的形状是一条平行于横轴的直线。

75. B （解析）本题考查资本市场线。$E(r_M) - r_f$ 是市场组合的风险报酬，$E(r_M) - r_f = 9\% - 3\% = 6\%$。

76. C （解析）本题考查我国的上海银行间同业拆放利率（SHIBOR）。2007年1月4日，上海银行间同业拆放利率开始正式运行，SHIBOR 是由信用等级较高的银行组成报价团，自主报出的人民币同业拆出利率计算确定的算术平均利率，是单利、无担保、批发性利率。

77. C （解析）本题考查流动性陷阱的概念。凯恩斯把货币供给量的增加并未带来利率的相应降低，而只是引起人们手持现金增加的现象叫流动性陷阱。

78. D （解析）本题考查流动性偏好理论的相关知识。在流动性偏好理论中，凯恩斯认为货币供给(M_s)是外生变量，由中央银行直接控制，货币供给独立于利率的变动。

79. C （解析）本题考查单利计算本息和。$F=P\times(1+i\times n)$，其中，P为现值，i为年利率，n为期限。3年末本息和$=100\times(1+5\%\times3)=115$（万元）。

80. A （解析）本题考查名义收益率。名义收益率又称票面收益率，是债券票面收益与债券面值之比。

81. B （解析）本题考查债券定价。债券期限若为永久性的，其价格确定与股票价格计算相同，即$P=A/i$。由此公式推导出：$i=A/P=2/20=10\%$。

82. D （解析）本题考查预期理论。预期理论认为长期债券的利率等于长期利率到期之前人们所预期的短期利率的平均值，该理论还表明，长期利率的波动低于短期利率的波动。

83. A （解析）本题考查古典利率理论。古典利率理论认为，利率取决于储蓄与投资的相互作用。储蓄是利率的递增函数，投资是利率的递减函数。

84. A （解析）本题考查本期收益率的计算。本期收益率=票面收益/市场价格=（$100\times8\%$）/$95=8.42\%$。

85. C （解析）本题考查全价与净价。扣除应计利息的债券报价称为净价或者干净价格，包含应计利息的价格为全价或者肮脏价格。净价=全价−应计利息。

86. D （解析）本题考查贝塔系数的相关知识。资本资产定价模型（CAPM）中的β系数测度的是系统性风险。

87. C （解析）本题考查我国的上海银行间同业拆放利率（SHIBOR）。2007年1月4日，上海银行间同业拆放利率开始正式运行，SHIBOR被称为中国的LHIBOR，是由信用等级较高的数家银行组成报价团，自主报出的人民币同业拆出利率计算确定的算术平均利率，是单利、无担保、批发性利率。

88. D （解析）本题考查复利本利和的计算。$F=P\times(1+r/m)^{nm}$，其中，P为现值，r为年利率，m为每年的计息次数，n为期限。年利率是6%，每半年支付一次利息，那么两年的本利和就是$10\times(1+6\%/2)^4=11.26$（万元）。

89. B （解析）本题考查利率的风险结构。各种债权工具由于交易费用、偿还期限、是否可转换等方面的不同，变现所需要的时间或成本也不同，流动性就不同。

90. D （解析）本题考查流动性陷阱。因为发生流动性偏好时，利率通常是非常低的，而投机性需求$M_{d2}(i)$与i是成反比的，所以此时的货币的投机性需求是非常大的。

91. C （解析）本题考查资本市场线。$E(r_P)=r_f+\dfrac{E(r_M)-r_f}{\sigma_M}\sigma_P=2\%+\dfrac{8\%-2\%}{19\%}\times21\%=8.6\%$。

92. B （解析）本题考查复利利息的计算。半年利率=$4\%/2=2\%$；$1\,000\times(1+2\%)^2-1\,000=40.4$（元）。

刷进阶　　　　　　　　　　　　　　　　　　　　　　　　　高频进阶　强化提升

93. C （解析）本题考查凯恩斯的流动性偏好理论。凯恩斯认为，货币需求取决于公众的流动性偏好，其流动性偏好的动机包括交易动机、预防动机和投机动机。其中，交易动机和预防动机形成的货币需求与收入成正比，与利率无关。投机动机形成的投机需求与利率成反比。

94. D （解析）本题考查持有期收益率的计算公式。票面收益$C=100\times5\%=5$（元）。债券卖

出价 $P_n = 101$ 元，债券买入价 $P_0 = 100$ 元，持有期间 $T = 1$ 年。所以，$r = \dfrac{101-100}{100} + \dfrac{5}{100} = 6\%$。

95. B （解析）本题考查到期收益率。债券的市场价格与到期收益率成反向变化关系。市场利率与债券价格成反向变化关系。

96. D （解析）本题考查证券市场线。该投资组合的 β 系数 $= 1.5 \times 40\% + 1.2 \times 30\% + 0.6 \times 30\% = 1.14$。

97. B （解析）本题考查利率的期限结构。目前，主要有三种理论解释利率的期限结构，即预期理论、分割市场理论和流动性溢价理论。其中，预期理论认为，长期债券的利率等于一定时期内人们所预期的短期利率的平均值，即 $(9\% + 11\%)/2 = 10\%$。

98. C （解析）本题考查可贷资金理论。可贷资金利率理论认为利率的决定取决于商品市场和货币市场的共同均衡。

99. D （解析）本题考查利率市场化。利率市场化是指将利率决定权交给市场，由供求双方根据自身的资金状况和对金融市场动向的判断自主调节利率水平，最终形成以中央银行政策利率为基础、由市场供求决定各种利率水平的市场利率体系和市场利率管理体系。

100. B （解析）本题考查证券市场线。该投资组合的 β 系数 $= 1.6 \times 40\% + 1.3 \times 30\% + 0.9 \times 20\% + 0.6 \times 10\% = 1.27$。

101. A （解析）本题考查一年多次付息方式下的现值计算公式。$PV = \dfrac{A_n}{\left(1+\dfrac{r}{m}\right)^{nm}} = \dfrac{300}{\left(1+\dfrac{8\%}{4}\right)^{3 \times 4}} = 236.55(元)$。式中，$A_n$ 表示第 n 年末的现金流量，n 表示时间，m 为年计息次数，r 为贴现率(年利率)。

102. D （解析）本题考查期限优先理论。与流动性溢价理论密切相关的是期限优先理论，它采取了较为间接的方法来修正预期理论，但得到的结论是相同的。它假定投资者对某种到期期限的债券有着特别的偏好，即更愿意投资于这种期限的债券(期限优先)。

103. A （解析）本题考查债券发行的方式。债券的市场价格<债券面值，即债券贴现或折价发行；债券的市场价格>债券面值，即债券为溢价发行；债券的市场价格=债券面值，即债券等价发行。

104. C （解析）本题考查股票价格的计算。股票的理论价格=预期股息收入/市场利率=4/5% = 80(元)。

105. A （解析）本题考查全价与净价。扣除应计利息的债券报价称为净价或者干净价格，包含应计利息的价格为全价或者肮脏价格。投资者实际收付的价格为全价。

106. B （解析）本题考查资本资产定价理论的相关知识。如果某证券的 β 系数是 0.8，同期市场上的投资组合的实际利率比预期利润率高 10%，则该证券的实际利润率比预期利润率高 8%。

107. A （解析）本题考查持有期收益率。$[(92-90) \div 1 + (100 \times 5\%)] \div 90 = 7.8\%$。

108. C （解析）本题考查可贷资金理论。可贷资金理论认为利率由可贷资金市场的供求决定，利率的决定取决于商品市场和货币市场的共同均衡，任何使可贷资金的供给曲线或需求曲线移动的因素都将改变均衡利率水平。

109. C （解析）本题考查系统风险和非系统风险。如果证券无风险，β 系数一定为零。

110. D （解析）本题考查利率的期限结构。[（3%+4%）÷2]+0.25% = 3.75%。

111. C （解析）本题考查利率的计算。根据连续复利本息和计算公式，$FV_n = P \times (1+r/m)^{nm}$ = 10 000×（1+8%/2）² = 10 816（元）。

第三章 金融机构与金融制度

刷基础

112. B （解析）本题考查连锁银行制度的概念。连锁银行制度又称为联合银行制度，指两家或更多的银行由某一个人或某一集团通过购买两家或更多的银行多数股票的形式，形成联合经营的银行组织制度。

113. A （解析）本题考查超级监管模式。超级监管模式是统一监管模式的一种极端方式，即对不同金融机构的所有监管（包括审慎监管和市场行为监管）均交给一个监管机构统一负责。目前英国、新加坡、韩国等国家和地区采取这一模式，其主要特点是金融市场和金融机构相对集中，有利于超级监管模式的建立和运行。

114. A （解析）本题考查中国银行间市场交易商协会。中国银行间市场交易商协会成立于2007年9月3日，其业务主管部门是中国人民银行。

115. B （解析）本题考查中央银行的组织形式。采取二元式中央银行制度的国家有：美国和德国。

116. D （解析）本题考查小额贷款公司。小额贷款公司的主要资金来源为股东缴纳的资本金、捐赠资金，以及来自不超过两个银行业金融机构的融入资金。

117. B （解析）本题考查我国金融机构监管的相关知识。中国银保监会的主要职责之一就是负责国有重点银行业金融机构监事会日常管理工作。

118. C （解析）本题考查商业银行的特征。与其他金融机构相比，吸收活期存款和创造信用货币是商业银行最明显的特征。

119. A （解析）本题考查机构监管的概念。机构监管是指不同类型的金融机构的所有业务由不同的监管机构按照不同的标准和体系进行监管。

120. A （解析）本题考查金融行业的自律性组织。中国财务公司协会是中国企业集团财务公司的行业自律组织，接受中国银保监会的业务指导和国家民政部的监督管理。

121. C （解析）本题考查消费金融公司。消费金融公司是指经中国银保监会批准，在中华人民共和国境内设立的，不吸收公众存款，以小额、分散为原则，为中国境内居民个人提供以消费为目的的贷款的非银行金融机构。

122. D （解析）本题考查政策性金融机构的职能。倡导性职能又称诱导性职能，是指政策性金融机构以直接或间接的资金投放，吸引商业性金融机构或民间资金从事符合经济政策意图的投资和贷款，以发挥其首倡、引导功能，引导资金的流向。

123. C （解析）本题考查跨国中央银行制度的相关知识。于1998年6月1日成立的欧洲中央银行是一个典型的跨国式中央银行。

124. D **[解析]** 本题考查中国人民银行的职责。选项 D 属于中国证券监督管理委员会的职责。

125. A **[解析]** 本题考查分业监管。分业监管主要参照的是机构监管的思路,对不同金融机构按照所属行业进行划分,由不同的监管部门分别监管,早期的金融市场多采用这一监管模式。

126. B **[解析]** 本题考查金融机构的职能。便利支付结算:金融机构通过一定的技术手段和设计流程,为客户之间完成货币收付或清偿因交易引起的债权债务关系提供服务,实现货币资金转移。

127. B **[解析]** 本题考查商业银行的组织制度。在持股公司制度中,被收购或被控制的银行在法律上仍然是独立的,但它们的经营策略和业务受持股公司的控制。

128. D **[解析]** 本题考查经纪类证券公司所能从事的证券业务。经纪类证券公司只能从事证券经纪类业务,即它只能充当证券交易的中介,不得从事证券的承销和自营买卖业务。

129. C **[解析]** 本题考查小额贷款公司。我国的小额贷款公司是由自然人、企业法人与其他社会组织投资设立,不吸收公众存款,经营小额贷款业务,以有限责任公司或股份有限公司形式开展经营活动的金融机构。

130. A **[解析]** 本题考查金融机构行业自律组织。中国银行业协会及其业务接受中国银行保险监督管理委员会及其派出机构的指导和监督。

131. D **[解析]** 本题考查存款性金融机构。存款性金融机构主要包括商业银行、储蓄银行和信用合作社等。

132. C **[解析]** 本题考查中央银行的组织形式。准中央银行制度就是在一个国家或地区不设置真正专业化、具备完全职能的中央银行,而是设立若干类似中央银行的金融管理机构执行部分中央银行的职能,并授权若干商业银行也执行部分中央银行职能的中央银行制度形式。

133. B **[解析]** 本题考查中国银行保险监督管理委员会的职责。选项 B 属于中国证券监督管理委员会的职责。

134. D **[解析]** 本题考查商业银行分支银行制度的特点。分支银行制度作为商业银行的一种组织形式,优点主要表现在:规模效益高、竞争力强、易于监管;缺点主要表现在:加速银行的垄断与集中、管理难度大。

135. D **[解析]** 本题考查政策性金融机构的概念。政策性金融机构是指为贯彻实施政府的政策意图,由政府或政府机构发起、出资设立、参股或保证,不以利润最大化为经营目的,在特定的业务领域内从事政策性金融活动的金融机构。

136. C **[解析]** 本题考查中央银行制度。日本实行的是国家和民间股份混合所有的资本结构。选项 A、B、D 实行的均是全部资本为国家所有的资本结构。

137. C **[解析]** 本题考查功能监管。功能监管可能产生的问题包括混业经营的金融机构(尤其是金融控股公司)的不同类型的业务受到不同监管机构的监管,但公司作为一个整体,还缺少必要的监管。同时,一个金融机构通常由一个监管部门作为主要监管机构牵头监管,不同牵头部门对混业经营的金融机构可能采取的监管思路、监管侧重各不相同,造成不同的监管成本。

138. B **[解析]** 本题考查中国证监会。中国证监会监管证券期货经营机构、证券投资基金管理公司、证券登记结算有限责任公司、期货结算机构、证券期货投资咨询机构、证券资信评级机构。

139. C （解析）本题考查监管模式。超级监管是统一监管模式的一种极端方式，即对不同金融机构的所有监管均交给一个监管机构统一负责。

140. D （解析）本题考查我国小额贷款公司的相关知识。小额贷款公司的主要资金来源为股东缴纳的资本金、捐赠资金，以及来自不超过两个银行业金融机构的融入资金。

141. D （解析）本题考查中央银行职能。中国人民银行作为我国的中央银行，享有货币发行的垄断权，因此它是发行的银行。

142. A （解析）本题考查中央银行的组织形式。一元式中央银行制就是一个国家只设立一家统一的中央银行执行中央银行职能的制度形式。这类中央银行的机构设置一般采取总分行制，逐级垂直隶属。

143. A （解析）本题考查单一银行制度的概念。单一银行制度又称为单元银行制或独家银行制，就是银行业务完全由各自独立的商业银行经营，不设或者不允许设分支机构。

144. A （解析）本题考查小额贷款公司。在法律、法规规定的范围内，小额贷款公司从银行业金融机构获得融入资金的余额，不得超过其资本净额的50%。

刷进阶　　　　　　　　　　　　　　　　　　　　　　高频进阶 强化提升

145. D （解析）本题考查存款性金融机构的概念。存款性金融机构是吸收个人或机构存款，并发放贷款的金融机构，主要包括商业银行、储蓄机构和信用合作社等。

146. C （解析）本题考查投资银行。投资银行与商业银行不同，其资金来源主要依靠发行自己的股票和债券筹资，有的国家投资银行也被允许接受定期存款。

147. D （解析）本题考查存款性金融机构的相关知识。存款性金融机构是吸收个人或机构存款，并发放贷款的金融机构，包括商业银行、储蓄银行和信用合作社。

148. A （解析）本题考查金融市场主体。中央银行作为银行的银行，充当最后的贷款人。

149. C （解析）本题考查分支银行制度的概念。分支银行制度又称为总分行制，是指法律上允许在总行(或总管理处)之下，在国内外各地普遍设立分支机构，形成以总机构为中心的庞大银行网络系统。

150. B （解析）本题考查主要监管模式。统一监管的典型案例是澳大利亚采取的双峰式监管模式。

151. D （解析）本题考查金融机构体系的构成。经济开发政策性金融机构分为国际性、区域性和本国性三种。国际性开发银行以联合国下属的世界银行集团为代表，世界银行集团由国际复兴开发银行(简称世界银行)、国际开发协会和国际金融公司组成。

152. B （解析）本题考查投资基金的概念。投资基金是通过向投资者发行股份或受益凭证募集资金，再以适度分散的组合方式投资于各类金融产品，为投资者以分红的方式分配收益，并从中谋取自身利润的金融机构。

153. B （解析）本题考查功能监管的概念。功能监管是指各类金融机构的不同类型业务由不同监管机构分别监管。

154. A （解析）本题考查金融机构行业自律组织。中国证券投资基金业协会是基金行业相关机构自愿结成的全国性、行业性、非营利性社会组织，属于非营利性社会团体法人，接受中国证监会和国家民政部的业务指导和监督管理。

155. B （解析）本题考查商业银行制度的相关内容。分支银行制度又称总分行制，是各国商业银行普遍采用的组织形式。

156. C （解析）本题考查证券机构。证券登记结算有限责任公司的具体职能：对证券和资金进行清算、交收和过户，使买入者得到证券，卖出者得到资金。

157. B （解析）本题考查中国互联网金融协会。中国互联网金融协会的成立得到了党中央、国务院的高度重视，是我国行业协会脱钩改革后第一个承担特殊职能的全国性行业协会，为建立全国性行业协会商会登记体制做了有益的探索。

158. B （解析）本题考查契约性金融机构。养老基金和退休基金是第二次世界大战后在西方国家迅速发展起来的金融形式。

159. D （解析）本题考查无资本金的资本结构。韩国的中央银行是目前唯一没有资本金的中央银行。

160. C （解析）本题考查二元式中央银行制度。二元式中央银行制度具有权力与职能相对分散、分支机构较少等特点，一般是实行联邦制的国家所采用，如美国、德国等。

161. B （解析）本题考查商业银行的组织制度。分支银行制度的缺点主要有：(1)加速银行的垄断与集中；(2)管理难度大。

162. C （解析）本题考查中国支付清算协会。中国支付清算协会是经国务院同意、民政部批准成立，并在民政部登记注册的全国性非营利社会团体法人，是中国支付清算服务行业自律组织。协会业务主管单位为中国人民银行。

第四章　商业银行经营与管理

刷基础

163. B （解析）本题考查关系营销。进入21世纪以后，随着经济全球化和金融自由化的深入，银行业的竞争更加激烈，在这一时期，关系营销成为商业银行营销中备受重视的一种新的观念和做法。

164. C （解析）本题考查商业银行的负债经营。商业银行负债包括存款和借款，其中最重要的是存款。

165. C （解析）本题考查我国商业银行的信用风险指标。信用风险指标包括不良资产率、单一集团客户授信集中度、全部关联度指标。选项A、B属于流动性风险指标。选项D属于市场风险指标。

166. B （解析）本题考查商业银行中间业务的特点。相对传统业务而言，中间业务具有以下特点：(1)不运用或不直接运用银行的自有资金；(2)不承担或不直接承担市场风险；(3)以接受客户委托为前提，为客户办理业务；(4)以收取服务费(手续费、管理费等)、赚取差价的方式获得收益；(5)种类多、范围广，在商业银行营业收入中所占的比重日益上升。

167. A （解析）本题考查久期分析的概念。久期分析是商业银行衡量利率变动对全行经济价值影响的一种方法。

168. B （解析）本题考查经济资本管理的内容。商业银行经济资本管理主要包括三项内容：(1)经济资本的计量；(2)经济资本的分配；(3)经济资本的评价。

169. A （解析）本题考查财务管理的核心。商业银行财务管理的核心内容是成本管理。

170. A 【解析】本题考查巴塞尔协议Ⅲ的资本管理要求。巴塞尔协议Ⅲ对系统重要性银行的附加资本要求为1%。

171. B 【解析】本题考查流动性压力测试。流动性压力测试是一种以定量分析为主的流动性风险分析方法，商业银行通过流动性压力测试测算全行在遇到小概率事件等极端不利的情况下可能发生的损失，从而对银行流动性管理体系的脆弱性作出评估和判断，进而采取必要措施。

172. A 【解析】本题考查商业银行理财产品。在商业银行理财产品中，公募理财产品是指商业银行面向不特定社会公众公开发行的理财产品。

173. C 【解析】本题考查外汇敞口分析和敏感性分析的概念。外汇敞口与敏感性分析是商业银行衡量汇率变动对全行财务状况影响的一种方法。

174. A 【解析】本题考查理财产品的管理。选项B错误，商业银行理财产品宣传销售文本应充分披露理财产品类型、投资组合、估值方法、托管安排、风险和收费等重要信息。选项C错误，商业银行只能向投资者销售风险等级等于或低于其风险承受能力等级的理财产品。选项D错误，商业银行通过营业场所向非机构投资者销售理财产品，应当按规定实施理财产品销售专区管理，并在销售专区内对每只理财产品销售过程进行录音录像。

175. C 【解析】本题考查风险转移的概念。风险转移是指商业银行通过购买某种金融产品或采取其他合法的经济措施将风险转移给其他经济主体的一种策略选择。

176. B 【解析】本题考查商业银行理财产品。理财产品是指商业银行按照约定条件和实际投资收益情况向投资者支付收益、不保证本金支付和收益水平的非保本理财产品。

177. B 【解析】本题考查商业银行经营与管理的原则。负债的流动性是指银行在需要时能够及时以较低的成本获得所需资金的能力。

178. A 【解析】本题考查关系营销。关系营销把客户看作有着多重利益关系、多重需求，存在潜在价值的人。针对顾客目前与未来的需要，作持续性的交流，让顾客永远成为银行的客户、朋友与合作伙伴。

179. D 【解析】本题考查风险水平类指标。信用风险指标包括不良资产率、单一集团客户授信集中度、全部关联度指标。

180. A 【解析】本题考查商业银行税费支出的内容。税费支出包括随业务量的变化而变化的手续费支出、业务招待费、业务宣传费及相关税费等。

181. D 【解析】本题考查营业外支出。营业外支出的内容包括固定资产盘亏和毁损报损的净损失、抵债资产处置发生的损失额及处置费用、出纳短款、赔偿金、违约金、证券交易差错损失、非常损失、公益救济性捐赠等。

182. A 【解析】本题考查关系营销的特点。关系营销策略最大的特点是以竞争为导向，根据市场不断成熟和竞争日益激烈的形势，着眼于银行与顾客互动与双赢，不仅积极地适应顾客的需求，而且主动地创造需求，通过关联、关系、反应等形式与客户形成独特的关系，把企业与客户联系在一起，形成竞争优势。

183. C 【解析】本题考查贷款经营。商业银行贷款经营的"5C"标准：品格、偿还能力、资本、经营环境和担保品。

184. D 【解析】本题考查商业银行的成本构成。经营管理费用是指商业银行为组织和管理业务经营活动而发生的各种费用，包括员工工资、电子设备运转费、保险费等经营管理费用。

185. A **【解析】** 本题考查商业银行理财产品。在商业银行理财产品中，公募理财产品是指商业银行面向不特定社会公众公开发行的理财产品。

186. D **【解析】** 本题考查商业银行理财产品。在商业银行理财产品中，固定收益类理财产品投资于存款、债券等债权类资产的比例不低于80%。

187. A **【解析】** 本题考查商业银行的利润分配。在商业银行的利润分配过程中，按照税后净利润的10%提取法定盈余公积金，法定盈余公积金已达注册资本的50%时可不再提取。

188. B **【解析】** 本题考查商业银行的核心一级资本充足率。我国商业银行的核心一级资本充足率不得低于5%。

189. D **【解析】** 本题考查营业外收入的内容。营业外收入的内容包括固定资产盘盈、固定资产出售净收益、抵债资产处置超过抵债金额部分、罚没收入、出纳长款收入、证券交易差错收入、教育费附加返还款以及因债权人的特殊原因确实无法支付的应付款项等。

190. C **【解析】** 本题考查缺口分析。若某商业银行在未来一段时期内需要重新定价的资产大于负债，则为正缺口。在利率下降的情况下，正缺口会减少利差，对银行不利。在利率上升的环境下，保持正缺口对商业银行有利，利差会增大。

191. C **【解析】** 本题考查我国商业银行经营与管理的"三原则"。2003年12月17日，商业银行的经营原则被修改为"商业银行以安全性、流动性、效益性为经营原则，实行自主经营、自担风险、自负盈亏、自我约束"。

192. B **【解析】** 本题考查速度对称原理。速度对称原理的计算方法：用资产的平均到期日和负债的平均到期日相比，得出平均流动率，如果平均流动率大于1，表示资产运用过度；反之则表示资产运用不足。

193. B **【解析】** 本题考查资产负债管理的方法与工具。利率敏感性缺口分析中，如果某一时期内到期或需重新定价的资产大于负债，则为正缺口。反之则为负缺口。

194. C **【解析】** 本题考查巴塞尔协议Ⅲ的资本管理要求。巴塞尔协议Ⅲ要求商业银行设立资本防护缓冲资金，其总额不得低于银行风险资产的2.5%。

195. A **【解析】** 本题考查资产负债管理的基本原理中的速度对称原理。资产的平均到期日和负债的平均到期日相比，得到平均流动率，如大于1，表示资产运用过度。本题中平均流动率=360÷300=1.2>1，故选A项。

196. A **【解析】** 本题考查商业银行风险管理的主要策略。出口信贷保险是典型的金融风险保险转移策略。

197. D **【解析】** 本题考查我国商业银行的资产负债管理。市场风险指标衡量商业银行因汇率和利率变化而面临的风险，包括累计外汇敞口头寸比例和利率风险敏感度。

198. B **【解析】** 本题考查经济资本的概念。经济资本是银行为了承担风险而真正需要的资本，其最主要的功能是防范风险和创造价值。

199. B **【解析】** 本题考查商业银行公司治理的内容。良好的公司治理应包括：健全的组织架构，清晰的职责边界，科学的发展战略，价值准则与良好的社会责任，有效的风险管理与内部控制，合理的激励约束机制，完善的信息披露制度。

200. A **【解析】** 本题考查商业银行理财产品。合格投资者是指具备相应风险识别能力和风险承受能力，投资于单只理财产品不低于一定金额且符合下列条件的自然人、法人或者依法成立的其他组织：(1)具有2年以上投资经历，且家庭金融净资产不低于300万元人民币，或者家庭金融资产不低于500万元人民币，或者近3年本人年均收入不低于40万元人民币；(2)最近1年末净资产不低于1000万元人民币的法人或者依法成立的其他组织；(3)其他情形。

201. **B** (解析) 本题考查商业银行理财产品。在商业银行理财产品中，私募理财产品是指商业银行面向合格投资者非公开发行的理财产品。

202. **C** (解析) 本题考查商业银行的市场营销。商业银行是以货币和信用为经营对象的金融中介机构，其业务的特殊性导致与一般工商企业的市场营销相比，它的市场营销更多地表现为一种服务营销。因此，商业银行市场营销的中心是客户。

203. **A** (解析) 本题考查资产负债管理的基本原理。作为对称原理的具体运用，速度对称原理提供了一个计算方法：用资产的平均到期日和负债的平均到期日相比，得出平均流动率，如果平均流动率大于1，表示资产运用过度；反之则表示资产运用不足。

刷进阶 高频进阶 强化提升

204. **D** (解析) 本题考查巴塞尔协议Ⅲ的要求。巴塞尔协议Ⅲ提出了3%的最低杠杆率以及100%的流动杠杆比率和净稳定资金来源比例要求。

205. **D** (解析) 本题考查商业银行资产负债管理的方法。缺口分析是商业银行衡量资产与负债之间重定价期限和现金流量到期期限匹配情况的一种方法，主要用于利率敏感性缺口和流动性期限缺口分析，所以选D项。

206. **A** (解析) 本题考查商业银行经营的概念。商业银行的经营是对其开展的各种业务活动的组织和营销。

207. **A** (解析) 本题考查商业银行的利润分配。商业银行法定盈余公积弥补亏损和转增资本后的剩余部分不得低于注册资本的25%。

208. **A** (解析) 本题考查风险预防的概念。风险预防是指商业银行针对面临的风险，事先设置多层预防措施，防患于未然。

209. **D** (解析) 本题考查商业银行营业外收入的内容。商业银行营业外收入包括固定资产盘盈、固定资产出售净收益、抵债资产处置超过抵债金额部分、罚没收入、出纳长款收入、证券交易差错收入、教育费附加返还款以及因债权人的特殊原因确实无法支付的应付款项等。选项A、B、C属于营业外支出内容。

210. **C** (解析) 本题考查商业银行市场营销的含义。商业银行业务的特殊性导致与一般工商企业的市场营销相比，它的市场营销更多地表现为服务营销。因此其中心是客户。

211. **D** (解析) 本题考查商业银行理财产品。在商业银行理财产品中，封闭式理财产品是指有确定到期日，且自产品成立日至终止日期间，投资者不得进行认购或者赎回的理财产品。

212. **A** (解析) 本题考查商业银行理财产品。商品及金融衍生品类理财产品投资于商品及金融衍生品的比例不低于80%。

213. **A** (解析) 本题考查商业银行市场营销的相关知识。"4R"营销组合策略最大的特点是以竞争为导向。

214. **D** (解析) 本题考查商业银行理财产品的管理。商业银行发行私募理财产品的，合格投资者投资于单只固定收益类理财产品的金额不得低于30万元人民币。

215. D （解析）本题考查商业银行的现金资产。现金资产包括库存现金、存放中央银行款项（存款准备金）、存放同业及其他金融机构的款项。

216. B （解析）本题考查我国商业银行的资产负债管理。2005年发布的《商业银行风险监管核心指标》，"风险监管核心指标"分为三个层次，即风险水平、风险迁徙和风险抵补。

217. A （解析）本题考查合同补偿的概念。合同补偿，即在订立合同时将风险因素考虑在内，如将风险可能造成的损失计入价格之中。

218. D （解析）本题考查资产负债管理的指标体系。市场风险指标衡量商业银行因汇率和利率变化而面临的风险，包括累计外汇敞口头寸比例和利率风险敏感度。

219. C （解析）本题考查风险分散。风险分散是指商业银行通过实现资产结构多样化，尽可能选择多样的、彼此不相关或负相关的资产进行搭配，以降低整个资产组合的风险程度。根据这一策略，商业银行的信贷业务应是全面的、分散的，要将单一客户的授信额度控制在一定范围之内，将单项资产在总资产中的份额限制在极小的比例之内。

220. B （解析）本题考查商业银行内控有效性的相关知识。审慎性原则：商业银行内部控制应当坚持风险为本、审慎经营的理念，设立机构或开办业务均应坚持内控优先。

221. C （解析）本题考查商业银行理财产品。在商业银行理财产品中，权益类理财产品投资于权益类资产的比例不低于80%。

222. A （解析）本题考查监管资本的构成。商业银行在计算资本充足率时，监管资本中需要扣除一些项目，称为扣除项。扣除项包括商誉、其他无形资产（土地使用权除外）、由经营亏损引起的净递延税资产、贷款损失准备缺口、资产证券化销售利得、确定受益类的养老金资产净额、直接或间接持有本银行的股票、对资产负债表中未按公允价值计量的项目进行套期形成的现金流储备和商业银行自身信用风险变化导致其负债公允价值变化带来的未实现损益。

223. B （解析）本题考查公益金。公益金是指商业银行用于集体福利事业的资金，主要用于职工集体福利设施的支出。

224. C （解析）本题考查商业银行资本的功能。商业银行资本的核心功能是吸收损失。

225. C （解析）本题考查商业银行的新型业务运营模式。在商业银行的业务运营模式中，新型业务运营模式的核心是前、后台分离。

226. D （解析）本题考查商业银行风险管理的主要策略。商业银行常用的风险补偿方法：(1)合同补偿，即在订立合同时将风险因素考虑在内，如将风险可能造成的损失计入价格之中；(2)保险补偿，即通过存款保险制度来减少银行风险；(3)法律补偿，即利用法律手段对造成银行风险损失的法律责任者提起财产清理诉讼，尽可能地挽回损失。

第五章　投资银行与证券投资基金

刷基础

227. A （解析）本题考查我国首次公开发行股票询价制的相关规定。在我国当前股票发行中，首次公开发行采用询价方式的，公开发行股票数量在4亿股（含）以下的，有效报价投资者数量应不少于10家。公开发行股票数量在4亿股以上的，有效报价投资者的数量不少于 20 家。

228. D （解析）本题考查债券发行。根据规定，债转股专项债券发行规模不超过债转股项目合同约定的股权金额的 70%。

229. B （解析）本题考核尽力推销的概念。尽力推销即承销商只作为发行公司的证券销售代理人，按规定的发行条件尽力推销证券，发行结束后未售出的证券退还给发行人，承销商不承担发行风险。

230. A （解析）本题考查开立证券账户的相关规定。根据 2016 年修订后的《证券账户业务指南》，一个投资者只能申请开立一个一码通账户；一个投资者在同一市场最多可以申请开立 3 个 A 股账户、封闭式基金账户，只能申请开立 1 个信用账户、B 股账户。

231. D （解析）本题考查封闭式基金与开放式基金的区别。开放式基金的买卖价格以基金份额净值为基础，不受市场供求关系的影响。

232. B （解析）本题考查公司型基金。公司型基金依据基金公司章程设立，基金投资者是基金公司的股东，享有股东权，按所持有的股份承担有限责任，分享投资收益。

233. B （解析）本题考查投资银行的功能。在保证金交易中，投资银行可以以客户的证券作为抵押，贷款给客户购进股票。通过这些方式，投资银行为金融市场的交易者提供了流动性中介。

234. A （解析）本题考查公司型基金的特点。公司型基金依据基金公司章程设立，基金投资者是基金公司的股东，享有股东权，按所持有的股份承担有限责任，分享投资收益。公司型基金公司设有董事会，代表投资者的利益行使职权。契约型基金是依据基金合同设立的基金，所以，本题选 A 项。

235. B （解析）本题考查融资的概念。融资（买空）是指客户委托买入证券时，投资银行以自有或外部融入的资金为客户垫付部分资金以完成交易，以后由客户归还并支付相应的利息。

236. C （解析）本题考查久期的相关知识。与单个债券的久期一样，债券基金的久期越长，其净值的波动幅度就越大，所承担的利率风险就越高。

237. D （解析）本题考查我国首次公开发行股票的询价制。网下和网上投资者缴款认购的新股或可转换公司债券数量合计不足本次公开发行数量的 70% 时，可以终止发行。

238. B （解析）本题考查竞价方式的特征。竞价方式的显著特征是投资方有较大的定价新股和购买新股股份数的主动权。

239. B （解析）本题考查保证金账户的概念。保证金账户允许客户使用经纪人或银行的贷款购买证券。

240. B （解析）本题考查债券发行。根据 2016 年发布的《市场化银行债券转股权专项债券发行指引》，发行人可利用不超过发债规模 40% 的债券资金补充营运资金。

241. A （解析）本题考查对证券投资基金概念的理解。基金投资者是基金的所有者。基金投资收益在扣除由基金承担的费用后的盈余全部归基金投资者所有，并依据各个投资者所购买基金份额的多少在投资者之间进行分配。

242. D （解析）本题考查证券投资基金的分类。债券基金主要以债券为投资对象。根据中国证监会对基金类别的分类标准，基金资产在 80% 以上投资于债券的为债券基金。

243. A （解析）本题考查久期。要衡量利率变动对债券基金净值的影响，只要用久期乘以利率变化即可。所以，本题答案为 5×1% = 5%。

244. B **解析** 本题考查第三者分摊的概念。股票私募发行分为股东分摊和第三者分摊两类。第三者分摊又称私人配股,即股份公司将新售股票分售给除股东以外的本公司职员、往来客户等与公司有特殊关系的第三者。

245. B **解析** 本题考查我国首次公开发行股票的询价制。网上投资者连续12个月内累计出现3次中签后未足额缴款的情形时,6个月内不得参与新股申购。

246. B **解析** 本题考查融券的概念。融券(卖空)是指客户卖出证券时,投资银行以自有、客户抵押或借入的证券,为客户代垫部分或全部的证券以完成交易,以后由客户归还。

247. B **解析** 本题考查开立证券账户。一个投资者在同一市场最多可以申请开立3个A股账户、封闭式基金账户,只能申请开立1个信用账户、B股账户。

248. B **解析** 本题考查基金份额持有人的概念。基金份额持有人即基金投资者,是基金的出资人、基金资产的所有者和基金投资回报的受益人。

249. D **解析** 本题考查提前赎回风险的概念。提前赎回风险是指债券发行人有可能在债券到期日之前回购债券的风险。

250. B **解析** 本题考查特定客户资产管理业务。在特定客户资产管理业务中,委托财产应当用于下列投资:股票、债券、证券投资基金、中央银行票据、非金融企业债务融资工具、资产支持证券、商品期货及其他金融衍生品。

251. C **解析** 本题考查我国首次股票公开发行的新股定价和配售的主要规定。首次公开发行股票后总股本在4亿股(含)以下的,网下初始发行比例不低于本次公开发行股票数量的60%。

252. B **解析** 本题考查统一价格拍卖方式。竞价方式也称拍卖方式,是指所有投资者申报价格和数量,主承销商对所有有效申购按价格从高到低进行累计,累计申购量达到新股发行量的价位就是有效价位。在统一价格拍卖中,这一有效价位即新股的发行价格。

253. C **解析** 本题考查债券发行。允许以公开或非公开方式发行债转股专项债券。非公开发行时认购的机构投资者不超过200人,单笔认购不少于500万元人民币,且不得采用广告、公开劝诱和变相公开方式。

254. B **解析** 本题考查横向并购。横向并购是并购企业的双方或多方原属同一产业,生产或经营同类产品,并购使得资本在同一市场领域或部门集中。

255. D **解析** 本题考查对货币市场基金概念的理解。货币市场基金以货币市场工具为投资对象。根据中国证监会对基金类别的分类标准,仅投资于货币市场工具的为货币市场基金。本题中商业票据为货币市场工具,所以答案为D项。

256. B **解析** 本题考查尽力推销。尽力推销:承销商不承担发行风险。在此方式下,投资银行与发行人之间是代理关系,投资银行只收取手续费。

257. D **解析** 本题考查货币市场基金。货币市场基金不得投资的金融工具:(1)股票;(2)可转换债券、可交换债券;(3)以定期存款利率为基准利率的浮动利率债券,已进入最后一个利率调整期的除外;(4)信用等级在AA+以下的债券与非金融企业债务融资工具;(5)中国证监会、中国人民银行禁止投资的其他金融工具。

258. B **解析** 本题考查基金的法律形式。根据法律形式的不同,基金可分为契约型基金与公司型基金。我国的基金均为契约型基金,公司型基金则以美国的投资公司为代表。

259. B **解析** 本题考查投资银行信用经纪业务的相关知识。在信用经纪业务中,投资银行不仅是传统的中介机构,而且还扮演着债权人与抵押权人的角色。

260. B 【解析】本题考查证券经纪商。证券经纪商并不承担交易中的价格风险。

261. D 【解析】本题考查委托成交的原则。我国证券交易过程中，证券交易所撮合主机对接受的委托进行合法性检验，按照"价格优先、时间优先"的原则，自动撮合以确定成交价格。

262. C 【解析】本题考查私募基金的概念。私募基金是只能采取非公开方式，面向特定投资者募集发售的基金。

263. A 【解析】本题考查证券经纪业务。选项 B 错误，第四市场是指投资者完全绕过证券商，自己相互之间直接进行证券交易而形成的市场。选项 C、D 错误，第四市场交易成本低、成交快、保密性好、具有很大潜力。

264. B 【解析】本题考查证券投资基金的参与主体。基金市场服务机构包括基金管理人、基金托管人、基金销售机构、基金注册登记机构、律师事务所和会计师事务所、基金投资咨询机构和基金评级机构。

刷进阶

高频进阶
强化提升

265. D 【解析】本题考查对限价委托概念的理解。限价委托是指投资者在委托经纪商进行买卖的时候，限定证券买进或卖出的价格，经纪商只能在投资者事先规定的合适价格内进行交易。

266. A 【解析】本题考查对吸收合并概念的理解。吸收合并是一个或几个公司并入一个存续公司的商业交易行为，因此也称为存续合并。它的特点是：存续公司获得消失公司的全部业务和资产，同时承担各消失公司的全部债务和责任。

267. C 【解析】本题考查契约型基金。契约型基金是依据基金合同设立的基金。基金合同是规定基金当事人之间权利义务的基本法律文件。

268. B 【解析】本题考查债券基金的通货膨胀风险。通货膨胀风险：通货膨胀会吞噬固定收益所形成的购买力，因此债券基金的投资者不能忽视这种风险，必须适当地购买一些股票基金。

269. D 【解析】本题考查流动性中介的概念。流动性中介是投资银行为客户提供各种票据、证券以及现金之间互换的机制。

270. D 【解析】本题考查证券承销的方式。我国证券公司承销证券，应当依照《中华人民共和国证券法》规定采用包销或者代销方式。

271. C 【解析】本题考查我国首次公开发行股票的询价制。我国法律规定首次公开发行新股在 4 亿股以上的，发行人及其承销商可以在发行方案中采用超额配售选择权。

272. B 【解析】本题考查封闭式基金与开放式基金的区别。封闭式基金的交易价格主要受二级市场供求关系的影响。

273. C 【解析】本题考查封闭式基金的相关知识。封闭式基金是指基金份额在基金合同期限内固定不变，基金份额可以在依法设立的证券交易所交易，但基金份额持有人不得申请赎回的一种基金运作方式。

274. C 【解析】本题考查混合并购的相关知识。混合并购是同时发生横向并购和纵向并购，或并购双方或多方是属于无关联产业的企业，是对处于不同产业领域、不同产品市场，且与其产业部门不存在特别的生产技术联系的企业进行并购，通常发生在某一产业的企业企图进入利润率较高的另一产业时，常与企业的多元化战略相联系。

参考答案及解析

275. A （解析）本题考查特定客户资产管理业务。资产管理人可以与资产委托人约定，根据委托财产的管理情况提取适当的业绩报酬。

276. D （解析）本题考查限价委托。限价委托的优点：指令的价格风险是可测量和可控制的。限价委托的缺点：执行风险相对较大。

277. C （解析）本题考查股票发行审核制度类型。证券监管机构只对申报材料进行"形式审查"的股票发行审核制度类型是注册制。

278. A （解析）本题考查银行系金融租赁公司的相关知识。银行系金融租赁公司定位于服务特大型企业和项目。

279. D （解析）本题考查证券投资基金业务。证券投资基金业务主要包括基金募集与销售、基金的投资管理和基金运营服务。

280. B （解析）本题考查纵向并购。纵向并购是并购企业的双方或多方之间有原料生产、供应和加工及销售的关系，分处于生产和流通过程的不同阶段，是大企业全面控制原料生产、销售的各个环节，建立垂直控制体系的基本手段。

281. B （解析）本题考查证券投资基金的参与主体。基金管理人是基金产品的募集者和管理者，其最主要的职责就是按照基金合同的约定，负责基金资产的投资运作，在有效控制风险的基础上为基金投资者争取最大的投资收益。

282. A （解析）本题考查基金资产托管业务。资产保管，即基金托管人按规定为基金资产设立独立的账户，保证基金全部资产的安全完整。

283. A （解析）本题考查证券投资基金的类型。增长型基金是指以追求资本增值为基本目标，较少考虑当期收入的基金，主要以具有良好增长潜力的股票为投资对象。

284. C （解析）本题考查混合基金。混合基金的风险低于股票基金，预期收益则高于债券基金。它为投资者提供了一种在不同资产类别之间进行分散投资的工具，比较适合较为保守的投资者。

285. D （解析）本题考查包销的概念。包销是投资银行按议定价格直接从发行人手中购进将要发行的全部证券，然后再出售给投资者。投资银行必须在指定的期限内，将包销证券所筹集的资金交付给发行人。

第六章 信托与租赁

> 刷基础　　　　　　　　　　　　　　　　　　　紧扣大纲
> 　　　　　　　　　　　　　　　　　　　　　　夯实基础

286. C （解析）本题考查对信托定义的理解。我国《信托法》对信托的定义包括了四方面含义：(1)信任和诚信是信托成立的前提和基础。(2)信托财产是信托关系的核心。(3)受托人以自己的名义管理或者处分信托财产。这是信托区别于一般委托代理关系的重要特征。(4)受托人按委托人的意愿为受益人的利益或者特定目的管理信托事务。

287. C （解析）本题考查信托财产的处分。信托财产的处分包括事实上的处分和法律上的处分。事实上的处分是指对信托财产进行消费(包括生产和生活的消费)；法律上的处分是指对信托财产进行转让。

288. A （解析）本题考查信托公司设立的程序。信托公司应当自领取营业执照之日起6个月内开业；不能按期开业的，可申请延期一次，延长期限不得超过3个月。

289. D （解析）本题考查金融租赁公司的监管要求。《金融租赁公司管理办法》规定，金融租赁公司对单一集团的全部融资租赁业务余额不得超过资本净额的50%。

290. B （解析）本题考查金融租赁公司的业务。根据我国《金融租赁公司管理办法》，金融租赁公司可申请经营融资租赁业务、转让和受让融资租赁资产、固定收益类证券投资业务、接受承租人的租赁保证金、吸收非银行股东3个月(含)以上定期存款、同业拆借、向金融机构借款、境外借款、租赁物变卖及处理业务、经济咨询等基本业务。

291. B （解析）本题考查信托公司的固有业务。为实现受托人为受益人最大利益服务的宗旨，《信托公司管理办法》强调"压缩固有业务，突出信托主业"，规定信托公司不得开展除同业拆入业务以外的其他负债业务，且同业拆入额不得超过其净资产的20%，固有资产原则上不得进行实业投资。

292. A （解析）本题考查信托的功能。信托是一种财产管理的制度安排，财产管理功能是信托业首要和基本的功能。

293. C （解析）本题考查信托市场的供给主体。目前，我国信托市场的供给主体主要是信托公司。

294. C （解析）本题考查信托公司的资本管理。根据《信托公司净资产管理办法》的规定，信托公司净资本不得低于各项风险资本之和的100%。

295. B （解析）本题考查融资租赁合同的签订、变更和解除。融资租赁合同主要是解决承租人对租赁物的需求问题，因此，融资租赁合同的订立一般由承租人发起。

296. C （解析）本题考查金融租赁公司的设立条件。在我国申请设立金融租赁公司，其注册资本为一次性实缴货币资本，最低限额为1亿元人民币或等值的可自由兑换货币。

297. D （解析）本题考查委托租赁的概念。委托租赁是指融资租赁项目中的租赁物或用于购买租赁物的资金是一个或多个法人机构提供的信托财产。

298. A （解析）本题考查信托的管理。作为信托当事人之一，委托人是信托财产的原始所有者，其拥有的最主要权利是信托财产的授予权。

299. D （解析）本题考查信托公司的资本管理。根据《信托公司净资本管理办法》的规定，信托公司净资本不得低于净资产的40%。

300. C （解析）本题考查承租人的权利和义务。承租人的权利与义务包括：对租赁标的物及供货方有选择权；在租期内享有租赁物的使用权；租赁期满取得租赁物所有权的权利；依合同规定支付租金的义务；按照正常方式使用并负责租赁物的维护与保养的义务。

301. B （解析）本题考查转租赁的概念。转租赁是指以同一固定资产为租赁物的多层次的融资租赁业务。

302. C （解析）本题考查单一客户融资集中度。单一客户融资集中度：金融租赁公司对单一承租人的全部融资租赁业务余额不得超过资本净额的30%。

303. C （解析）本题考查信托的特征。根据信托的定义可知，信托是指在信任的基础上，委托人将其财产权委托给受托人，受托人按委托人的意愿，以自己的名义，为受益人的利益或者特定目的，对信托财产进行管理或者处分的行为。其中，受托人以自己的名义管理或者处分信托财产，这是信托区别于一般委托代理关系的重要特征。

304. D （解析）本题考查信托的设立方式。以书面形式设立信托有两种常见的方式：合同和遗嘱。

305. D （解析）本题考查信托公司的其他相关规定。根据中国银保监会出台的相关法规，信托公司信托赔偿准备金低于银信合作不良信托贷款余额150%或低于银信合作信托贷款余额2.5%的，信托公司不得分红。

306. D （解析）本题考查我国证券投资信托业务的投资范围。2011年，中国银监会发布了《信托公司参与股指期货交易业务指引》，规定信托公司可直接或间接参与股指期货交易。其中，信托公司固有业务不得参与股指期货交易。

307. B （解析）本题考查金融租赁公司与融资租赁公司的区别。金融租赁公司可以吸收非银行股东3个月（含）以上定期存款，经营正常后可进入同业拆借市场。融资租赁公司只能从股东处借款，不能吸收股东存款，也不能进入银行间同业拆借市场。

308. D （解析）本题考查公司不担风险的融资租赁业务。金融租赁公司不担风险的融资租赁业务主要是委托租赁。委托租赁是指融资租赁项目中的租赁物或用于购买租赁物的资金是一个或多个法人机构提供的信托财产。

309. B （解析）本题考查信托的分类。根据受托人身份的不同，信托分为民事信托和商事信托。

310. B （解析）本题考查委托人要符合的条件。《信托公司集合资金信托计划管理办法》规定委托人可以是投资一个信托计划的最低金额不少于100万元人民币的自然人、法人或者依法成立的其他组织。

311. A （解析）本题考查租赁的概念。租赁是以商品形态与货币形态相结合的方式提供的信用活动，具有信用和贸易双重性质。

312. A （解析）本题考查信托公司的其他相关规定。根据中国银保监会出台的相关法规，信托公司信托赔偿准备金低于银信合作不良信托贷款余额150%或低于银信合作信托贷款余额2.5%的，信托公司不得分红。

313. A （解析）本题考查融资租赁市场的供给主体。银行系金融租赁公司的优势在于资金实力雄厚、融资成本低、客户资源丰富、企业信用信息量大，劣势在于受监管制约较多，缺少灵活性。

314. D （解析）本题考查金融租赁公司与融资租赁公司的区别。金融租赁公司按照金融机构的资本充足率进行风险控制，资本净额与风险加权资产的比例不得低于中国银保监会的最低监管要求。融资租赁企业按照"风险资产不得超过净资产总额的10倍"的要求进行风险管理，在实际运作中，这个指标通常由出资人按照市场风险来考虑和确定。

刷进阶

315. D （解析）本题考查金融租赁公司的业务种类。金融租赁公司同其他机构分担风险的融资租赁业务包括联合租赁和杠杆租赁两类。

316. C （解析）本题考查金融租赁公司的监管要求。在金融租赁公司的监管指标中，金融租赁公司对一个关联方的全部融资租赁业务余额不得超过资本净额的30%。

317. D （解析）本题考查全部关联度指标。全部关联度，金融租赁公司对全部关联方的全部融资租赁业务余额不得超过资本净额的50%。

318. B （解析）本题考查信托文件的内容。根据我国《信托法》的规定，信托文件必须载明的事项包括：信托目的；委托人、受托人的姓名或者名称、住所；受益人或者受益人范围；信托财产的范围、种类及状况；受益人取得信托利益的方式、方法。

319. C （解析）本题考查信托市场的法律体系。对信托公司融资类银信理财合作业务实行余额比例管理，即融资类业务余额占银信理财合作业务余额的比例不得高于30%。

320. C （解析）本题考查租金的计算方法。在我国融资租赁实务中，租金的计算大多采用等额年金法。

321. C （解析）本题考查信托登记的内容。信托登记的内容大体可分为信托产品登记、信托文件登记和信托财产登记三类，其中信托财产是信托登记的核心。

322. C （解析）本题考查信托的分类。根据信托利益归属的不同，信托可以分为自益信托和他益信托。

323. D （解析）本题考查金融租赁公司与融资租赁公司的区别。金融租赁公司可以吸收非银行股东3个月（含）以上定期存款，经营正常后可进入同业拆借市场。融资租赁公司只能从股东处借款，不能吸收股东存款，也不能进入银行间同业拆借市场。

324. D （解析）本题考查回租的概念。回租是指出卖人和承租人是同一人的融资租赁。

325. C （解析）本题考查金融租赁公司的设立、变更与终止。金融租赁公司可依照相关法律法规在中国境内自由贸易区、保税地区及境外，为从事特定领域融资租赁业务而设立专业化租赁子公司。

326. D （解析）本题考查金融租赁公司与融资租赁公司的区别。金融租赁公司按照金融机构的资本充足率进行风险控制，资本净额与风险加权资产的比例不得低于中国银保监会的最低监管要求。

327. A （解析）本题考查信托的分类。根据信托设立目的的不同，信托可分为私益信托和公益信托。

328. C （解析）本题考查信托市场及其体系。对信托公司融资类银信理财合作业务实行余额比例管理，即融资类业务余额占银信理财合作业务余额的比例不得高于30%。

329. D （解析）本题考查信托业务。在实践中，我国信托公司主要从事基础设施信托业务、房地产信托业务、证券投资信托业务和银信理财合作业务四大主流信托业务。

330. C （解析）本题考查信托的定义。信任和诚信是信托成立的前提和基础。

第七章　金融工程与金融风险

刷基础

331. C （解析）本题考查远期利率协议的表示。远期利率协议的表示通常是交割日×到期日，6×12的远期利率协议表示的是6个月之后开始的期限为6个月贷款的远期利率。

332. D （解析）本题考查股指期货最佳套期保值数量。最佳套期保值需要的期货 $N=\beta \times V_S / V_F = 1.2 \times 600$ 万元$/(300 \times 400) = 60$（份）。其中，V_S为股票组合的价值；V_F为单位股指期货合约的价值（等于期货价格乘以合约大小）。

333. C （解析）本题考查对利率风险概念的理解。利率风险是指有关主体在货币资金借贷中，因利率在借贷有效期中发生意外变动而蒙受经济损失的可能性。本题属于利率变动蒙受的经济损失。

334. A （解析）本题考查信用风险管理中的过程管理。在过程管理中的事中管理阶段，商业银行要进行贷款风险分类。目前采用的贷款五级分类方法，即把已经发放的贷款分为正常、关注、次级、可疑和损失等五个等级。

335. B （解析）本题考查金融互换的套利。金融互换的套利运用的是比较优势原理。

参考答案及解析

336. **C** （解析）本题考查期现套利的概念。期现套利是利用期货价格与标的资产现货价格的差异进行套利的交易，即在现货市场买入(卖出)现货的同时，按同一标的资产，以同样的规模在期货市场上卖出(买入)该资产的某种期货合约，并在未来一段时间后同时平仓的交易。

337. **B** （解析）本题考查金融远期合约的套期保值。当投资者担心利率下降给自己造成损失时，可以通过卖出远期利率协议进行套期保值，其结果是将未来投资的收益固定在某一水平上。它适用于打算在未来进行投资的公司或者未来要发行短期贷款的金融机构。

338. **C** （解析）本题考查对交易风险的理解。交易风险是指有关主体在实质性经济交易引致的不同货币的相互兑换中，因汇率在一定时间内发生意外变动而蒙受实际经济损失的可能性。例如，在以外币结算的对外贸易中，如果外币对本币升值，进口商会多支付本币；如果外币对本币贬值，外币债权人会少收入本币。

339. **A** （解析）本题考查巴塞尔协议Ⅲ。根据巴塞尔协议Ⅲ的规定，应建立0%~2.5%的逆周期资本缓冲。

340. **D** （解析）本题考查金融远期合约的价值。金融远期合约的价值即买卖双方在交易远期合约时买方应该向卖方支付的现金，即产品本身的价值。

341. **B** （解析）本题考查金融工程的主要领域。金融工程的应用领域主要包括金融产品创新、资产定价、金融风险管理、投融资策略设计、套利等。

342. **A** （解析）本题考查金融期货。由于期货是在场内进行的标准化交易，其盯市制度决定了期货在每日收盘后的理论价值为0，即期货的报价相当于远期合约的协议价格，故期货的报价理论上等于标的资产的远期价格。

343. **A** （解析）本题考查利用期权为现货资产套期保值。当未来需要买入现货资产，担心未来价格上涨增加购买成本时，可以买入看涨期权进行套期保值。

344. **C** （解析）本题考查经济风险的概念。经济风险是比交易风险和折算风险更加复杂的一种汇率风险。有关企业在长期从事年复一年、循环往复的国际经营活动中，如果未来的现金流入和流出在货币上不匹配，则必然会发生不同货币之间的相互兑换和折算。

345. **B** （解析）本题考查全面风险管理的架构。全面风险管理包括三个维度：企业目标、风险管理的要素、企业层级。风险管理的要素包括内部环境、目标设定、事件识别、风险评估、风险对策、控制活动、信息与沟通和监控八个要素。

346. **A** （解析）本题考查我国的金融风险管理。在信用风险管理上，我国借鉴西方商业银行的科学做法，结合我国实际，推出了贷款的五级分类和相应的不良资产管理机制。

347. **D** （解析）本题考查金融期权的价值结构。对于看涨期权来说，内在价值相当于标的资产现价与敲定价格的差；而对于看跌期权来说，内在价值相当于敲定价格与标的资产现价的差。

348. **A** （解析）本题考查金融期权。该出口商担心未来美元对本币贬值，所以应该选择买入美元看跌期权。

349. **A** （解析）本题考查转移风险。转移风险：如果与一国居民发生经济金融交易的他国居民为民间主体，国家通过外汇管制、罚没或国有化等证券法规限制民间主体的资金转移，使之不能正常履行其商业义务，从而使该国居民蒙受经济损失。

350. C **【解析】** 本题考查巴塞尔协议Ⅲ。巴塞尔协议Ⅲ规定，普通股最低比例由2%提升至4.5%。

351. C **【解析】** 本题考查对国家风险概念的理解。从广义来看，国家风险是指一国居民在与他国居民进行经济金融交易中，因他国各种政策性或环境性因素发生意外变动，而使自己蒙受各种损失的可能性。

352. B **【解析】** 本题考查基差风险。选择标的资产的标准是标的资产价格与保值资产价格的相关性。相关性越好，基差风险就越小。因此选择标的资产时，最好选择保值资产本身，若保值资产没有期货合约，则选择与保值资产价格相关性最好的资产的期货合约。

353. B **【解析】** 本题考查远期利率协议的交割。远期利率协议的表示通常是交割日×到期日，如3×9的远期利率协议表示距离交割日为3个月，距离到期日为9个月，因此名义贷款期限为6个月。

354. D **【解析】** 本题考查利用期权为现货资产套期保值。当未来需要卖出现货资产，担心未来价格下跌降低资产收益时，可以买入看跌期权进行套期保值。

355. B **【解析】** 本题考查对利率风险概念的理解。利率风险是指有关主体在货币资金借贷中，因利率在借贷有效期中发生意外变动而蒙受经济损失的可能性。在货币资金借贷中，利率是借方的成本、贷方的收益。如果利率发生意外变动，借方的损失是借入资金的成本提高，贷方的损失是贷出资金的收益减少。

356. C **【解析】** 本题考查市场风险管理中的汇率风险的管理。"提前或推迟收付外币，即当预测到汇率正朝着不利于或有利于自己的方向变动时，外币债权人提前或推迟收入外币，外币债务人提前或推迟偿付外币"属于汇率风险管理方法。

357. C **【解析】** 本题考查利率风险。选项A错误，以浮动利率条件借入长期资金后利率上升，借方蒙受相对于期初的利率水平而多付利息的经济损失。选项B错误，以固定利率条件借入长期资金后利率下降，借方蒙受相对于下降后的利率水平而多付利息的经济损失。选项D错误，以浮动利率条件贷出长期资金后利率下降，贷方蒙受相对于期初的利率水平而少收利息的经济损失。

358. B **【解析】** 本题考查金融工程的应用领域。金融风险管理是金融工程最主要的应用领域，具体包括风险识别方法的开发、风险度量方法的探索和风险管理技术的创新，套期保值就是金融风险管理的一种重要方法。

359. A **【解析】** 本题考查金融期货的套期保值。注意：S&P500（标准普尔500）是一个包含500种股票的指数。所以，一份该期货合约的价值为500×400=20（万美元）。所以，根据最佳套期保值需要的期货数量为$N=\beta \times (V_S/V_F)=1.2\times(500/20)=30$（份）。

360. A **【解析】** 本题考查主权风险的概念。如果与一国居民发生经济金融交易的他国居民为政府或货币当局，政府或货币当局为债务人，不能如期足额清偿债务，而使该国居民蒙受经济损失，这种可能性就是主权风险。因此正确答案为A项。

361. B **【解析】** 本题考查全面风险管理的架构。全面风险管理包括三个维度——企业目标、风险管理的要素、企业层级。风险管理的要素包括内部环境、目标设定、事件识别、风险评估、风险对策、控制活动、信息与沟通和监控八个要素。

362. D **【解析】** 本题考查操作风险。狭义的操作风险是指金融机构的运营部门在运营的过程中，因内部控制的缺失或疏忽、系统的错误等而蒙受经济损失的可能性。本题中，"信贷人员收受某房地产开发商的贿赂"属于内部控制的缺失和疏忽。

参考答案及解析

363. B （解析）本题考查金融期货的套期保值。$N = \dfrac{SD_S}{FD_F} = \dfrac{20\,000\,000}{94\,187.50} \times \dfrac{8}{10.30} \approx 165$（份）。公式中，$S$ 和 D_S 分别表示需进行套期保值资产的价格和久期，F 表示利率期货的价格，D_F 表示期货合约标的债券的久期。

364. B （解析）本题考查金融期货的套期保值。注意：S&P500（标准普尔500）是一个包含500 种股票的指数。所以，一份该期货合约的价值为 500×400 = 20（万美元）。所以，根据最佳套期保值需要的期货数量为 $N = \beta \times (V_S/V_F) = 1.6 \times (500/20) = 40$（份）。

365. B （解析）本题考查货币互换的概念。货币互换是买卖双方将一种货币的本金和固定利息与另一货币的等价本金和固定利息进行交换的协议。

366. B （解析）本题考查远期利率协议。远期利率协议的买方是名义借款人，其订立远期利率协议的目的是规避利率上升的风险。远期利率协议的卖方是名义贷款人，其订立远期利率协议的目的是规避利率下降的风险。

367. B （解析）本题考查折算风险的概念。折算风险，又称会计风险，是为了合并母、子公司的财务报表，将用外币记账的外国子公司的财务报表转变为用母公司所在国货币重新做账，导致账户上股东权益项目的潜在变化所造成的风险。

368. A （解析）本题考查信用风险缓释。信用风险缓释是指商业银行运用合格的抵质押品、净额结算、保证和信用衍生工具等方式转移或降低信用风险。

刷进阶 高频进阶 强化提升

369. A （解析）本题考查金融远期合约的套期保值。当投资者担心利率上升给自己造成损失时，可以通过购买远期利率协议进行套期保值，其结果是将未来的借款利率固定在某一水平上。它适用于打算在未来融资的公司，以及打算在未来某一时间出售已持有债券的投资者。

370. D （解析）本题考查金融工程的基本分析方法。风险中性定价法假设所有证券的预期收益率都等于无风险利率，因此风险中性的投资者并不需要额外的收益来吸引他们承担风险。

371. D （解析）本题考查期权的时间价值。期权的时间价值即期权费减去内在价值后剩余的部分。

372. A （解析）本题考查交易风险的概念。交易风险是指有关主体在实质性经济交易引致的不同货币的相互兑换中，因汇率在一定时间内发生意外变动而蒙受实际经济损失的可能性。例如，在以外币结算的对外贸易中，如果外币对本币升值，进口商会多支付本币；如果外币对本币贬值，出口商会少收入本币。

373. D （解析）本题考查利率互换的概念。利率互换是指买卖双方同意在未来一定期限内根据同种货币的同样的名义本金交换现金流，其中一方的现金流根据浮动利率计算，而另一方的现金流根据固定利率计算，通常双方只交换利息差，不交换本金。

374. D （解析）本题考查商业银行信用风险管理"5C"法所涉及的因素。"5C"法是分析借款人的偿还能力、资本、品格、担保品和经营环境。

375. C （解析）本题考查市场风险管理中的汇率风险的管理。"提前或推迟收付外币，即当预测到汇率正朝着不利于或有利于自己的方向变动时，外币债权人提前或推迟收入外币，外币债务人提前或推迟偿付外币"属于汇率风险管理方法。

· 135 ·

376. B （解析）本题考查金融期权的相关知识。由于提前执行看跌期权相当于提前卖出资产，获得现金，而现金可以产生无风险收益，因此直观上看，美式看跌期权可能提前执行。

377. C （解析）本题考查无红利股票的远期价格。$F_t = S_t e^{r(T-t)} = 20e^{0.05} = 21.031$（元）。其中，$e \approx 2.71828$。

378. A （解析）本题考查金融期货的套利。金融期货可以利用基差的变动规律进行期现套利、跨期套利和跨市场套利。

379. B （解析）本题考查利率互换。利率互换是指买卖双方同意在未来一定期限内根据同种货币的同样的名义本金交换现金流，其中一方的现金流根据浮动利率计算，而另一方的现金流根据固定利率计算，通常双方只交换利息差，不交换本金。本题中，该单位要收入的固定利息是不变的，但是随着利率的不断上升，它要支付的浮动利息是不断上升的，所以，该单位的利息收益会不断减少。

380. C （解析）本题考查美式看跌期权价值的合理范围。美式看跌期权价值的合理范围是$\max[X-S_t, 0] \leq P \leq X$。

381. A （解析）本题考查交易风险的概念。交易风险是指有关主体在实质性经济交易引致的不同货币的相互兑换中，因汇率在一定时间内发生意外变动而蒙受实际经济损失的可能性。

382. A （解析）本题考查流动性风险。流动性风险表现为流动性短缺，主要现象是金融机构所持有的现金资产不足、其他资产不能在不蒙受损失的情况下迅速变现、不能以合理成本迅速借入资金等。在这种情况下，金融机构所持流动资金不能正常履行业已存在的对外支付义务，从而导致违约或信誉下降，蒙受财务损失。

383. D （解析）本题考查巴塞尔协议Ⅲ。巴塞尔协议Ⅲ要求，资本充足率加资本缓冲比率在2019年以前从现在的8%逐步升至10.5%。

384. C （解析）本题考查金融远期合约的套期保值。当投资者担心利率上升给自己造成损失时，可以通过购买远期利率协议进行套期保值，其结果是将未来的借款利率固定在某一水平上。

385. D （解析）本题考查金融期权。期限越长的期权，基础资产价格发生变化的可能性越大，因而期权的时间价值越大。

386. A （解析）本题考查国家风险。主权风险与转移风险：如果与一国居民发生经济金融交易的他国居民为政府或货币当局，政府或货币当局为债务人，不能如期足额清偿债务，而使该国居民蒙受经济损失，这种可能性就是主权风险。如果与一国居民发生经济金融交易的他国居民为民间主体，国家通过外汇管制、罚没或国有化等政策法规限制民间主体的资金转移，使之不能正常履行其商业职能，从而使该国居民蒙受经济损失，这种可能性就是转移风险。

387. B （解析）本题考查对利率风险概念的理解。利率风险是指有关主体在货币资金借贷中，因利率在借贷有效期内发生意外变动而蒙受经济损失的可能性。

388. B （解析）本题考查贷款五级分类法。贷款分为正常、关注、次级、可疑和损失五个等级。

389. D （解析）本题考查金融期货的范围。金融期货主要包括股指期货、货币期货和利率期货。

第八章 货币供求及其均衡

刷基础

390. **A** 〔解析〕本题考查流动偏好陷阱的概念。凯恩斯认为,当利率极低时,人们会认为这种利率不太可能上升而只会下跌,从而选择持币在手,这种现象称为流动偏好陷阱。

391. **A** 〔解析〕本题考查剑桥方程式。剑桥方程式是从货币形式保有资产存量的角度分析货币需求,重视存量占收入比例。所以,剑桥方程式也称为现金余额说。

392. **D** 〔解析〕本题考查我国的货币层次划分。我国的货币供应量划分为以下层次:M_0=流通中的现金。$M_1=M_0$+单位活期存款。$M_2=M_1$+储蓄存款+单位定期存款+单位其他存款。$M_3=M_2$+金融债券+商业票据+大额可转让定期存单等。

393. **C** 〔解析〕本题考查基础货币的计算。法定存款准备金率=法定存款准备金/存款总量,所以,法定存款准备金=存款总量×法定存款准备金率=150×10%=15(亿美元)。超额存款准备金率=超额存款准备金/存款总量,所以,超额存款准备金=存款总量×超额存款准备金率=150×5%=7.5(亿美元)。基础货币 MB=40+15+7.5=62.5(亿美元)。

394. **D** 〔解析〕本题考查货币层次。各国中央银行在确定货币供给的统计口径时,以金融资产的流动性的大小作为标准,并根据自身政策目的的特点和需要划分货币层次。

395. **B** 〔解析〕本题考查成本推进通货膨胀的具体情形。垄断性企业为了获取垄断利润而人为提高产品价格,由此引起"利润推进型通货膨胀",它属于成本推进通货膨胀的一种。

396. **B** 〔解析〕本题考查紧缩性从严的收入政策。紧缩性收入政策主要针对成本推动型通货膨胀,通过对工资和物资的上涨进行直接干预来遏制通货膨胀。

397. **A** 〔解析〕本题考查货币需求理论。费雪认为,短期内货币流通的速度(V)和各类商品的交易数量(T)保持不变,所以,总货币存量(M)的变化决定了价格水平。

398. **D** 〔解析〕本题考查基础货币。基础货币又称高能货币、强力货币或储备货币,是指商业银行的存款准备金与非银行公众所持有的通货之和。

399. **A** 〔解析〕本题考查存款乘数的计算。存款乘数=1÷(法定存款准备金率+超额存款准备金率+现金漏损率)=1÷(10%+4%+6%)=5。

400. **C** 〔解析〕本题考查 IS 曲线的概念。IS 曲线上的点表示产品市场上总产出等于总需求量,故 IS 曲线上的点表示产品市场达到均衡的状态。

401. **C** 〔解析〕本题考查通货膨胀。季节性原因或自然灾害等引起的物价上涨和经济萧条后恢复时期的商品价格正常上涨都不属于通货膨胀。

402. **A** 〔解析〕本题考查治理通货膨胀的货币政策。治理通货膨胀需要采用紧缩性的货币政策。紧缩性的货币政策措施主要包括:(1)提高法定存款准备金率;(2)提高再贷款率、再贴现率;(3)在公开市场上卖出政府债券;(4)直接提高利率。

403. **A** 〔解析〕本题考查我国货币层次划分。M_0=流通中现金,$M_1=M_0$+单位活期存款,所以 31.1-5.5=25.6(万亿元)。

404. **B** 〔解析〕本题考查费雪方程式与剑桥方程式的差异。费雪方程式与剑桥方程式的差异之一就是:对货币需求分析的侧重点不同。费雪方程式强调的是货币的交易手段功能,而剑桥方程式侧重货币作为一种资产的功能。

405. A （解析）本题考查货币需求理论。在货币需求理论中，凯恩斯的货币需求理论认为，人们的货币需求往往是由交易动机、预防动机和投机动机决定的，其中，消费动机与预防动机构成对消费品的需求，人们对消费品的需求取决于"边际消费倾向"；投机动机构成对投资品的需求，主要由利率水平决定。

406. A （解析）本题考查货币供给过程的参与者。中央银行负责发行货币、实施货币政策。

407. D （解析）本题考查存款创造。如果用 $\triangle B$ 表示原始存款额，r 代表法定存款准备金率，e 代表超额存款准备金率，c 代表现金漏损率，则用公式表示：派生存款额 $\triangle D = \triangle B \times \dfrac{1}{r+e+c} = 1\,000 \times \dfrac{1}{20\%+2\%+5\%} \approx 3\,704 (万元)$。

408. C （解析）本题考查 IS 曲线与货币均衡。IS 曲线上的点表示产品市场上总产出等于总需求量，故 IS 曲线上的点表示产品市场达到均衡的状态。

409. B （解析）本题考查供求混合推进型通货膨胀的概念。总供给和总需求共同作用情况下的通货膨胀称为供求混合推进型通货膨胀。

410. C （解析）本题考查紧缩性的财政政策。购买性支出包括政府投资、行政事业费等。转移性支出包括各种福利支出、财政补贴等。

411. B （解析）本题考查通货紧缩的基本标志。通货紧缩的基本标志是物价总水平持续下降。

412. B （解析）本题考查费雪方程式货币理论的相关知识。费雪提出了著名的"交易方程式"，该方程式表明，名义收入等于货币存量和流通速度的乘积。

413. A （解析）本题考查 LM 曲线与货币均衡。LM 曲线上的点表示货币的需求量 (L) 等于货币供应量 (M)，故 LM 曲线上的点表示货币市场达到均衡的状态。

414. B （解析）本题考查成本推进型通货膨胀。成本推进型通货膨胀中，经济学家们进一步分析了促使产品成本上升的原因：(1) 在现代经济中有组织的工会对工资成本具有操纵能力。(2) 垄断性大公司也具有对价格的操纵能力，是提高价格水平的重要因素。(3) 汇率变动引起进出口产品和原材料成本上升，以及石油危机、资源枯竭、环境保护政策不当等造成原材料、能源生产成本的提高，都是引起成本推进型通货膨胀的原因。

415. A （解析）本题考查存款乘数的计算。存款乘数 = 1÷(法定存款准备金率+超额存款准备金率+现金漏损率) = 1÷(12%+3%+5%) = 5。

416. D （解析）本题考查基础货币的构成。用 R 表示准备金，用 C 表示流通中现金，基础货币可表示为：$B = C + R =$ 流通中的现金+准备金，而准备金又包括法定存款准备金和超额存款准备金。所以，本题中基础货币 = 5+20+3 = 28(万亿元)。

417. D （解析）本题考查货币均衡的实现机制。在完全市场经济条件下，货币均衡最主要的实现机制是利率机制。

418. A （解析）本题考查治理通货膨胀的货币政策措施。在通货膨胀情况下，要采取紧缩性货币政策措施。紧缩性货币政策措施包括：提高法定存款准备金率、提高再贴现率、公开市场卖出业务、直接提高利率。在通货膨胀时期，中央银行一般会在公开市场向商业银行等金融机构出售有价证券，从而达到紧缩信用、减少货币供给量的目的。

419. A （解析）本题考查对通货膨胀的理解。通货膨胀的基本标志是物价上涨。

420. A （解析）本题考查购买性支出包括的内容。购买性支出包括政府投资、行政事业费等。

参考答案及解析

421. B （解析）本题考查收入指数化的相关知识。收入指数化政策是针对成本推动型通货膨胀而采取的一种治理通货膨胀的方法，它更大的作用在于降低通货膨胀在收入分配上的影响。

422. C （解析）本题考查弗里德曼货币政策的内容。弗里德曼认为，货币政策的传导变量应为货币供应量。

423. C （解析）本题考查 LM 曲线与货币均衡。如果总产出为 600，则有 $600 = 500 + 2\,000i$，所以均衡利率为 5%，由于利率水平是 10%，高于均衡利率，人们持有的货币超过意愿持有额，说明存在超额货币供给。

424. B （解析）本题考查派生存款的相关内容。派生存款的大小主要取决于两个因素：原始存款数量的大小、法定存款准备金率的高低。派生出来的存款同原始存款的数量成正比、同法定存款准备金率成反比。

425. C （解析）本题考查 BP 曲线与国际收支平衡。BP 曲线指国际劳务收支保持不变时收支和利率组合的轨迹。

426. C （解析）本题考查通货紧缩的治理措施。金融市场资金缺乏时，中央银行通过公开市场操作买进有价证券，从而投放基础货币，引起货币供应量的增加和利率的下降。因此为刺激国民经济增长，不应该卖出国债，而应该买入国债。

427. C （解析）本题考查剑桥方程式货币理论的相关知识。剑桥方程式从用货币形式保有资产存量的角度考虑货币需求，重视存量占收入的比例。

428. A （解析）本题考查对流动性偏好的理解。凯恩斯用流动性偏好解释人们持有货币的需求，他认为货币流动性偏好是人们喜欢以货币形式保持一部分财富的愿望或动机。

429. A （解析）本题考查凯恩斯货币主义的观点。凯恩斯的货币需求函数非常重视利率的主导作用。

430. A （解析）本题考查划分货币层次的依据。西方学者划分货币层次的主要依据是流动性。

431. C （解析）本题考查货币供应量的计算。$M_s = \text{MB} \times m =$ 基础货币 × 货币乘数 = $100 \times 5 = 500$（亿元）。

刷进阶 高频进阶 强化提升

432. A （解析）本题考查 BP 曲线与国际收支平衡。蒙代尔–弗莱明模型的基本结论：货币政策在固定汇率下对刺激经济毫无效果，在浮动汇率下则效果显著；财政政策在固定汇率下对刺激经济效果显著，在浮动汇率下则效果甚微或毫无效果。

433. B （解析）本题考查通货膨胀的含义。通货膨胀是在一定时间内一般物价水平的持续上涨的现象。

434. D （解析）本题考查凯恩斯货币需求函数相关理论。凯恩斯认为，在利率极高时，投机动机引起的货币需求量等于零，而当利率极低时，投机动机引起的货币需求量将是无限的。也就是说，由于利息是人们在一定时期放弃手中货币流动性的报酬，所以利率不能过低，否则人们宁愿持有货币而不再储蓄，这种情况被称为"流动性偏好陷阱"。

435. C （解析）本题考查弗里德曼的货币需求函数与凯恩斯的货币需求函数的区别。凯恩斯认为，货币需求量受未来利率不确定性的影响，因此不稳定，货币政策应"相机行事"。

436. C （解析）本题考查存款创造。派生存款总额 = $2\,000/(15\% + 6\% + 4\%) = 8\,000$（万元）。

437. B （解析）本题考查货币供应量的计算。M_s = 基础货币×货币乘数 = MB×m = 150×4 = 600(亿元)。

438. A （解析）本题考查需求拉上型通货膨胀。需求拉上的通货膨胀可以通俗地表述为"太多的货币追求太少的商品"。

439. D （解析）本题考查凯恩斯主义与货币主义的区别。凯恩斯主义与货币主义在货币政策传导变量的选择上存在分歧。凯恩斯主义认为应该是利率，货币主义坚持是货币供应量。

440. D （解析）本题考查货币需求理论。费雪方程式表明在交易中发生的货币支付总额(MV)等于被交易的商品和服务总价值(PT)。

441. C （解析）本题考查货币乘数的公式。货币乘数=货币供给量/基础货币。

442. B （解析）本题考查货币层次的划分。我国划分的货币层次：M_0=流通中现金。M_1= M_0+单位活期存款。M_2=M_1+储蓄存款+单位定期存款+单位其他存款。M_3=M_2+金融债券+商业票据+大额可转让定期存单。

443. C （解析）本题考查通货膨胀的治理政策。在通货膨胀时期，中央银行应该采取紧缩性的货币政策，选项A、B、D都属于扩张性的货币政策，所以不选。

444. A （解析）本题考查治理通货紧缩的政策措施。治理通货紧缩的政策措施包括：(1)扩张性财政政策：减税和增加财政支出。减税涉及税法和税收制度的改变，不是一种经常性的调控手段，但在对付较严重的通货紧缩时也会被采用。(2)扩张性货币政策。(3)加快产业结构的调整。(4)其他措施。

445. D （解析）本题考查对弗里德曼的货币需求函数的理解。弗里德曼货币需求函数中，恒久性收入y_p和财富结构w与货币需求量呈同方向变化。

446. B （解析）本题考查法定存款准备金的概念。中央银行要求银行必须持有的准备金称为法定存款准备金。

447. A （解析）本题考查IS-LM模型的相关知识。如果经济活动位于IS曲线右边的区域，说明存在超额商品供给。

448. B （解析）本题考查通货膨胀的类型。按照通货膨胀的程度进行分类，通货膨胀可分为爬行式、温和式、奔腾式和恶性通货膨胀四种。

449. B （解析）本题考查基础货币。基础货币是中央银行的货币性负债，而不是中央银行资产或非货币性负债，是中央银行通过自身的资产业务供给出来的。

450. B （解析）本题考查我国的货币层次划分。M_0=流通中的现金。M_1= M_0+单位活期存款。

451. D （解析）本题考查LM曲线与货币均衡。如果经济活动处于LM曲线的左边区域，表示货币供给大于货币需求，存在过度的货币供应。

452. C （解析）本题考查费雪方程式。费雪方程式：MV = PT，150V = 2×300，V = 600÷150 = 4。

453. C （解析）本题考查凯恩斯的货币需求函数。凯恩斯认为，在利率极低时，人们的货币需求量无限大，人们宁愿持有货币而不再储蓄，这种情况被称为"流动性偏好陷阱"。

454. A （解析）本题考查货币需求理论。凯恩斯认为，人们的货币需求行为往往是由交易动机、预防动机和投机动机三种动机决定的，由交易动机和预防动机决定的货币需求取决于收入水平。

第九章 中央银行与金融监管

刷基础

455. D (解析) 本题考查中央银行的职能。中央银行的职能包括发行的银行、政府的银行、银行的银行、管理金融的银行四个方面。其中,中央银行作为政府的银行具有以下基本职责:(1)经理或代理国库;(2)代理政府金融事务;(3)代表政府参加国际金融活动,进行金融事务的协调、磋商等;(4)充当政府金融政策顾问,为一国经济政策的制定提供各种资料、数据和方案等;(5)为政府提供资金融通,为弥补政府在特定时间内的收支差额;(6)作为国家的最高金融管理机构,执行金融行政管理职能;(7)保管外汇和黄金储备。

456. C (解析) 本题考查中央银行的资产业务。中央银行的资产业务主要有贷款、再贴现、证券买卖、管理国际储备和其他资产业务。

457. D (解析) 本题考查存款准备金率。存款准备金率政策的政策效果在很大程度上受超额存款准备金的影响。如果商业银行有大量超额存款准备金,当中央银行提高法定存款存款准备金率时,商业银行可将部分超额存款准备金充抵法定存款准备金,而不必收缩信贷。所以选项 D 错误。

458. A (解析) 本题考查公开市场操作的概念。公开市场操作指中央银行在金融市场上买卖国债或中央银行票据等有价证券,影响货币供应量和市场利率的行为。

459. C (解析) 本题考查货币政策的操作指标。货币政策的操作指标包括:短期利率、银行体系的存款准备金率和基础货币。

460. C (解析) 本题考查再贴现政策。再贴现的主要缺点:再贴现的主动权在商业银行,而不在中央银行。

461. D (解析) 本题考查不良贷款率。不良贷款率即不良贷款与贷款总额之比,其不得高于5%。

462. A (解析) 本题考查中央银行的业务。中央银行的资产是指中央银行在一定时点上所拥有的各种债权,包括国外资产、对金融机构债权、政府债券、其他资产(固定资产等)。

463. A (解析) 本题考查通货膨胀目标制。通货膨胀目标制的核心是以确定的通货膨胀率作为货币政策目标或一个目标区间,当预测实际通货膨胀率高于目标或目标区间时就采取紧缩货币政策。

464. C (解析) 本题考查货币政策工具。货币政策工具主要有一般性货币政策工具和选择性货币政策工具。一般性货币政策工具也称为货币政策的总量调节工具。它通过调节货币和信贷的供给影响货币供应的总量,进而对经济活动的各个方面都产生影响。其主要包括存款准备金政策、再贴现政策和公开市场操作。

465. A (解析) 本题考查证券业务监管的主要内容。在证券公司的股权管理中,证券公司增加注册资本且股权结构发生重大调整、减少注册资本,变更持有5%以上股权的股东、实际控制人,应当依法报中国证监会批准。

466. D (解析) 本题考查直接信用控制的货币政策工具。直接信用控制的货币政策工具包括:贷款限额、利率限制、流动性比率和直接干预。优惠利率属于选择性货币政策工具。

467. C （解析）本题考查货币政策工具。作用猛烈、缺乏弹性是中央银行存款准备金率政策的缺点。

468. B （解析）本题考查货币政策操作目标的概念。操作指标也称近期目标，介于货币政策工具与中介目标之间。

469. C （解析）本题考查我国关于收益合理性的监管指标。成本收入比是营业费用加折旧与营业收入之比，其不应高于45%。

470. C （解析）本题考查资产利润率。根据《商业银行风险监管核心指标（试行）》，我国关于收益合理性的监管指标。资产利润率是净利润与平均资产余额之比，其不应低于0.6%。

471. C （解析）本题考查银行业监管现场检查的相关知识。银行业监管的基本方法有两种：非现场监督和现场检查。其中，现场检查内容包括合规性和风险性检查两个大的方面。合规性检查永远是现场检查的基础。

472. B （解析）本题考查证券业监管的主要内容。《证券公司监督管理条例》规定，证券公司高级管理人员离任的，公司应当对其进行审计，并自离任之日起2个月内将审计报告报送国务院证券监督管理机构。

473. C （解析）本题考查市场准入监管。选项C错误，为了防止不良单位或者个人幕后操控、规避审批和监管，规定：未经证监会批准，任何单位或者个人不得委托他人或者接受他人委托，持有或者管理证券公司的股权。

474. B （解析）本题考查金融宏观调控机制的构成要素。在金融宏观调控机制的构成要素中，调控主体是中央银行。

475. A （解析）本题考查货币政策的最终目标。货币政策的最终目标是物价稳定、充分就业、经济增长、国际收支平衡。

476. A （解析）本题考查金融宏观调控框架与要素。在金融宏观调控机制的第一阶段，调控工具为货币政策工具。

477. A （解析）本题考查货币政策传导机制的理论。凯恩斯学派在货币传导机制的问题上，最大的特点是非常强调利率的作用。与凯恩斯学派不同，弗里德曼的现代货币数量论则强调货币供应量变动直接影响名义国民收入。所以本题答案为A选项。

478. A （解析）本题考查市场准入监管的环节。市场准入监管包括以下环节：审批注册机构、审批注册资本、审批高级管理人员任职资格和审批业务范围。

479. D （解析）本题考查全部关联度的规定。根据《商业银行风险监管核心指标（试行）》，我国银行机构的全部关联度，即全部关联授信与资本净额之比，其不应高于50%。

480. B （解析）本题考查贷款拨备率的公式。贷款拨备率为贷款损失准备与各项贷款余额之比。

481. B （解析）本题考查非现场监督的概念。非现场监督是监管当局针对单个银行在并表的基础上收集、分析银行机构经营稳健性和安全性的一种方式。

482. D （解析）本题考查证券业监管的法律法规体系。中国证监会证券业监管法律法规体系中第二层次依据的是《证券登记结算管理办法》《证券发行与承销管理办法》等。

483. C （解析）本题考查中央银行的职能。中央银行作为银行的银行，主要职能是：集中保管存款准备金、充当最后贷款人、主持全国银行间的清算业务、主持外汇头寸抛补业务。

484. B **解析** 本题考查货币政策的基本特征。选项 B 应该改为"货币政策是调节社会总需求的政策"。

485. D **解析** 本题考查金融宏观调控机制的构成要素。货币政策首先改变的是金融领域的货币供给状况，按照央行意图建立起新的货币供求状况。

486. D **解析** 本题考查中央银行的负债业务。中央银行的负债业务有货币发行、经理或代理国库、集中存款准备金。资金结算业务属于中央银行的中间业务。

487. D **解析** 本题考查公开市场业务的优点。公开市场业务的优点：(1)主动权在中央银行；(2)富有弹性；(3)中央银行买卖证券可同时交叉进行，故很容易逆向修正货币政策，可连续进行，能补充存款准备金、再贴现这两个非连续性政策工具实施前后的效果不足；(4)根据证券市场供求波动，主动买卖证券，可起稳定证券市场的作用。

488. B **解析** 本题考查货币政策最终目标之间的矛盾性。菲利普斯曲线说明了货币政策之间存在矛盾的是稳定物价与充分就业的矛盾。

489. A **解析** 本题考查公开市场业务操作中的相关原理。中央银行通过公开市场业务在金融市场上卖出政府债券时，相应收回基础货币。

490. D **解析** 本题考查降低存款准备金率的影响。按存款创造原理，货币乘数随法定存款准备金率做反向变化，即法定存款准备金率高，货币乘数则小，信用扩张能力会受到限制；反之，法定存款准备金率低，则说明商业银行信用扩张能力增强，货币供应量将增加。

491. D **解析** 本题考查市场运营监管。单一客户贷款集中度，即对最大一家客户贷款总额与资本净额之比，其不得高于 10%。

492. C **解析** 本题考查保险业监管的法律法规体系。保险公司与投保人、被保险人及受益人通过保险合同建立的主体间的权利义务法律关系，保险公司与保险代理人之间以保险代理合同建立起来的平等主体间的保险代理权利义务关系等，属于保险民事法律关系，适用保险民事法律规范。

493. A **解析** 本题考查货币政策的概念。货币政策是中央银行为实现特定的经济目标而采取的各种控制、调节货币供应量或信用量的方针、政策、措施的总称。

494. C **解析** 本题考查再贴现。再贴现的主要缺点：再贴现的主动权在商业银行，而不在中央银行。

495. D **解析** 本题考查操作指标的概念。操作指标也称近期目标，介于货币政策工具和中介目标之间，所以选项 A、B、C 错误。

496. D **解析** 本题考查保险业监管的法律法规体系。保险行政法律法规体现的是保险监管机构与保险人之间的法律规范关系。

497. B **解析** 本题考查凯恩斯的货币政策传导机制理论。凯恩斯学派在货币传导机制的问题上最大的特点就是非常强调利率的作用，认为货币政策增加国民收入的效果取决于投资和货币需求的利率弹性。如果投资的利率弹性大，货币需求的利率弹性小，则增加货币供给所能导致的收入增长就会比较大。

498. A **解析** 本题考查我国的货币政策目标。我国货币政策的目标是保持货币币值稳定，并以此促进经济增长。

499. A （解析）本题考查对现券买断的理解。现券买断为中央银行直接从二级市场买入债券，一次性地投放基础货币。

500. A （解析）本题考查不良贷款率的指标。不良贷款率是不良贷款与贷款总额之比，其不得高于5%。

501. C （解析）本题考查市场运营监管。不良资产率是不良资产与资产总额之比，其不得高于4%。

502. B （解析）本题考查资产利润率的概念。资产利润率是净利润与平均资产余额之比，其不应低于0.6%。

503. D （解析）本题考查金融宏观调控机制的构成要素。在金融宏观调控机制的构成要素中，调控客体是企业和居民。

504. B （解析）本题考查证券公司监管。《证券公司监督管理条例》规定，有因故意犯罪被判处刑罚，刑罚执行完毕未逾3年以及不能清偿到期债务等情形之一的单位或者个人，不得成为证券公司持股5%以上的股东或者实际控制人。

505. D （解析）本题考查金融宏观调控机制的构成要素。中央银行宏观金融调控的中介指标是利率和货币供应量。

506. C （解析）本题考查充分就业的概念。在经济学中，充分就业是指并非劳动力100%就业，至少要排除摩擦性失业和自愿失业。

507. C （解析）本题考查利率限制的概念。利率限制是指中央银行规定存款利率的上限，规定贷款利率的下限，以限制商业银行恶性竞争、造成金融混乱、因经营不善而破产倒闭，或牟取暴利。

508. A （解析）本题考查正回购的概念。正回购是中央银行向一级交易商卖出有价证券，并约定在未来特定日期买回有价证券的交易行为。

509. A （解析）本题考查凯恩斯学派的货币政策传导机制理论。凯恩斯学派在货币传导机制的问题上，最大的特点就是非常强调利率的作用，认为货币政策增加国民收入的效果主要取决于投资的利率弹性和货币需求的利率弹性。

510. C （解析）本题考查商业银行资本充足率监管要求。国内系统重要性银行附加资本要求为风险加权资产的1%，由核心一级资本满足。

511. D （解析）本题考查我国证券发行的审核制度。目前我国证券发行的审核制度是核准制。

512. D （解析）本题间接考查非现场监督的概念。非现场监督是监管当局针对单个银行并表的基础上收集、分析银行机构经营稳健性和安全性的一种方式。

513. D （解析）本题考查再贴现政策。再贴现作用于经济的途径有借款成本效果、宣示效果和结构调节效果。

514. A （解析）本题考查特殊利益论的观点。特殊利益论认为政府管制为被管制者留下了"猫鼠追逐"的余地，从而仅保护主宰了管制机关的一个或几个特殊利益集团的利益，对整个社会并无助益。

515. A （解析）本题考查中央银行的职能。中央银行的职能：发行的银行、政府的银行、银行的银行、管理金融的银行。其中，中央银行是银行的银行，指中央银行通过办理存、放、汇等项业务，作商业银行与其他金融机构的最后贷款人。

参考答案及解析

> 刷进阶　高频进阶 强化提升

516. B　(解析) 本题考查金融宏观调控。金融宏观调控是以中央银行或货币当局为主体，以货币政策和宏观审慎政策为核心，借助各种金融工具调节货币供给量或信用量，影响社会总需求进而实现社会总供求均衡，促进金融与经济协调稳定发展的机制与过程。

517. A　(解析) 本题考查货币政策传导机制理论。凯恩斯学派的货币政策传导机制理论最初的思路：货币政策的作用是首先改变货币市场的均衡，然后改变利率，进而改变实体经济领域的均衡。

518. A　(解析) 本题考查公开市场业务的优点。公开市场业务的优点：(1)主动权在中央银行，不像再贴现那样被动；(2)富有弹性，可对货币进行微调，也可大调，但不会像存款准备金政策那样作用猛烈；(3)中央银行买卖证券可同时交叉进行，故很容易逆向修正货币政策，可以连续进行，能补充存款准备金、再贴现这两个非连续性政策工具实施前后效果的不足；(4)根据证券市场供求波动，主动买卖证券，可以起稳定证券市场的作用。

519. A　(解析) 本题考查银行业的市场运营监管。正常贷款迁徙率为正常贷款中变为不良贷款的金额与正常贷款之比，正常贷款包括正常类和关注类贷款。

520. B　(解析) 本题考查现券卖断。现券卖断为央行直接卖出持有债券，一次性地回笼基础货币。

521. C　(解析) 本题考查公共选择论的观点。社会选择论是从公共选择的角度来解释政府管制，属于公共选择问题。管制制度作为公共产品，供给由政府提供，各利益主体是其需求者。

522. B　(解析) 本题考查证券业监管的法律法规体系。第一层次的依据是《公司法》《证券法》《证券投资基金法》等法律；第二层次是制定部门规章，包括《证券登记结算管理办法》《证券发行与承销管理办法》等；第三层次是制定关于机构、业务、人员、内部控制方面的监管规则，包括证券公司审批规则、证券公司分支机构审批规则等。

523. D　(解析) 本题考查中央银行相对独立性。目前国际上中央银行相对独立性的模式主要有：(1)独立性较大的模式。美国和德国属于这种模式。(2)独立性稍弱的模式。英格兰银行、日本银行属于这一模式。(3)独立性较小的模式。代表国家是意大利。

524. A　(解析) 本题考查中央银行作为政府的银行的职能的具体表现。其表现之一是代理政府金融事务，如代理国债发行及到期国债的还本付息等。

525. C　(解析) 本题考查货币政策最终目标之间的关系。货币政策最终目标之间基本统一的是经济增长与充分就业。

526. B　(解析) 本题考查紧缩型货币政策的概念。紧缩型货币政策是指中央银行通过提高利率，紧缩信贷，减少货币供给，从而抑制投资，压缩总需求，防止经济过热的货币政策。

527. B　(解析) 本题考查货币政策传导机制理论。凯恩斯学派货币政策传导机制理论的最初思路是：货币政策首先改变货币市场的均衡，然后改变利率，进而改变实际资产领域的均衡。

528. A　(解析) 本题考查公共利益论的观点。公共利益论认为监管是政府对公众要求纠正

145

某些社会组织和个体的不公正、不公平、无效率或低效率的一种回应，被看成政府用来改善资源配置和收入分配的一种手段。

529. D （解析）本题考查银行业资产安全性监管指标。拨备覆盖率为贷款损失准备与不良贷款余额之比，其基本标准是120%~150%。

530. D （解析）本题考查证券公司市场准入监管标准。证券公司股东的出资应当是货币或证券公司经营中必需的非货币财产；证券公司股东的非货币财产出资总额不得超过证券公司注册资本的30%。本题计算后不得超过15亿元，因此选择D选项。

531. C （解析）本题考查流动适度性。监测银行机构的流动性是否保持在适度水平，流动性风险指标包括流动性覆盖率和流动性比例。商业银行流动性覆盖率应当不低于100%。

532. B （解析）本题考查银行监管的方法。现场检查内容包括合规性检查和风险性检查。

533. D （解析）本题考查保险业监管的相关知识。保险监管机构与保险人之间的法律规范关系属于保险行政法律规范。

534. A （解析）本题考查货币政策操作。中央银行上调法定存款准备金率，降低了商业银行的货币创造能力，上调存贷款基准利率，提高企业借贷成本。

535. A （解析）本题考查中央银行的职能。中央银行作为发行的银行，指中央银行垄断货币发行，具有货币发行的特权、独占权，是一国唯一的货币发行机构。其主要职能：适时适度发行货币；调节货币供给量；适时印刷、铸造或销毁票币，调拨库款，调剂地区间货币分布、货币面额比例，满足流通中货币支取的不同要求。

536. B （解析）本题考查逆回购。逆回购是中国人民银行向一级交易商购买有价证券，并约定在未来特定日期卖给原一级交易商的交易行为。

537. D （解析）本题考查全部关联度的概念。核心负债比例是核心负债与总负债之比，其不应低于60%。

538. B （解析）本题考查我国的货币政策工具。中期借贷便利以质押方式发放，合格质押品包括国债、中央银行票据、政策性金融债、高等级信用债等优质债券。

539. C （解析）本题考查社会选择论的相关观点。社会选择论是从公共选择的角度来解释政府管制的，即政府管制作为政府职能的一部分，是否应该管制、对什么进行管制、如何进行管制等，都属于社会公共选择问题。管制制度作为产品，同样存在供给和需求的问题，但其作为一种公共产品，只能由代表社会利益的政府来供给和安排，目的在于促进一般社会福利。

540. A （解析）本题考查单一客户贷款集中度。单一客户贷款集中度是最大一家客户贷款总额与资本净额之比，其不得高于10%。

541. C （解析）本题考查证券业监管的相关知识。证券公司股东的非货币财产出资总额不得超过证券公司注册资本的30%。

542. C （解析）本题考查保险业偿付能力监管的相关知识。我国目前对保险公司偿付能力的监管标准使用的是最低偿付能力原则。

543. A （解析）本题考查再贴现政策的优点。再贴现政策的优点：（1）有利于中央银行发挥最后贷款人的作用；（2）比存款准备金率的调整更机动、更灵活，既可调节总量，还可以调节结构；（3）以票据融资，风险较小。政策效果猛烈是存款准备金率政策的特点。

544. A 【解析】本题考查金融监管的理论。公共利益论认为，自由的市场机制不能带来资源的最优配置，甚至自然垄断、外部效应和不对称信息的存在，将导致自由市场的破产，这就需要作为社会公共利益代表的政府通过实施管制来纠正市场缺陷，以避免市场破产。

545. C 【解析】本题考查市场运营监管的相关规定。根据2015年修订后的《商业银行杠杆率管理办法（修订）》，商业银行并表和未并表的杠杆率均不得低于4%。

546. D 【解析】本题考查收益合理性指标。我国关于收益合理性和流动适度性的监管指标中，资产利润率（净利润与平均资产余额之比）不低于0.6%；流动性比例（流动性资产余额与流动性负债余额之比）不低于25%。因此选择D选项。

547. C 【解析】本题考查中央银行的职能。中央银行是发行的银行，指中央银行垄断货币发行，具有货币发行的特权、独占权，是一国唯一的货币发行机构。货币的需求是由市场决定的，不是由中央银行创造的，选项C说法错误。

548. D 【解析】本题考查不良资产率。不良资产率是不良资产与资产总额之比。

第十章　国际金融及其管理

刷基础

549. D 【解析】本题考查离岸金融中心。从离岸金融业务与国内金融业务的关系来看，离岸金融中心有三个类型：(1)伦敦型中心。伦敦和中国香港都属于这一类型。(2)纽约型中心。美国纽约的国际银行业便利、日本东京的海外特别账户，以及新加坡的亚洲货币单位都属于这种类型。(3)避税港型中心。巴哈马、开曼等岛国，加勒比海的百慕大和巴拿马，以及西欧的马恩岛等，均属于这种类型。

550. A 【解析】本题考查水平区间内盯住汇率制。水平区间内盯住汇率制类似于传统盯住安排，但不同的是波动幅度大于±1%。

551. B 【解析】本题考查汇率的概念。间接标价法又称应收标价法，是以一定整数单位的本国货币为标准，折算为若干单位的外国货币。这种标价法是以外国货币表示本国货币的价格，因此可以称为本币汇率。

552. D 【解析】本题考查外债总量管理。短期债务率 = $\dfrac{\text{短期外债余额}}{\text{当年未清偿外债余额}} \times 100\%$，可得到：短期外债余额 = 14 320×62% = 8 878.4（亿美元）。选项D正确。

553. A 【解析】本题考查国际收支不均衡调节的宏观经济政策。在国际收支逆差时，可以采用紧的财政政策。

554. C 【解析】本题考查汇率的概念。根据汇率形成的机制，可以将汇率划分为官方汇率与市场汇率。

555. C 【解析】本题考查汇率制度。在传统的盯住汇率制下，官方将本币实际或公开地按照固定汇率盯住一种主要国际货币或一篮子货币，汇率波动幅度不超过±1%。

556. B 【解析】本题考查负债率的计算。负债率 = 当年未清偿外债余额÷当年国民生产总值×100% = 1 650÷20 000×100% = 8.25%。

557. A 【解析】本题考查汇率变动的决定因素。当国际收支逆差时，外汇供不应求，导致外汇汇率上涨；而当国际收支顺差时，外汇供过于求，导致外汇汇率下降。

558. B **解析** 本题考查货币性不均衡的概念。货币性不均衡是由一国的货币供求失衡引起本国通货膨胀率高于他国通货膨胀率,进而刺激进口、限制出口而导致的国际收支不均衡。

559. B **解析** 本题考查我国外债的总体结构特征。我国外债的总体结构特征:(1)从期限结构看,以短期外债为主。(2)从币种结构看,外币外债余额占比高。(3)从债务工具看,债务证券、贷款、货币与存款合计占69%,债务证券占25%。(4)从债务人类型看,银行外债余额占比最高,其次为企业外债。

560. B **解析** 本题考查欧洲货币市场的特点。传统的国际金融市场以国内金融市场为依托,主要从事居民与非居民之间的借贷,而欧洲货币市场主要从事非居民与非居民之间的借贷。

561. B **解析** 本题考查外债债务率的计算公式。外债债务率=当年未清偿外债余额÷当年货物服务出口总额×100%=1 200÷1 600×100%=75%。

562. C **解析** 本题考查国际收支不均衡的汇率政策调节。当国际收支出现逆差时,可以采用本币法定贬值或贬值的政策。这样,以外币标价的出口商品价格下降,从而刺激出口,而以本币标价的进口商品价格上涨,从而限制进口。

563. A **解析** 本题考查国际收支平衡表。经常账户记录实质资源的国际流动,包括商品、服务、收入和经常转移。本国进出口属于商品范畴。本币贬值的汇率政策主要用来调节逆差国家国际收支的经常项目收支。

564. B **解析** 本题考查国际储备的管理。国际储备资产结构的优化集中在黄金储备和外汇储备结构的优化上。

565. C **解析** 本题考查欧洲债券的相关知识。欧洲债券是指借款人在本国以外市场发行的以第三国货币为面值的国际债券。特别提款权不是任何国家的法定货币,因此以其为面值的国际债券都是欧洲债券。

566. A **解析** 本题考查外汇管理的概念。狭义的外汇管理主要表现为对外汇可得性和价格的限制。

567. B **解析** 本题考查浮动汇率制度的相关知识。管理浮动是官方或明或暗地干预外汇市场,使市场汇率在经过操纵的外汇供求关系的作用下相对平稳波动的汇率制度。

568. B **解析** 本题考查国际收支不均衡调节的宏观经济政策。货币政策既调节经常项目收支,也调节资本项目收支。所以选项B说法错误。

569. A **解析** 本题考查国际收支不均衡的调节。当国际收支顺差时,货币当局投放本币,收购外汇,补充外汇储备,导致通货膨胀。

570. A **解析** 本题考查外国债券的概念。外国债券是指非居民在异国债券市场上以市场所在地货币为面值发行的国际债券。

571. D **解析** 本题考查对经常项目可兑换的理解。经常项目可兑换:本国居民可在国际收支经常性往来中将本国货币自由兑换成其所需的货币。商品和劳务属于经常项目,所以本题答案为D选项。

572. B **解析** 本题考查国际收支逆差的影响。国际收支逆差,外汇供不应求,则外汇汇率上升,本币贬值。

573. A **解析** 本题考查国际收支不均衡调节的宏观经济政策。紧缩性货币政策对国际收支的调节作用主要有三个方面:(1)产生需求效应,即实施紧缩性货币政策导致有支付能力的进口需求减少；（2）产生价格效应，即实施紧缩性货币政策导致价格下跌，从而刺激出口，限制进口；（3）产生利率效应，即实施紧缩性货币政策导致利率提升，从而刺激资本流入，阻碍资本流出。

574. A **解析** 本题考查外国债券。外国债券是指非居民在异国债券市场上以市场所在地货币为面值发行的国际债券。

575. D **解析** 本题考查欧洲货币市场的特点。欧洲货币市场的交易客体是欧洲货币。要判断一笔货币资金是否是欧洲货币，就要看这笔存款是否缴纳存款准备金，一般来说只有非居民的外币存款不用缴纳存款准备金。

576. C **解析** 本题考查我国的外债管理制度。财政部是政府外债的统一管理部门，国家发改委负责1年期以上的中长期外债的管理，国家外汇管理局负责1年期以内(含1年)的短期外债管理。

577. B **解析** 本题考查汇率的决定与变动。如果一国的物价水平与其他国家的物价水平相比相对上涨，即该国货币相对通货膨胀，则该国货币对其他国家货币贬值。贬值是指在外汇市场上，一定量的一国货币只能兑换到比以前少的外汇。

578. B **解析** 本题考查国际货币储备的相关知识。储备货币发行国对储备的需求减少。

579. B **解析** 本题考查纽约型离岸金融中心的特点。纽约型离岸金融中心的特点：欧洲货币业务包括市场所在国货币的非居民之间的交易；管理上对境外货币和境内货币严格分账。

580. C **解析** 本题考查避税港型离岸金融中心的概念。避税港型离岸金融中心是指市场上几乎没有实际的交易，而只是起着其他金融中心资金交易的记账和转账作用的离岸金融中心。

581. A **解析** 本题考查我国外汇管理体制。1996年12月，我国实现了人民币经常项目可兑换，对资本项目外汇进行严格管理，初步建立了适应社会主义市场经济的外汇管理体制。

582. A **解析** 本题考查货币可兑换概念。根据IMF协定第八条款的规定，货币可兑换概念主要是指经常项目可兑换。

583. C **解析** 本题考查国际收支差额的变化。利率水平相对上升，则会限制资本流出，刺激资本流入。本题中美元利率上升，刺激资本流入，即国际资本从中国流向美国。此时美元供不应求，即美元升值，人民币贬值。

584. C **解析** 本题考查对资本项目的理解。人民币经常项目可兑换条件下的资本项目管理包括：直接投资、证券投资和其他投资。本题的情况属于证券投资的相关规定，所以属于资本项目管理。

刷进阶

585. D **解析** 本题考查国际储备的结构管理。外汇储备货币结构的优化，为了追求安全性，需要将外汇储备的货币结构与未来外汇支出的货币结构匹配，从而在未来的外汇支出中，将不同储备货币之间的兑换降低到最低程度；为了追求盈利性，需要尽量提高储备货币中硬币的比重，降低储备货币中软币的比重。

586. D **解析** 本题考查离岸金融中心。从离岸金融业务与国内金融业务的关系来看，离岸金融中心有三个类型：（1）伦敦型中心。伦敦和中国香港都属于这一类型。（2）纽约型中心。美国纽约的国际银行业便利、日本东京的海外特别账户，以及新加坡的亚洲货币单位都属于这种类型。(3)避税港型中心。巴哈马、开曼等岛国，加勒比海的百慕大和巴拿马，以及西欧的马恩岛等，均属于这种类型。

587. A （解析）本题考查外国债券的概念。外国债券是指非居民在异国债券市场上以市场所在地货币为面值发行的国际债券。例如，中国政府在日本东京发行的日元债券、日本公司在纽约发行的美元债券就属于外国债券。

588. C （解析）本题考查偿债率的计算。偿债率是当年外债还本付息总额与当年货物服务出口总额的比率。

589. C （解析）本题考查本币贬值的影响。"本币贬值以后，以外币计价的出口商品与劳务的价格下降"，所以会使本国出口的商品在国际市场上更有竞争力，从而可以刺激出口；"以本币计价的进口商品与劳务的价格上涨"，商品进口价格上升，所以会使进口减少。"出口的增加，进口的减少"会使经常项目逆差减少或者经常项目顺差增加。但是因为选项 D 中"限制出口，刺激进口"是错误的，所以不选 D。

590. A （解析）本题考查国际货币基金对现行汇率制度的划分。根据国际货币基金的划分，按照汇率弹性由小到大，目前的汇率制度安排主要有货币局制、传统的盯住汇率制、水平区间内盯住汇率制、爬行盯住汇率制、爬行区间盯住汇率制、事先不公布汇率目标的管理浮动、单独浮动。

591. D （解析）本题考查国际储备的基本功能。国际储备的主要功能包括：(1)弥补国际收支逆差。(2)稳定本币汇率。(3)维持国际资信和投资环境。

592. A （解析）本题考查欧洲货币市场。在中国发行的外国债券称为熊猫债券。

593. A （解析）本题考查考生对欧洲债券概念的理解。欧洲债券是指借款人在本国以外市场发行的以第三国货币为面值的国际债券。

594. A （解析）本题考查爬行盯住汇率制的概念。爬行盯住汇率制：官方按照预先宣布的固定汇率，根据若干量化指标的变动，定期小幅度调整汇率。

595. C （解析）本题考查升值与贬值的概念。升值与贬值是指市场汇率的变动，法定升值与法定贬值是指官方汇率的变动。

596. D （解析）本题考查货币政策中的价格效应。价格下跌后，以外币标价的出口价格下降，从而刺激出口，而以本币标价的进口价格上涨，从而限制进口。

597. A （解析）本题考查外国债券的定义。外国债券是指非居民在异国债券市场上以市场所在地货币为面值发行的国际债券。

598. D （解析）本题考查货币可兑换。1996 年 12 月我国实现了人民币经常项目可兑换。所以，在现行外汇管理体制下，人民币经常项目可兑换。

599. D （解析）本题考查我国的国际储备及管理。2015 年 11 月，国际货币基金组织将人民币纳入特别提款权(SDR)货币篮子，SDR 货币篮子扩大至美元、欧元、人民币、日元、英镑五种货币。

600. D （解析）本题考查离岸金融市场的含义。离岸金融市场起源于英国伦敦，最初的离岸货币是欧洲美元。

601. A （解析）本题考查货币可兑换。理论上的部分可兑换有经常项目可兑换或资本项目可兑换，但在现实中，部分可兑换一般是指经常项目可兑换。

602. B （解析）本题考查国际货币基金对现行汇率制度的划分。根据国际货币基金的划分，按照汇率弹性由小到大，目前的汇率制度安排主要有货币局制、传统的盯住汇率制、水平区间内盯住汇率制、爬行盯住汇率制、爬行区间盯住汇率制、事先不公布汇率目标的管理浮动、单独浮动。

603. B （解析）本题考查偿债率。偿债率是当年外债还本付息总额与当年货物服务出口总额的比率。

604. D （解析）本题考查资本项目可兑换。一国实现资本项目可兑换需要一定的条件：(1)稳定的宏观经济环境；(2)稳健的金融体系；(3)弹性的汇率制度。

第一章 金融市场与金融工具

605. ABDE 【解析】本题考查混合基金的种类。通常依据资产配置的不同将混合基金分为偏股型基金、偏债型基金、股债平衡型基金、灵活配置型基金等。

606. BCDE 【解析】本题考查金融衍生品的概念与特征。金融衍生品又称金融衍生工具，是指建立在基础产品或基础变量之上，其价格取决于基础金融产品价格（或数值）变动的派生金融产品。所以，A 选项的说法错误。

607. ABE 【解析】本题考查货币市场的构成。货币市场是指交易期限在一年以内，以短期金融工具为媒介进行资金融通和借贷的交易市场，主要包括同业拆借市场、回购协议市场、票据市场、银行承兑汇票市场、短期政府债券市场和大额可转让定期存单市场等。货币市场中交易的金融工具一般都具有期限短、流动性高、对利率敏感等特点，具有"准货币"特性。

608. ABCD 【解析】本题考查利率互换。利率互换是交易双方同意交换利息支付的协议。最普遍的利率互换有普通互换、远期互换、可赎回互换、可退卖互换、可延期互换、零息互换、利率上限互换和股权互换。

609. ABDE 【解析】本题考查短期融资券的特点。短期融资券的特点：（1）发行主体是我国"非金融"企业法人，因此短期融资券具有媒介储蓄向投资转化的融资功能；（2）短期融资券具有债券性质，是发行企业的一项负债，必须还本付息；（3）限定在银行间债券市场发行和交易，向银行间市场机构投资人发行；（4）该种证券期限较短，本质上是一种融资性商业票据。

610. ACD 【解析】本题考查大额可转让定期存单的特点。与传统的定期存单相比，大额可转让定期存单的特点：（1）不记名，且可在市场上流通并转让；（2）一般面额固定且较大；（3）大额可转让定期存单不可提前支取，只能在二级市场上流通转让；（4）利率既有固定的，也有浮动的，一般高于同期限的定期存款利率。

611. BD 【解析】本题考查互联网金融的模式。股权众筹融资业务和互联网基金销售业务由证监会负责监管。

612. ABCE 【解析】本题考查货币市场包括的子市场。货币市场主要包括同业拆借市场、回购协议市场、票据市场、银行承兑汇票市场、短期政府债券市场和大额可转让定期存单市场等。D 选项属于资本市场。

613. BCE 【解析】本题考查互联网金融的特点。与传统金融中介相比，互联网金融的特点：

(1)互联网金融是传统金融的数字化、网络化和信息化;(2)互联网金融是一种更普惠的大众化金融模式;(3)互联网金融能够提高金融服务效率,降低金融服务成本。

614. ABDE （解析）本题考查我国债券市场的相关知识。选项 C 的正确说法应该是:债券市场的主体是银行间债券市场。

615. BCE （解析）本题考查主要的金融衍生品。组合产品是指参考实体为一系列经济实体组合的信用衍生产品,包括指数 CDS、担保债务凭证(CDO)、互换期权和分层级指数交易等。

616. AB （解析）本题考查金融市场的构成要素。金融市场主体和金融市场客体是构成金融市场最基本的要素,是金融市场形成的基础。

617. ABCE （解析）本题考查普通股。通常只有普通股股东有权参与投票决定公司的重大事务,优先股股东没有投票权,所以,A 选项正确。普通股的股利随公司盈利高低而变化,普通股股东在公司盈利和剩余财产的分配顺序上列在债权人和优先股股东之后,故其承担的风险也相应较高,所以 B、C 选项正确。优先股是指股东享有某些优先权利(如优先分配公司盈利和剩余财产)的股票,所以 D 选项错误。优先股股东和普通股股东一样分享公司所有权,但只有在公司有收益时才能得到补偿,所以 E 选项正确。

618. ACD （解析）本题考查主要的金融衍生品。目前比较常见的远期合约主要有远期利率协议、远期外汇合约、远期股票合约。

刷进阶 高频进阶 强化提升

619. CDE （解析）本题考查互联网金融的模式。A 选项,网络借贷业务由中国银保监会负责监管。B 选项,互联网基金销售业务由中国证监会负责监管。

620. CE （解析）本题考查货币市场的组成。货币市场主要包括同业拆借市场、回购协议市场、商业票据市场、银行承兑汇票市场、短期政府债券市场和大额可转让定期存单市场等。

621. ABCD （解析）本题考查融资融券交易的功能。2010 年 3 月 31 日,我国股票市场融资融券交易正式启动。融资融券交易具有价格发现功能、市场稳定功能、增强流动性功能和风险管理功能,优化了股票市场的交易结构,对我国股票市场的发展完善有着重要的意义。

622. AB （解析）本题考查议价市场。议价市场是指买卖双方通过协商形成金融资产交易价格的市场,该市场没有固定场所,相对分散。选项 C、D、E 都属于公开市场的特点。

623. BCD （解析）本题考查我国金融衍生品市场的现状。2005 年以来,我国利率衍生品市场不断发展,债券远期、利率互换和远期利率协议在 2005 年 6 月、2006 年 2 月和 2007 年 9 月相继推出。

624. ABDE （解析）本题考查同业拆借市场。同业拆借市场的参与者广泛。商业银行、非银行金融机构和中介机构都是主要参与者。我国同业拆借市场的参与机构包括中资大型银行、中资中小型银行、证券公司、基金公司、保险公司、外资金融机构以及其他金融机构(如城市信用社、农村信用社、财务公司、信托投资公司、金融租赁公司、资产管理公司、社保基金、投资公司、企业年金、其他投资产品等)。

625. ABC （解析）本题考查金融市场的构成要素。金融市场包含三个基本的构成要素,即金融市场主体、金融市场客体和金融市场价格。

626. ABC （解析）本题考查股票市场。我国的股票市场包括主板市场、中小企业板市场和创业板市场。

第二章　利率与金融资产定价

刷基础　紧扣大纲　夯实基础

627. ABDE （解析）本题考查布莱克-斯科尔斯期权定价模型假定。布莱克-斯科尔斯期权定价模型假定：(1)无风险利率 r 为常数；(2)没有交易成本、税收和卖空限制，不存在无风险套利机会；(3)标的资产在期权到期之前不支付股息和红利；(4)市场交易是连续的，不存在跳跃式或间断式变化；(5)标的资产价格波动率为常数；(6)标的资产价格变化遵从几何布朗运动。

628. BE （解析）本题考查利率期限结构。预期理论认为，长期债券的利率等于长期利率到期之前人们所预期的短期利率的平均值，该理论认为到期期限不同的债券之所以具有不同的利率，是因为在未来不同的时间段内，短期利率的预期值是不同的。预期理论表明，长期利率的波动低于短期利率的波动。

629. BCE （解析）本题考查我国利率市场化的基本方式。我国存、贷款利率市场化的总体思路是先外币、后本币；先贷款、后存款；先长期、大额，后短期、小额。由此可见，我国的利率市场化采用的是渐进模式。

630. AD （解析）本题考查全价与净价。扣除应计利息的债券报价称为净价或者干净价格，包含应计利息的价格称为全价或者肮脏价格。

631. ABCD （解析）本题考查债券到期收益率计算公式涉及的因素。到期收益率的计算公式涉及票面收益(年利息)、债券的偿还价格、债券的买入价格、买入债券到债券到期的时间(以年计算)。

632. ABCD （解析）本题考查期权定价理论。根据布莱克-斯科尔斯模型，决定欧式看涨期权价格的因素主要有：期权执行价格、期权期限、无风险利率以及标的资产的波动率。

633. BCE （解析）本题考查流动性偏好的动机的组成。流动性偏好的动机包括交易动机、预防动机和投机动机。

634. DE （解析）本题考查利率的期限结构理论。不同期限的债券的利率往往会同升或同降（同步波动现象），预期理论和流动性溢价理论可以解释它，而市场分割理论则无法解释它。

刷进阶　高频进阶　强化提升

635. AE （解析）本题考查资产风险。非系统风险包括公司财务风险、经营风险等。系统风险属于不可分散风险，非系统风险属于可分散风险。

636. BDE （解析）本题考查系统风险的概念。系统风险是由那些影响整个市场的风险因素所引起的，这些因素包括宏观经济形势的变动、国家经济政策的变化、税制改革、政治因素等。它在市场上永远存在，不可能通过资产组合来消除，属于不可分散的风险。

637. ABC （解析）本题考查利率期限结构的理论。目前，主要有三种理论解释利率的期限结构，即预期理论、分割市场理论和流动性溢价理论。

638. BDE （解析）本题考查互联网金融的模式。互联网支付业务由中国银保监会。网络借贷业务由中国银保监会负责监管。股权众筹融资业务由中国证监会负责监管。互联网消费金融业务由中国银保监会负责监管。互联网保险由中国银保监会负责监管。

639. ACE **(解析)** 本题考查我国利率市场化的进程。上海银行同业拆放利率是中国人民银行培育的一种基准利率体系，是由信用等级较高的银行组成报价团，按照自主报出的人民币同业拆出利率计算确定的算术平均利率，是单利、无担保、批发性利率。

第三章　金融机构与金融制度

☑ 刷基础　　　　　　　　　　　　　　　　　　　　　紧扣大纲
　　　　　　　　　　　　　　　　　　　　　　　　　夯实基础

640. AC **(解析)** 本题考查单一银行制度的优点。单一银行制度既有优点，又有缺点。主要表现在：(1)防止银行的集中和垄断，但限制了竞争；(2)降低营业成本，但限制了业务创新和发展；(3)强化地方服务，但限制了规模效益；(4)独立性、自主性强，但抵御风险的能力差。

641. ABDE **(解析)** 本题考查金融行业自律的概念。金融行业自律是指金融机构设立行业自律组织，通过制定同业公约、提供行业服务、加强相互监督等方式，实现金融行业的自我约束、自我管理，以规范、协调同业经营行为，保护行业的共同利益，促进各家会员企业按照国家经济、金融政策的要求，努力提高管理水平，优化业务品种，完善金融服务。

642. BCE **(解析)** 本题考查中国证监会。证券经营机构、期货经营机构和证券投资基金管理公司属于中国证监会的监管范围。

643. ABDE **(解析)** 本题考查小额贷款公司的相关知识。小额贷款公司不能对外投资，不能设立分支机构，不能跨业经营。

644. ABC **(解析)** 本题考查机构监管的缺点。机构监管的主要潜在问题是不同监管机构对于不同金融机构相类似的金融业务可能采取不同的监管体制和标准，造成监管重叠或监管缺位现象的产生，并导致监管套利的出现。同时，随着混业经营的日益普遍，机构监管模式与金融市场和金融机构的发展趋势日益显出明显差距，造成金融监管与金融市场发展的脱节，不利于金融市场的稳定发展。

645. BC **(解析)** 本题考查金融行业的自律性组织。中国银行业协会及其业务接受中国银保监会及其派出机构的指导和监督。中国支付清算协会经国务院同意、民政部批准成立，由中国人民银行主管。中国保险业协会是经中国银保监会审查同意并在国家民政部登记注册的中国保险业的全国性自律组织。

646. BDE **(解析)** 本题考查分支银行制度的优点。分支银行制度的优点主要表现在规模效益高、竞争力强、易于监管。

647. BC **(解析)** 本题考查各种监管思路的比较。与功能监管类似，目标监管会导致一个金融机构需要同时接受几个监管部门的监管，容易造成监管成本的上升和监管效率的下降。

648. ABCD **(解析)** 本题考查金融机构的主要职能。金融机构的职能：(1)促进资金融通；(2)便利支付结算；(3)降低交易成本和风险；(4)减少信息成本；(5)反映和调节经济活动。

649. BCE **(解析)** 本题考查商业银行制度。商业银行分支银行制度又称为总分行制，其兼有优、缺点，优点：（1）规模效益高；（2）竞争力强；（3）易于监管。缺点：（1）加速银行的垄断与集中；（2）管理难度大。选项 A 的说法过于绝对。选项 D 属于单一银行制度的特点。

刷进阶　　　　　　　　　　　　　　　　　　　　高频进阶　强化提升

650. **ABDE** （解析）本题考查金融监管思路。目标监管是按照金融监管的不同目标分别设立监管部门，对各种类型金融机构统一监管，选项 C 的说法有误。

651. **ABDE** （解析）本题考查金融行业的自律性组织。（1）中国银行业协会。（2）中国证券业协会。（3）中国保险行业协会。（4）中国证券投资基金业协会。（5）中国期货业协会。（6）中国银行间市场交易商协会。（7）中国支付清算协会。（8）证券交易所。（9）中国财务公司协会。（10）中国信托业协会。（11）中国互联网金融协会。（12）中国融资租赁企业协会。

652. **CDE** （解析）本题考查存款性金融机构。存款性金融机构是吸收个人和机构存款并发放贷款的金融机构，主要包括商业银行、储蓄银行和信用合作社等。

653. **ABCD** （解析）本题考查证券公司的主要业务。证券公司的主要业务：推销政府债券、企业债券和股票，代理买卖和自营买卖已上市流通的各类有价证券，参与企业收购、兼并，充当财务顾问。

654. **ABD** （解析）本题考查中国人民银行履行的职责。依据规定，中国人民银行不得向各级政府部门提供贷款，不包销国债、地方政府债。选项 C、E 错误。

655. **BCDE** （解析）本题考查金融机构的职能。金融机构的职能包括促进资金融通、便利支付结算、降低交易成本和风险、减少信息成本、反映和调节经济活动。

第四章　商业银行经营与管理

刷基础　　　　　　　　　　　　　　　　　　　　紧扣大纲　夯实基础

656. **ABE** （解析）本题考查我国商业银行资本充足率的计算公式。根据我国商业银行资本充足率的计算公式，商业银行风险加权资产包括信用风险加权资产、市场风险加权资产、操作风险加权资产。

657. **ABCD** （解析）本题考查商业银行理财产品的分类。商业银行根据投资性质的不同，将理财产品分为固定收益类理财产品、权益类理财产品、商品及金融衍生品类理财产品和混合类理财产品。

658. **ABE** （解析）本题考查贷款管理。目前，我国银行信贷管理一般实行集中授权管理、统一授信管理、审贷分离、分级审批、贷款管理责任制相结合，以切实防范、控制和化解贷款业务风险。

659. **ABD** （解析）本题考查短期借款。短期借款是指期限在一年或一年以下的借款，主要包括同业拆借、证券回购和向中央银行借款等。

660. **ABC** （解析）本题考查资产负债管理的方法。缺口分析、久期分析、外汇敞口与敏感性分析为基础管理方法；情景模拟和流动性压力测试属于前瞻性动态管理方法。

661. **BCDE** （解析）本题考查商业银行市场营销的策略。进入 21 世纪后，商业银行采取了以竞争为导向的"4R"营销组合策略，即关联、反应、关系、回报。

662. ABC （解析）本题考查补偿性支出的构成。补偿性支出包括固定资产折旧、无形资产摊销、递延资产摊销等。

663. BCD （解析）本题考查债券投资管理。我国商业银行债券投资的对象主要包括国债、地方政府债券、金融债券、中央银行票据、资产支持证券、企业债券和公司债券等。

664. ABE （解析）本题考查商业银行资产管理的内容。商业银行资产管理主要由贷款管理、债券投资管理、现金资产管理组成。

665. BDE （解析）本题考查选择贷款客户的相关知识。要完成对客户自身及项目的了解，通常银行的信贷人员要完成3个步骤：（1）贷款面谈；（2）信用调查；（3）财务分析。

666. ABDE （解析）本题考查商业银行的中间业务。商业银行的中间业务包括收取服务费或代客买卖差价的理财业务、咨询顾问、基金和债券的代理买卖、代客买卖资金产品、代理收费、托管、支付结算等业务。

667. BCDE （解析）本题考查成本管理应该遵循的基本原则。成本管理的基本原则：成本最低化原则、全面成本管理原则、成本责任制原则、成本管理科学化原则。

668. AD （解析）本题考查商业银行理财产品的分类。商业银行根据募集方式的不同，将理财产品分为公募理财产品和私募理财产品。

669. BCE （解析）本题考查我国商业银行的现金资产。我国商业银行的现金资产主要包括库存现金、存放中央银行款项和存放同业及其他金融机构款项。

670. ABD （解析）本题考查存款管理的内容。存款管理的内容包括对吸收存款方式的管理、存款利率管理和存款保险管理。

671. ACD （解析）本题考查巴塞尔协议Ⅱ。与巴塞尔协议相比，巴塞尔协议Ⅱ在统一银行业的资本其计量标准方面作出了改进，全面覆盖对信用风险、市场风险和操作风险的资本要求，并提出了有效资本监管的"三个支柱"，即最低资本充足率要求、监管当局的监督检查和市场约束。

刷进阶

672. ABCD （解析）本题考查商业银行常用的风险管理策略。商业银行常用的风险管理策略有：风险预防、风险分散、风险转移、风险对冲、风险抑制和风险补偿。

673. BCD （解析）本题考查商业银行风险控制的方法。商业银行风险事前控制的主要方法包括限额管理、风险定价、制定应急预案等。

674. ABDE （解析）本题考查商业银行营业外支出的项目。营业外支出内容包括固定资产盘亏和毁损报损的净损失、抵债资产处置发生的损失额及处置费用、出纳短款、赔偿金、违约金、证券交易差错损失、非常损失、公益救济性捐赠等。

675. ABCE （解析）本题考查商业银行内控机制的基本原则。商业银行内部控制应遵循的原则：（1）全覆盖原则；（2）制衡性原则；（3）审慎性原则；（4）相匹配原则。

676. ABCD （解析）本题考查核心一级资本的构成。核心一级资本包括实收资本或普通股、资本公积可计入部分、盈余公积、一般风险准备、未分配利润、少数股东资本可计入部分。

677. BE （解析）本题考查中央银行的资本构成。中央银行的资本金一般由实收资本、在经营活动中的留存利润、财政拨款等构成。

678. ABDE （解析）本题考查商业银行新型的业务运营模式。与传统的业务运营模式相比，新型的业务运营模式具有实现前台营业网点业务操作的规范化和工序化、实现业务处理的集约化、实现运营效率有效提升、实现风险防范能力提高,以及实现成本大幅降低等优点。

679. ABCD 【解析】本题考查商业银行开展理财业务的原则。商业银行开展理财业务应当遵守:诚实守信、勤勉尽职地履行受人之托、代人理财职责,投资者自担投资风险并获得收益。遵守成本可算、风险可控、信息充分披露的原则,严格遵守投资者适当性管理要求,保护投资者合法权益。

第五章 投资银行与证券投资基金

刷基础

680. DE 【解析】本题考查投资银行的信用经纪业务。信用经纪业务是投资银行的融资功能与经纪业务相结合而产生的,是投资银行传统经纪业务的延伸。信用经纪业务主要有两种类型:融资(买空)和融券(卖空)。

681. BCE 【解析】本题考查基金当事人。我国的证券投资基金依据基金合同设立,基金份额持有人、基金管理人与基金托管人是基金合同的当事人,简称基金当事人。

682. ABCE 【解析】本题考查封闭式基金与开放式基金的区别。封闭式基金的交易价格主要受二级市场供求关系的影响。开放式基金的买卖价格以基金份额净值为基础,不受市场供求关系的影响。

683. ABCD 【解析】本题考查基金管理人的职责。基金管理人的职责:(1)依法募集基金,基金份额的发售和登记事宜;(2)管理基金备案手续;(3)对所管理的不同基金财产分别管理、分别记账,进行证券投资;(4)按照基金合同的约定确定基金收益分配方案,及时向基金份额持有人分配收益;(5)进行基金会计核算并编制基金财务会计报告;(6)编制中期和年度基金报告;(7)计算并公告基金资产净值,确定基金份额申购、赎回价格;(8)办理与基金财产管理业务活动有关的信息披露事项;(9)召集基金份额持有人大会;(10)保存基金财产管理业务活动的记录、账册、报表和其他相关资料;(11)以基金管理人名义,代表基金份额持有人利益行使诉讼权利或者其他法律行为;(12)中国证监会规定的其他职责。

684. ABE 【解析】本题考查证券公司可以从事的客户资产管理业务。按规定证券公司可以从事的客户资产管理业务:(1)为单一客户办理定向资产管理业务;(2)为多个客户办理集合资产管理业务;(3)为客户办理特定目的的专项资产管理业务。

685. BCDE 【解析】本题考查基金托管人的职责。基金托管人的职责:(1)安全保管基金财产;(2)按照规定开设基金财产的资金账户和证券账户;(3)对所托管的不同基金财产分别设置账户,确保基金财产的完整与独立;(4)保存基金托管业务活动的记录、账册、报表和其他相关资料;(5)按照基金合同的约定,根据基金管理人的投资指令,及时办理清算、交割事宜;(6)办理与基金托管业务活动有关的信息披露事项;(7)对基金财务会计报告、中期和年度基金报告出具意见;(8)复核、审查基金管理人计算的基金资产净值和基金份额申购、赎回价格;(9)按照规定召集基金份额持有人大会;(10)按照规定监督基金管理人的投资运作;(11)中国证监会规定的其他职责。选项A属于基金管理人的职责,所以不选。

686. ACDE （解析）本题考查询价制。首次公开发行股票在4亿股以上的，发行人及其承销商可以在发行方案中采用超额配售选择权。超额配售选择权的实施应当遵守中国证监会、证券交易所、证券登记结算机构和中国证券业协会的规定。

687. ABC （解析）本题考查债券发行。《绿色债券发行指引》规定，债券募集资金占项目总投资比例放宽至80%；发行绿色债券的企业不受发债指标限制；鼓励上市公司及其子公司发行绿色债券；支持符合条件的股权投资企业、绿色投资基金发行绿色债券，专项用于投资绿色项目建设。允许绿色债券面向机构投资者非公开发行。

688. ABCD （解析）本题考查自营证券投资。选项E应该是已经和依法可以在境内证券交易所上市交易的证券。

689. ABCE （解析）本题考查基金管理公司的特定客户资产管理业务。严格禁止同一资产组合在同一交易日内反向交易及其他可能导致不公平交易和利益输送的交易行为。

690. ACD （解析）本题考查货币市场基金。股票和可转换债券是货币市场基金不得投资的金融工具。

691. ACD （解析）本题考查证券私募发行的优点。相对于公募发行而言，证券私募发行具有的优点：简化了发行手续；避免了泄露公司商业机密；节省了发行费用；缩短了发行时间；发行条款灵活，较少受到法律法规约束，可以制定更为符合发行人要求的条款；比公开发行更有成功的把握等。

692. ABCD （解析）本题考查封闭式基金与开放式基金的主要区别。封闭式基金与开放式基金的主要区别：(1)期限不同；(2)份额限制不同；(3)交易场所不同；(4)价格形成方式不同；(5)激励约束机制与投资策略不同。

693. ABCD （解析）本题考查自营证券投资的相关知识。依法可以在境内证券交易所上市交易的证券，包括股票、债券、权证和证券投资基金等。

694. ADE （解析）本题考查股票基金与单一股票之间的不同点。股票价格会由于投资者买卖股票数量的多少和强弱的对比而受到影响；股票基金份额净值不会由于买卖数量或申购、赎回数量的多少而受到影响。所以，B选项的说法有误。股票价格在每一交易日内始终处于变动之中。股票基金净值的计算每天只进行一次，因此每一交易日股票基金只有一个价格，所以C选项的说法有误。

695. BCDE （解析）本题考查投资银行的媒介资金供求功能。投资银行是通过四个中介作用来发挥其媒介资金供求的功能的：(1)期限中介；(2)风险中介；(3)信息中介；(4)流动性中介。

696. ABDE （解析）本题考查公募基金的特征。公募基金是指可以面向社会公众公开发售的一类基金。公募基金的基金募集对象不固定，所以C选项的说法错误。

697. ABC （解析）本题考查契约型基金与公司型基金的区别。契约型基金与公司型基金的区别：(1)法律主体资格不同；(2)投资者的地位不同；(3)基金营运依据不同。

698. BCDE （解析）本题考查基金销售机构。目前可申请从事基金销售的机构主要包括商业银行、证券公司、证券投资咨询机构、独立基金销售机构。

699. BCDE （解析）本题考查基金托管人的职责。根据我国法律法规的要求，基金资产托管业务或者托管人承担的职责主要包括资产保管、资金清算、资产核算、投资运作监督等方面。

700. ABCD 【解析】本题考查证券承销的形式。证券承销的方式包括包销、尽力推销(也称"代销")以及余额包销三种形式。

701. ABCD 【解析】本题考查证券私募发行的优点。证券私募发行的优点：简化了发行手续；避免了泄露公司商业机密；节省了发行费用；缩短了发行时间；发行条款灵活，较少受到法律法规约束，可以制定更为符合发行人要求的条款；比公开发行更有成功的把握等。

702. AB 【解析】本题考查证券经纪业务的成交原则。证券交易所撮合主机对接受的委托进行合法性检验，按照"价格优先、时间优先"的原则，自动撮合以确定成交价格。

703. ABC 【解析】本题考查货币市场基金可以投资的金融工具。货币市场基金应当投资于以下金融工具：(1)现金；(2)期限在1年以内(含1年)的银行存款、债券回购、中央银行票据、同业存单；(3)剩余期限在397天以内(含397天)的债券、非金融企业债务融资工具、资产支持证券；(4)中国证监会、中国人民银行认可的其他具有良好流动性的货币市场工具。

第六章 信托与租赁

刷基础

704. BCDE 【解析】本题考查信托的特征。(1)信托财产权利与利益分离，这种分离使受益人无须承担管理之责就能享受信托财产的利益；(2)信托财产的独立性表现之一是信托财产独立于受托人的固有财产；(3)信托的有限责任，指受托人承担有限信托责任；(4)信托管理具有连续性，不会因为意外事件的出现而终止。

705. AC 【解析】本题考查融资租赁合同中出租人的义务。在融资租赁合同中，出租人的权利和义务：(1)购买租赁物的义务；(2)在租赁期内享有租赁物的所有权；(3)按合同规定收取租金的权利；(4)合同期满，若承租人不续租或留购，有收回租赁资产的权利；(5)根据租赁合同及时支付货款；(6)保证租期内承租人对租赁物的充分使用权。

706. BCDE 【解析】本题考查信托财产的独立性。信托财产的独立性：(1)信托财产独立于委托人未设立信托的其他财产；(2)信托财产独立于受托人的固有财产；(3)信托财产独立于受益人的固有财产；(4)信托财产原则上不得强制执行。

707. ACD 【解析】本题考查对融资租赁的理解。融资租赁涉及出租人、承租人、出卖人三方当事人。在租赁期间内，承租人按合同规定分期向出租人交付租金。租赁设备的所有权属于出租人，承租人在租期内享有设备的使用权。

708. ADE 【解析】本题考查租赁的特点。租赁的特点：(1)所有权与使用权分离；(2)融资与融物相结合；(3)租金分期支付。

709. AC 【解析】本题考查金融租赁公司的监管要求。选项A错误，对单一承租人全部融资租赁业务余额不得超过资本净额的30%。选项C错误，对一个关联方的全部融资租赁业务余额不得超过资本净额的30%。

710. BCE 【解析】本题考查融资租赁合同的特征。融资租赁合同的特征：(1)融资租赁合同是诺成、要式合同；(2)融资租赁合同是双务、有偿合同；(3)融资租赁合同是不可单方解除的合同。

参考答案及解析

711. **BCD** （解析）本题考查融资租赁合同出租人的权利与义务。出租人的权利与义务：(1)购买租赁物的义务；(2)在租期内享有租赁物的所有权；(3)按合同规定收取租金的权利；(4)合同期满，若承租人不续租或留购，有收回租赁资产的权利；(5)根据租赁合同及时支付货款的义务；(6)保证租期内承租人对租赁物的充分使用权。

712. **BCDE** （解析）本题考查信托公司的财务管理。信托公司财务管理的内容主要包括资产管理、资金管理、成本费用管理、利润及其分配管理、财务会计报告管理等。

713. **BCDE** （解析）本题考查设立信托的条件。设立信托的条件：(1)要有合法的信托目的；(2)信托财产应当明确合法；(3)信托文件应当采用书面形式；(4)要依法办理信托登记。

714. **ABCD** （解析）本题考查金融租赁公司的盈利模式。金融租赁公司的盈利模式：(1)债权收益；(2)余值收益；(3)服务收益；(4)运营收益。

刷进阶 高频进阶 强化提升

715. **ABCE** （解析）本题考查信托设立的条件。根据《信托公司管理办法》和《非银行金融机构行政许可事项实施办法》的规定，信托公司的设立应当具备下列条件：有符合《公司法》和中国银保监会规定的公司章程；有具备中国银保监会规定的入股资格的股东；注册资本最低限额为3亿元人民币或等值的可自由兑换货币，注册资本为实缴货币资本；有具备中国银保监会规定任职资格的董事、高级管理人员和与其业务相适应的信托从业人员；具有健全的组织机构、信托业务操作规程和风险控制制度；有符合要求的营业场所、安全防范措施和与业务有关的其他设施等。

716. **BCDE** （解析）本题考查租金的影响因素。保证金是出租人为了减少出租资产的风险而向承租人预收的一笔资金。承租人在租赁开始日按租赁资产价款的一定比例支付保证金。一般情况下，支付的保证金越多，租金总额越小，反之则越大，所以A选项错误。

717. **ABCD** （解析）本题考查信托财产的处分。信托财产的处分分为事实上的处分和法律上的处分。事实上的处分是对信托财产进行消费，包括生产和生活的消费。在实践中，信托财产法律上的处分既包括各种处分财产所有权的行为，如买卖、赠予等，也包括处分债权和其他财产权的行为，如转让债权、免除债务等，还包括对财产权作出限制或设定负担的行为，如在某些财产上设立抵押、质押等。

718. **ABC** （解析）本题考查信托公司的业务风险防范。信托业务操作风险管理策略包括：加强内控制度建设和落实，合理设置体现制衡原则的岗位职责，建立完善的授权制度，按照公司相关管理制度，对违规人员进行问责。选项D、E属于信用风险管理策略。

719. **AB** （解析）本题考查债权收益。债权收益是指金融租赁公司通过自有资金或外部融资采购设备后，向承租人租赁设备获得的租金收益与资金成本之间的利差收益。金融租赁是以物为载体的融资服务，获得利差和租金收益是金融租赁公司最主要的盈利模式。

720. **ABCD** （解析）本题考查租金的影响因素。影响租金的因素一般有租赁期限、计算方法、利率、付租间隔期、保证金的支付数量和方式、营业费用、付租方式、计息日和起租日。

721. **ABCD** （解析）本题考查金融租赁公司的盈利模式。服务收益是指出租人为承租人提供租赁服务时收取的手续费、财务咨询费、贸易佣金(如销售佣金、规模采购折扣)等费用。

第七章　金融工程与金融风险

✓ 刷基础

722. **ACE** （解析）本题考查基于远期外汇合约的套期保值。空头套期保值是通过卖出远期外汇合约来避免汇率下降的风险，它适用于在未来某日期将收到外汇的机构和个人，如出口商品、提供劳务、现有的对外投资、到期收回贷款等。

723. **CDE** （解析）本题考查金融互换。利率互换只涉及一种货币，货币互换要涉及两种货币，选项A、B错误。

724. **BC** （解析）本题考查信用风险的管理。选项A属于利率风险的管理方法；选项B属于信用风险事前管理的方法；选项C属于信用风险的管理机制；选项D属于流动性风险的管理方法；选项E属于汇率风险的管理。

725. **ACD** （解析）本题考查金融期货的套期保值。在实际运用中，套期保值的效果会受到以下三个因素的影响：(1)需要避险的资产与期货标的资产不完全一致；(2)套期保值者不能确切地知道未来拟出售或购买资产的时间，因此不容易找到时间完全匹配的期货；(3)需要避险的期限与避险工具的期限不一致。

726. **BCDE** （解析）本题考查金融工程的应用领域。金融工程的应用领域包括金融产品创新、资产定价、金融风险管理、投融资策略设计、套利等。

727. **ABC** （解析）本题考查市场风险的内容。市场风险包括利率风险、投资风险、汇率风险。

728. **ABDE** （解析）本题考查COSO内部控制五项要素。COSO在其《内部控制—整合框架》中正式提出了内部控制由五项要素组成，即控制环境、风险评估、控制活动、信息与沟通、监督。

729. **ACE** （解析）本题考查汇率风险的管理方法。汇率风险的管理方法：(1)选择有利的货币；(2)提前或推迟收付外币；(3)进行结构性套期保值；(4)做远期外汇交易；(5)做货币衍生产品交易。

730. **BC** （解析）本题考查远期利率协议的交割。若协议利率>参考利率，交割额为正，卖方向买方支付交割额；若协议利率<参考利率，交割额为负，买方向卖方支付交割额。

731. **ABCD** （解析）本题考查利率风险的管理方法。利率风险的管理方法有：选择有利的利率、调整借贷期限、缺口管理、久期管理、利用利率衍生产品交易。

732. **ABC** （解析）本题考查全面风险管理。COSO在《企业风险管理—整合框架》文件中认为：全面风险管理是三个维度的立体系统。这三个维度是企业目标、风险管理的要素和企业层级。

✓ 刷进阶

733. **BCD** （解析）本题考查金融远期合约的套期保值。基于远期外汇合约的套期保值：多头套期保值是通过买入远期外汇合约来避免汇率上升的风险，它适用于在未来某日期将支出外汇的机构和个人，如进口商品、出国旅游、到期偿还外债、计划进行外汇投资等。

734. **BCDE** （解析）本题考查金融工程的基本分析方法。金融工程的基本分析方法包括积木分析法、套利定价法、风险中性定价法以及状态价格定价技术。

参考答案及解析

735. BD （解析）本题考查利率风险管理的方法。利率风险管理方法：（1）选择有利的利率；（2）调整借贷期限；（3）缺口管理；（4）持续期管理；（5）利用利率衍生品交易。

736. ACD （解析）本题考查商业银行信用风险管理机制。对商业银行而言，信用风险的管理机制主要有：审贷分离机制、授权管理机制、额度管理机制。

737. ABD （解析）本题考查远期价格的公式。远期价格的公式表明资产的远期价格仅与当前的现货价格有关，与未来的资产价格无关，因此远期价格并不是对未来资产价格的预期。

738. ACE （解析）本题考查信用风险的管理方法。信用风险的管理包括机制管理和过程管理。其中，过程管理又包括事前管理、事中管理和事后管理。事前管理一方面可以直接利用社会上独立评级机构对借款人的信用评级结果，另一方面可以自己单独对借款人进行信用"5C""3C"分析。

739. ABCD （解析）本题考查内部控制与全面风险管理。巴塞尔银行监管委员会在 1998 年颁布的《银行内部控制系统的框架》中，提出商业银行的内部控制系统包括管理监督与控制文化、风险识别与评估、控制活动与职责划分、信息与沟通、监管活动与错误纠正五项要素。

第八章　货币供求及其均衡

☑ 刷基础　　　　　　　　　　　　　紧扣大纲
　　　　　　　　　　　　　　　　　　夯实基础

740. ABD （解析）本题考查 IS、LM 和 BP 曲线。如果 IS、LM 和 BP 曲线存在共同的焦点，则表明国内商品市场、货币市场和外汇市场同时处于均衡。

741. BCE （解析）本题考查其他治理措施。为治理通货膨胀而进行的币制改革，是指政府下令废除旧币，发行新币，变更钞票面值，对货币流通秩序采取一系列强硬的保障性措施等。

742. ACDE （解析）本题考查积极的供给政策。积极的供给政策的主要措施：（1）减税；（2）削减社会福利开支；（3）适当增加货币供给，发展生产；（4）精简规章制度。

743. DE （解析）本题考查凯恩斯的货币需求函数。凯恩斯的货币需求函数可以分为两个部分，一个是消费品的货币需求，一个是投资品的货币需求。其中消费品的货币需求主要取决于国民收入的水平，而投资品货币需求取决于利率水平的变化。

744. BE （解析）本题考查货币供应量的影响因素。现代信用制度下货币供应量的决定因素主要有两个：一是基础货币（MB），二是货币乘数（m）。

745. ABDE （解析）本题考查通货膨胀定义的相关知识。选项 C 应该是通货膨胀所指的一般物价水平上涨，是一定时间内的持续的上涨，而不是一次性的、暂时性的上涨。季节性原因或自然灾害等引起的物价上涨和经济萧条后恢复时期的商品价格正常上涨都不能称为通货膨胀。

746. ABD （解析）本题考查弗里德曼的货币需求函数的相关知识。恒久性收入越高，所需货币越多。人力财富比重越大，创造的收入越多，所需准备的货币就越多，所以选项 C、E 与货币需求成正比。金融资产的预期收益率越高，持有货币的机会成本就越大，持有货币的数量就会减少，所以选项 A、B、D 与货币需求成反比。

747. BC （解析）本题考查货币供应量的概念。货币供应量 M_1 为流通中现金 M_0 加上单位活

163

期存款。

748. BD 【解析】本题考查对通货膨胀概念的理解。通货膨胀是一定时间内一般物价水平持续上涨的现象。

749. ACD 【解析】本题考查中央银行投放基础货币的渠道。中央银行投放基础货币的渠道：对商业银行等金融机构的再贷款和再贴现；收购黄金、外汇等储备资产投放的货币；通过公开市场业务等投放货币。

750. ABCD 【解析】本题考查蒙代尔-弗莱明模型。蒙代尔-弗莱明模型的基本结论：货币政策和财政政策影响总收入的效力取决于汇率制度。货币政策在固定汇率下对刺激经济毫无效果，在浮动汇率下则效果显著；财政政策在固定汇率下对刺激经济效果显著，在浮动汇率下则效果甚微或毫无效果。

751. ABCE 【解析】本题考查影响派生存款的因素。派生存款的大小主要取决于两个因素：(1)原始存款数量的大小；(2)法定存款准备金率的高低。但同时它也受到超额存款准备金率和现金漏损率的影响。

752. ABCE 【解析】本题考查通货膨胀的治理措施。通货膨胀时要采取紧缩性货币政策，紧缩性货币政策措施：(1)提高法定存款准备金率；(2)提高再贷款率、再贴现率；(3)公开市场卖出业务；(4)直接提高利率。

753. DE 【解析】本题考查财政政策。紧缩性财政政策包括：减少政府支出、增加税收、减少政府转移支付。

754. CE 【解析】本题考查存款创造倍数的条件。存款创造倍数基于两个假设：一是部分准备金制度，二是非全额现金结算制度。

755. CDE 【解析】本题考查货币均衡的实现机制。市场经济条件下货币均衡的实现有赖于三个条件，即健全的利率机制、发达的金融市场以及有效的中央银行调控机制。

☑ 刷进阶　高频进阶　强化提升

756. ACE 【解析】本题考查成本推进型通货膨胀的相关知识。成本推进型通货膨胀中，促使产品成本上升的原因：(1)在现代经济中有组织的工会对工资成本具有操纵能力；(2)垄断性大公司也具有对价格的操纵能力，是提高价格水平的重要因素；(3)汇率变动引起进出口产品和原材料成本上升，以及石油危机、资源枯竭、环境保护政策不当等造成原材料、能源生产成本的提高，都是引起成本推进型通货膨胀的原因。

757. CDE 【解析】本题考查弗里德曼的货币需求函数。弗里德曼把影响货币需求量的诸因素分为各种资产预期收益率和机会成本、各种随机变量、恒久性收入与财富结构。

758. ADE 【解析】本题考查流动性金融资产的特征。"流动性"好的金融资产，其价格稳定，变现能力强，可随时在金融市场上转让、出售。

759. ABCD 【解析】本题考查治理通货紧缩的政策措施。治理通货紧缩的政策措施：(1)扩张性的财政政策，包括减税和增加财政支出；(2)扩张性的货币政策，包括扩大中央银行基础货币的投放、增加对中小金融机构再贷款、加大公开市场操作的力度、适当下调利率和存款准备金等。

760. ADE 【解析】本题考查通货紧缩的治理。治理通货紧缩的政策措施包括：(1)扩张性的财政政策；(2)扩张性的货币政策；(3)加快产业结构的调整；(4)其他。

761. ACDE 【解析】本题考查通货膨胀目标制实施的条件。实施通货膨胀目标制应具备以下几个基本的前提条件：（1）必须将价格稳定作为货币政策的首要目标；（2）中央银行具有较强的独立性；（3）中央银行在执行货币政策时具有较强的责任性和高度的透明度；（4）能够对通货膨胀目标或目标区间进行合理确定，并对通货膨胀率进行精确预测；（5）金融体系发展较完善，实现了利率的市场化和利率的浮动制。

762. AB （解析）本题考查通货紧缩的治理。扩张性的财政政策包括减税和增加财政支出两种方法。

763. BD （解析）本题考查通货紧缩。判断某个时期的物价下降是否是通货紧缩，一看通货膨胀率是否由正变负；二看这种下降是否持续了一定的时期。

第九章　中央银行与金融监管

刷基础

764. ABE （解析）本题考查选择性货币政策工具。选择性货币政策工具：（1）消费者信用控制；（2）不动产信用控制；（3）优惠利率。

765. CE （解析）本题考查中央银行货币政策中介目标。中央银行货币政策中介目标包括利率和货币供应量。

766. ABCE （解析）本题考查再贴现政策。选项D，再贴现的主动权在商业银行，而不在中央银行属于再贴现的缺点。

767. BCD （解析）本题考查证券公司监管。为了防止不良单位或者个人入股证券公司并滥用其股东权利，损害证券公司及其客户的利益，相关条例规定：有因故意犯罪被判处刑罚，刑罚执行完毕未逾3年以及不能清偿到期债务等情形之一的单位或者个人，不得成为证券公司持股5%以上的股东或者实际控制人。

768. BCD （解析）本题考查中央银行资产负债表内容。中央银行的负债业务指金融机构、政府、个人和其他部门持有的对中央银行的债权，主要包括通货发行、商业银行等金融机构存款、国库及公共机构存款、其他负债。

769. ACDE （解析）本题考查金融监管的基本原则。金融监管的基本原则：（1）监管主体独立性原则；（2）依法监管原则；（3）外部监管与自律并重原则；（4）安全稳健与经营效率结合原则；（5）适度竞争原则；（6）统一性原则。

770. ABCE （解析）本题考查我国衡量资产安全性指标的规定。单一客户贷款集中度是最大一家客户贷款总额与资本净额之比，其不得高于10%，所以D选项错误。

771. ABCD （解析）本题考查中央银行的职能。中央银行的职能有发行的银行、政府的银行、银行的银行、管理金融的银行。

772. ACE （解析）本题考查宽松的货币政策措施。宽松的货币政策措施：（1）降低法定存款准备金率；（2）降低再贴现率；（3）公开市场业务，通过多购进证券，增加货币供应。在我国，扩张型货币政策通常表现为扩大贷款规模。选项B、D属于紧缩的货币政策措施。

773. CDE （解析）本题考查中央银行的中间业务。中央银行的中间业务包括结清交换差额、办理异地资金转移、集中办理票据交换。

774. ABDE （解析）本题考查偿付能力监管。自2010年8月31日起施行的《保险资金运用管理暂行办法》规定，保险资金运用限于下列形式：（1）银行存款；（2）买卖债券、股票、证券投资基金份额等有价证券；(3)投资不动产；(4)投资股权；(5)国务院规定的其他资金运用形式。

775. ABDE （解析）本题考查货币政策的基本特征。货币政策的基本特征：(1)货币政策是宏观经济政策。(2)货币政策是调节社会总需求的政策。(3)货币政策主要是间接调控政策。(4)货币政策是长期连续的经济政策。

776. ABDE （解析）本题考查存款准备金率政策的主要内容。存款准备金率政策的主要内容是：规定存款准备金计提的基础、规定法定存款准备金率、规定存款准备金的构成和规定存款准备金提取的时间。

777. CDE （解析）本题考查收益合理性的监管指标。商业银行收益合理性的监管指标：(1)成本收入比；(2)资产利润率；(3)资本利润率。

778. CDE （解析）本题考查不良贷款包括的内容。国际上通常将贷款分为五类：正常贷款、关注贷款、次级贷款、可疑贷款、损失贷款。其中，不良贷款包括次级类、可疑类、损失类。

779. CDE （解析）本题考查流动适度性。在监测银行机构的流动性是否保持在适度水平时，使用的流动性风险指标包括流动性覆盖率、净稳定资金比例、流动性匹配率、优质流动性资产充足率和流动性比例。

刷进阶　　　　　　　　　　　　　　　　　　　高频进阶 强化提升

780. ABDE （解析）本题考查我国证券公司准入条件。选项C应该是未经证监会批准，任何单位或者个人不得委托他人或者接受他人委托，持有或者管理证券公司的股权。

781. BDE （解析）本题考查货币政策工具。在货币政策工具中，直接信用控制主要包括：贷款限额、利率限制、流动性比率、直接干预。选项A、C属于间接信用指导。

782. ABC （解析）本题考查货币均衡的实现机制。市场经济条件下货币均衡的实现有赖于三个条件，即健全的利率机制、发达的金融市场以及有效的中央银行调控机制。

783. AD （解析）本题考查市场运营监管。根据《商业银行贷款损失准备管理办法》，我国银行业监管机构设置贷款拨备率和拨备覆盖率指标考核商业银行贷款损失准备的充足率。

784. ABD （解析）本题考查证券业监管的法律法规体系。我国证券业监管法律法规体系第一层次的依据是《公司法》《证券法》《证券投资基金法》等法律。第二层次：制定部门规章，包括《证券登记结算管理办法》《证券发行与承销管理办法》等。

785. ABCD （解析）本题考查选择性的货币政策工具。选择性的货币政策工具有证券市场信用控制、消费者信用控制、不动产信用控制、优惠利率。

786. BCD （解析）本题考查常备借贷便利的特点。常备借贷便利的特点：由金融机构主动发起、中央银行与金融机构一对一交易、常备借贷便利的交易对手覆盖面广。它是中央银行管理流动性的重要工具。

787. BCDE （解析）本题考查银行业市场准入监管的内容。银行业市场准入监管应当全面涵盖以下几个环节：审批注册机构、审批注册资本、审批高级管理人员的任职资格、审批业务范围。

788. ABC （解析）本题考查银行业退出监管。在银行业监管中，监管当局对即将倒闭银行的处置措施主要有收购或兼并、依法清算。

第十章 国际金融及其管理

刷基础

789. **ABE** （解析）本题考查国际收支的本质特征。国际收支的本质特征：(1)国际收支是一个流量的概念，是一定时期的发生额；(2)国际收支是一个收支的概念，是收入和支出的流量，收入和支出的本质是以一定货币计值的价值量；(3)国际收支是一个总量的概念，是整个国家在一定时期内收入和支出的总量；(4)国际收支是一个国际的概念，国际性的本质特征在于经济交易的主体特征：居民和非居民。

790. **ABCD** （解析）本题考查外汇管理的弊端。外汇管理是一把"双刃剑"，在发挥积极作用的同时，也会带来诸多消极影响：(1)扭曲汇率，造成资源配置低效率；(2)导致寻租和腐败行为；(3)导致非法地下金融蔓延；(4)导致收入分配不公；(5)不利于经济的长远发展。

791. **ABDE** （解析）本题考查我国国际收支不均衡的调节措施。持续多年的国际收支顺差使我国面临日益增大的国际压力。在这种情况下，我国对国际收支顺差采取的政策措施：(1)逐步放宽和取消经常项目下的外汇管制。2010年10月1日起，允许出口企业将出口所得的外汇收入存放在境外。(2)逐步放宽资本项目下的外汇管制。在实施我国企业"走出去"的战略框架下，放宽对企业对外直接投资的外汇管制；推出QDII制度，允许国内机构和居民的部分外汇通过符合条件的机构对外进行证券投资。(3)降低对出口的激励范围和力度，改变外贸增长方式，调整外贸出口结构。(4)优化利用外资结构，限制高耗能、重污染、附加值低的直接投资流入。(5)对国外投机性热钱流入采取密切监控的高压政策。

792. **CDE** （解析）本题考查资本项目可兑换。一国要实现本国货币资本项目可兑换需要的条件：(1)稳定的宏观经济环境；(2)稳健的金融体系；(3)弹性的汇率制度。

793. **ACD** （解析）本题考查货币政策的相关知识。紧缩的货币政策对国际收支的调节作用主要有三个方面：(1)产生需求效应；(2)产生价格效应；(3)产生利率效应。

794. **BCDE** （解析）本题考查牙买加体系的内容。"牙买加协议"规定：(1)浮动汇率合法化；(2)黄金非货币化；(3)扩大特别提款权的作用；(4)扩大对发展中国家的资金融通且增加会员国的基金份额。

795. **DE** （解析）本题考查我国外债管理制度。全口径外债指将人民币外债计入我国外债统计的范围之内的外债，包含两部分：(1)以外币表示的对外债务。(2)直接以人民币形式存在的外债。

796. **CDE** （解析）本题考查国际收支不均衡的调节的必要性。国际收支不均衡的调节的必要性：(1)国际收支不均衡的调节是稳定物价的要求；(2)国际收支不均衡的调节是稳定汇率的要求；(3)国际收支不均衡的调节是保有适量外汇储备的要求。

797. **AE** （解析）本题考查国际储备的范围。国际储备的范围包括：黄金储备、外汇储备、在国际货币基金组织的储备头寸和特别提款权。

798. **ACDE** （解析）本题考查牙买加体系的主要运行特征。牙买加体系的主要运行特征：(1)国际储备货币多样化；(2)汇率制度安排多元化；(3)黄金非货币化；(4)国际收支调节机制多样化。

刷进阶

799. ABCE （解析）本题考查布雷顿森林体系的特征。布雷顿森林体系的特征：(1) 美元由于与黄金挂钩，取得了等同于黄金的地位，成为最主要的国际储备货币。(2) 实行以美元为中心的、可调整的固定汇率制度。但是，游戏规则不对称，美国以外的国家需要承担本国货币与美元汇率保持稳定的义务。(3) 国际货币基金组织作为一个新兴机构成为国际货币体系的核心。

800. AD （解析）本题考查人民币经常项目可兑换条件下的资本项目管理。在证券资金流入环节，境外投资者可直接进入境内 B 股市场，无须审批；境外资本可以通过合格境外机构投资者间接投资境内 A 股市场，买卖股票、债券等。

801. ABC （解析）本题考查影响汇率制度选择的主要因素。经济开放程度高、经济规模小，或者进出口集中在某几种商品或某一国家的国家，一般倾向于实行固定汇率制度或盯住汇率制。

802. ACE （解析）本题考查人民币汇率制度。2005 年 7 月 21 日，人民币汇率形成机制改革启动，开始实行以市场供求为基础、参考一篮子货币进行调节、有管理的浮动汇率制度。

803. ABE （解析）本题考查引起货币升值的因素。国际收支顺差，则外汇供过于求，外汇汇率下跌，而本币升值，选项 A 正确。提高本国利率水平，则会限制资本流出，刺激资本流入，从而导致国际收支顺差，造成人民币升值。如果一国物价水平与其他国家的物价水平相比相对下跌，即该国相对通货紧缩，则该国货币对其他国家货币升值，因此选项 B 正确。如果人们预期未来本币升值，就会在外汇市场上抢购本币，导致本币现在的实际升值，因此选项 E 正确。

804. ABC （解析）本题考查欧洲银行同业拆借市场。在欧洲银行同业拆借市场上，银行同业之间拆借欧洲货币的定期存款。标准的期限有 1 个月、2 个月、3 个月、6 个月、9 个月和 12 个月，也有一些 1 天、1 周和 2 周的定期存款。其他存款还有隔夜存款和隔日存款。

案例分析题

第一章 金融市场与金融工具

刷通关

（一）

805. ABC 【解析】本题考查金融衍生品的基本特征。金融衍生品的基本特征包括跨期性、杠杆性、联动性和高风险性。

806. C 【解析】本题考查利率上限互换的概念。利率上限互换是指固定利率支付与浮动利率支付设定上限的互换。

807. C 【解析】本题考查信用违约互换的相关内容。信用违约互换是最常用的信用衍生品，合约规定，信用风险保护买方向信用风险保护卖方定期支付固定的费用或者一次性支付保险费，当信用事件发生时，卖方向买方赔偿信用事件所导致的基础资产面值的损失部分。

808. BCD 【解析】本题考查信用违约互换的缺陷。由于信用违约互换市场上几乎都是柜台交易，缺乏政府监管，没有一个统一的清算和报价系统，也没有保证金要求，市场操作不透明，这就给投资者带来了巨大的交易风险。在美国次贷危机爆发后，这一隐患也开始被人们意识到。

第二章 利率与金融资产定价

刷通关

（二）

809. B 【解析】本题考查单利计息方式下利息的计算。$10\,000 \times 6\% \times 2 = 1\,200$（元）。

810. C 【解析】本题考查复利计息方式下本利和的计算。$10\,000 \times (1+6\%)^2 = 11\,236$（元）。

811. D 【解析】本题考查复利计息方式下本利和的计算。$10\,000 \times (1+6\%/2)^4 = 11\,255$（元）。

812. AB 【解析】本题考查复利计息方式。每年的计息次数越多，最终的本息和越大。随着计息间隔的缩短，本息和以递减的速度增加，最后等于连续复利的本利和。

（三）

813. C 【解析】本题考查到期收益率的计算。本题可利用复利计算公式求解。$F = P(1+r/m)^{n \times m}$，则有 $100 = 80 \times (1+r)^2$，解得 $r = 11.8\%$。

814. B 【解析】本题考查到期收益率的计算。本题可利用复利的计算公式求解。$F = P(1+r/m)^{n \times m}$，则有 $100 = 80 \times (1+r/2)^4$，解得 $r = 11.47\%$。

815. A (解析) 本题考查到期收益率的计算。本题可利用连续复利的计算公式求解。$F = P \cdot e^{r \times n}$，则有 $100 = 80 \times e^{2r}$，解得 $r = 11.16\%$。

816. BC (解析) 本题考查复利计算的结论。随着计算间隔的缩短，年利率呈下降趋势。如果追求高利率，投资者会选择按年复利计息。

(四)

817. C (解析) 本题考查风险溢价的公式。风险溢价的决定公式是 $E(r_i) - r_f = 8\% - 2\% = 6\%$。

818. B (解析) 本题考查风险溢价的计算。$[E(r_M) - r_f]\beta_i = (8\% - 2\%) \times 1.5 = 9\%$。

819. D (解析) 本题考查公司股票的预期收益率的计算。$E(r_i) - r_f = [E(r_M) - r_f]\beta_i$。所以，$E(r_i) = [E(r_M) - r_f]\beta_i + r_f = 2\% + 9\% = 11\%$。

820. BD (解析) 本题考查资本资产定价理论。资本资产定价理论认为，资产风险分为两类：一类是系统风险，是由那些影响整个市场的风险因素所引起的，这些因素包括宏观经济形势的变动、国家经济政策的变化、税制改革、政治因素等。它在市场上永远存在，不可能通过资产组合来消除，属于不可分散风险。另一类是非系统风险，是指包括公司财务风险、经营风险等在内的特有风险。它可由不同的资产组合予以降低或消除，属于可分散风险。

(五)

821. B (解析) 本题考查债券定价公式。$P = 6 \div (1+4\%) + 6 \div (1+4\%)^2 + 100 \div (1+4\%)^2 = 103.8$(元)。

822. BC (解析) 本题考查债券的价格。若市场利率高于债券票面利率，债券的市场价格(购买价)<债券面值。

823. B (解析) 本题考查股票价格的计算公式。股票的理论价格=预期股息收入÷市场利率=0.5÷4%=12.5(元)。

824. D (解析) 本题考查市盈率的计算。市盈率=股票价格÷每股税后盈利=22÷0.5=44。

(六)

825. B (解析) 本题考查名义收益率的计算。名义收益率=票面收益÷面值=6÷100=6%。

826. A (解析) 本题考查实际收益率的计算。实际收益率=名义收益率−通货膨胀率=4%−3%=1%。

827. C (解析) 本题考查本期收益率的计算。本期收益率=票面收益÷市场价格=6÷110=5.5%。

828. ABC (解析) 本题考查债券公开发行方式。根据发行价格与票面面额的关系，债券公开发行可以分为：折价发行、溢价发行、平价发行(也称等价发行)。

(七)

829. C (解析) 本题考查现值的计算。一张债券持有一年获得的利息=100×5%=5(元)，现值=5/(1+5%)=4.76(元)。

830. D (解析) 本题考查债券定价。市场利率等于债券收益率时，债券的市场价格(购买价)等于债券面值，即债券为平价发行，也称等价发行。

831. C (解析) 本题考查债券定价。市场利率(或债券预期收益率)等于债券收益率(息票利率)时，债券的市场价格(购买价)等于债券面值，即债券为平价发行，也称等价发行。根据题干所说"以发行价格买入该债券"，说明该债券的市场价格(购买价)等于债券面值，即平价发行，所以其获得的收益率应等于其息票利率，即5%。

832. AD （解析）本题考查到期收益率。债券的市场价格与到期收益率成反向变化关系。市场利率与债券价格成反向变化关系。

(八)

833. D （解析）本题考查投资组合 β 系数的计算。$\beta_{甲乙丙组合} = 1.5 \times 50\% + 1.0 \times 20\% + 0.5 \times 30\% = 1.1$。

834. C （解析）本题考查均衡收益率的计算。$r_甲 = \beta(r_m - r_f) + r_f = 1.5 \times (9\% - 4\%) + 4\% = 11.5\%$。

835. A （解析）本题考查对 β 值的理解。通常用于衡量单个证券风险的是它的 β 值。$\beta_甲 = 1.5$，$\beta_乙 = 1.0$，$\beta_丙 = 0.5$，$\beta_{甲乙丙组合} = 1.1$。由此可见，选项 A 正确。政治因素所引起的风险在市场上永远存在，不可能通过投资组合来消除，选项 D 错误。

836. BCD （解析）本题考查资本资产定价理论中投资组合风险的相关知识。即使投资充分组合，也不能分散系统性风险。

(九)

837. B （解析）本题考查名义收益率。名义收益率=票面利息/票面面额=10/100=10%。

838. C （解析）本题考查本期收益率。本期收益率=票面利息/市场价格=10/80=12.5%。

839. D （解析）本题考查发行价格。本期收益率=票面利息/市场价格。8% = 10/市场价格，解得：市场价格=125(元)。

840. BC （解析）本题考查债券发行。若市场利率高于债券票面利率，债的市场价格(购买价)<债券面值。那么，按面值出售时投资者对该债券的需求减少。

第三章　金融机构与金融制度

刷通关　　　　　　　　　　　　　　　　　　　举一反三
高效通关

(十)

841. C （解析）本题考查主要监管模式。美国在混业经营的限制取消后，在分业监管总体框架保持不变的情况下，对以金融控股公司为代表的混业经营的金融机构主要采取了功能监管的方式，同时赋予中央银行监督金融控股公司整体运行稳定的职责，加强了对混业经营金融机构的监管措施。

842. ABC （解析）本题考查中央银行与金融监管的关系。2008年国际金融危机后，各国意识到，宏观审慎政策的缺失、系统性风险评估和应对不足是危机爆发的重要原因。

843. D （解析）本题考查中央银行与金融监管的关系。2008年国际金融危机后，越来越多的国家明确了中央银行宏观审慎管理在防范和化解系统性金融风险之中的地位。

844. D （解析）本题考查主要监管模式。超级监管是统一监管模式的一种极端方式，即对不同金融机构的所有监管(包括审慎监管和市场行为监管)均交给一个监管机构统一负责。

第四章 商业银行经营与管理

(十一)

845. ACD 【解析】本题考查商业银行资产负债管理的基本原理。商业银行资产负债管理原理是指从总体上管理银行资产和负债时，应当注意或遵循的一些带有普遍意义的原则和关系，可概括为规模对称原理、结构对称原理、速度对称原理、目标互补原理、利率管理原理和比例管理原理。

846. B 【解析】本题考查速度对称原理。作为对称原理的具体运用，速度对称原理提供了一个计算方法：用资产平均到期日和负债的平均到期日相比，得出平均流动率。如果平均流动率大于1，表示资产运用过度；反之则表示资产运用不足。资产平均到期日÷负债的平均到期日=300/360<1，表示资产运用不足。

847. C 【解析】本题考查资产负债管理。A银行资产规模600亿元<负债规模700亿元，为负缺口，在利率下降的环境中，保持负缺口对商业银行是有利的，因为资产收益的下降要小于资金成本的下降，利差自然就会增大。

848. D 【解析】本题考查对流动性压力测试概念的理解。流动性压力测试是一种以定量分析为主的流动性风险分析方法。商业银行通过流动性压力测试测算全行在遇到小概率事件等极端不利情况下可能发生的损失，从而对银行流动性管理体系的脆弱性作出评估和判断，进而采取必要措施。

(十二)

849. A 【解析】本题考查商业银行核心一级资本的计算。根据题中数据，核心一级资本=实收资本+盈余公积+资本公积+未分配利润=1 500+600+500+300=2 900(万元)。

850. B 【解析】本题考查商业银行核心一级资本充足率的计算。核心一级资本充足率=(核心一级资本−对应资本扣减项)/风险加权资产×100%=(2 900−250)/200 000×100%≈1.33%。

851. D 【解析】本题考查商业银行资本充足率的计算。资本充足率=(总资本−对应资本扣减项)/风险加权资产×100%=(2 900+1 700−250)/200 000×100%≈2.18%。

852. ABC 【解析】本题考查商业银行监管资本的构成。扣除项包括商誉、其他无形资产(土地使用权除外)、由经营亏损引起的净递延税资产、贷款损失准备缺口、资产证券化销售得利、确定受益类的养老金资产净额、直接或间接持有本银行的股票、对资产负债表中未按公允价值计量的项目进行套期形成的现金流储备和商业银行自身信用风险变化导致其负债公允价值变化带来的未实现损益。

(十三)

853. A 【解析】本题考查商业银行核心一级资本的计算。根据本题中的数据，核心一级资本=实收资本+资本公积+盈余公积+未分配利润=160+60+55+35=310(万元)。

854. B 【解析】本题考查核心一级资本充足率的计算。核心一级资本充足率=$\dfrac{核心一级资本−对应资本扣减项}{风险加权资本}×100\%=\dfrac{310−30}{10\ 000}×100\%=2.8\%$。

855. C （解析）本题考查不良贷款率的计算。不良贷款率 = $\frac{不良贷款}{贷款总额} \times 100\%$ = $\frac{50+70+40}{900+700+50+70+40} \times 100\% = 9.09\%$。

856. C （解析）本题考查资本充足率的计算。资本充足率 = $\frac{总资本-对应资本扣减项}{加权风险资产} \times 100\%$ = $\frac{310+180-30}{10\,000} \times 100\% = 4.6\%$。

（十四）

857. ABC （解析）本题考查我国商业银行理财业务的发展趋势。从目前的趋势看，商业银行理财业务转型的方向体现出以下八个特征：(1)从存款替代型理财向真正的代客理财回归；(2)理财服务范围从单一理财服务向全面财富管理转变；(3)理财产品形态从预期收益型向净值收益型转变；(4)理财投资类型由债务型向权益型转变；(5)理财投资范围由在岸向离岸与在岸并驱转变；(6)理财投资策略从被动投资组合向主动投资组合、由持有资产向交易资产转变；(7)由静态流动性管理向动态流动性管理转化；(8)理财业务风险控制由信贷模式向综合模式转变。

858. A （解析）本题考查我国商业银行理财业务的发展趋势。从负债端看，随着利率市场化的加快推进、金融体系改革的逐步深入，以及互联网金融等新技术的冲击，传统理财业务赖以生存和发展的客观基础发生了根本性转变，理财业务面临着巨大的转型压力，回归资产管理的本原已是大势所趋。

859. CD （解析）本题考查我国商业银行理财业务的发展趋势。从客户端看，理财客户群将加速向高净值个人客户和机构投资者迁移。高净值个人客户与机构投资者的资产管理需求将成为银行资产管理业务发展的主要动力。

860. B （解析）本题考查我国商业银行理财业务的发展趋势。中国银保监会推出了理财直接融资工具，这是一种由商业银行设立、直接以单一企业的债权类融资项目为投资方向、在中央结算公司统一托管、在银行间公开交易、在指定渠道进行公开信息披露的标准化投资工具。

第五章　投资银行与证券投资基金

（十五）

861. C （解析）本题考查投资银行证券经纪与交易业务。作为证券经纪商，在证券承销结束之后，投资银行代表着买卖双方，按照客户提出的价格代理进行交易，这种证券经纪行为是最传统的证券交易业务。

862. A （解析）本题考查开立证券账户。一个投资者在同一市场最多可以申请开立3个A股账户、封闭式基金账户，只能申请开立1个信用账户、B股账户。

863. BC （解析）本题考查开立资金账户的相关知识。投资银行通过保证金账户从事信用经纪业务。信用经纪业务主要有两种类型：融资(买空)和融券(卖空)。

864. B （解析）本题考查委托成交中的竞价原理。在我国开盘价是集合竞价的结果，竞价时间 9：15~9：25，其余时间进行连续竞价。本题中"该机构投资者是在 10：00~11：00 委托交易"，所以使用连续竞价。

(十六)

865. B （解析）本题考查并购业务。纵向并购是并购企业的双方或多方之间有原料生产、供应和加工及销售的关系，分处于生产和流通过程的不同阶段，是大企业全面控制原料生产、销售的各个环节，建立垂直结合控制体系的基本手段。

866. C （解析）本题考查并购业务。控股与被控股关系是乙公司通过收购甲公司股权的方式，掌控甲公司的经营管理和决策权，但乙公司与甲公司仍旧是相互独立的企业法人。

867. BC （解析）本题考查并购业务。按并购的出资方式，并购分为用现金购买资产、用现金购买股票、用股票购买资产和用股票交换股票。

868. C （解析）本题考查并购业务。管理层收购作为杠杆收购的一种，是指公司经理层利用借贷资本收购本公司股权的行为。

(十七)

869. C （解析）本题考查股票发行监管核准制度。注册制又称备案制或存档制，是一种市场化的股票首次公开发行监管核准制度。

870. C （解析）本题考查首次公开发行股票定价。首次公开发行股票后总股本在 4 亿股（含）以下的，网下初始发行比例不低于本次公开发行股票数量的 60%；发行后总股本超过 4 亿股的，网下初始发行比例不低于本次公开发行股票数量的 70%。16×70% = 11.2(亿股)。

871. C （解析）本题考查首次公开发行股票定价。首次公开发行股票在 4 亿股以上的，可以向战略投资者配售股票。

872. A （解析）本题考查首次公开发行股票定价。网上投资者有效申购倍数超过 150 倍的，回拨后网下发行比例不超过本次公开发行股票数量的 10%。

(十八)

873. B （解析）本题考查我国的首次公开发行股票的询价制。公开发行股票数量在 4 亿股以上的，有效报价投资者的数量不少于 20 家。

874. D （解析）本题考查我国的首次公开发行股票的询价制。发行后总股本超过 4 亿股的，网下初始发行比例不低于本次公开发行股票数量的 70%。

875. AC （解析）本题考查注册制的相关知识。实现市场化程度较高的注册制是我国新股发行监管核准制度的发展方向。成熟市场较多采用注册制发审方式，注册制具有限制少、审核效率高等特点。

876. D （解析）本题考查股票发行监管核准制度。股票发行监管核准制度主要有三种类型：审批制、注册制和核准制。

(十九)

877. D （解析）本题考查证券承销。证券承销是指在证券发行过程中，投资银行按照协议帮助发行人对所发行的证券进行定价和销售的活动。

878. D （解析）本题考查我国首次公开发行股票的询价制。网上投资者连续 12 个月内累计出现 3 次中签后未足额缴款的情形时，6 个月内不得参与新股、可转换公司债券、可交换公司债券申购。

879. C （解析）本题考查我国首次公开发行股票的询价制。首次公开发行采用询价制方式的，网下投资者报价后，发行人和主承销商应当剔除拟申购总量中报价最高的部分，剔除部分不得低于所有网下投资者拟申购总量的10%。

880. ABC （解析）本题考查我国首次公开发行股票询价制。首次公开发行股票采用询价方式的，应当安排不低于本次网下发行股票数量的40%向公募基金、社保基金配售，安排一定比例的股票向企业年金基金和保险资金配售。

(二十)

881. A （解析）本题考查对增长型基金概念的理解。根据投资目标的不同，可以将基金分为增长型基金、收入型基金和平衡型基金。增长型基金是指以追求资本增值为基本目标，较少考虑当期收入的基金，其主要以具有良好增长潜力的股票为投资对象。此类基金的特征符合小张的投资性格和投资目标。

882. B （解析）本题考查对收入型基金概念的理解。根据投资目标的不同，可以将基金分为增长型基金、收入型基金和平衡型基金。收入型基金是指以追求稳定的经常性收入为基本目标的基金，其主要以大盘蓝筹股、公司债、政府债券等稳定收益证券为投资对象。此类基金的特征符合小李的投资性格和投资目标。

883. ABC （解析）本题考查股票基金的投资风险。股票基金所面临的投资风险主要包括系统风险、非系统风险以及管理运作风险。(1)系统性风险是指由整体政治、经济、社会等环境因素对证券价格所造成的影响。这种风险不能通过分散投资加以消除，因此又称为不可分散风险。(2)非系统性风险是指个别证券特有的风险，包括企业的信用风险、经营风险、财务风险等。(3)管理运作风险是指基于基金经理对基金的主动性操作行为所导致的风险。

884. C （解析）本题考查证券投资基金的分类。根据投资对象的不同，可以将基金分为股票基金、债券基金、货币市场基金、混合基金等。其中，货币市场基金是以货币市场工具为投资对象的基金。货币市场基金是厌恶风险、对资产流动性和安全性要求较高的投资者进行短期投资的理想工具，或暂时存放现金的理想场所。

(二十一)

885. A （解析）本题考查证券承销。2018年6月，YT光学股份有限公司在主板市场首发新股，由北京DY证券有限责任公司担任保荐机构。北京DY证券有限责任公司按照规定的发行条件尽力推销证券，发行结束后将未售出的证券退还YT光学股份有限公司，且不承担发行风险。所以，北京DY证券有限责任公司的角色是主承销商。

886. ABC （解析）本题考查我国首次公开发行询价制。按照规定，应当安排不低于本次网下发行股票数量的40%向通过公开募集方式设立的证券投资基金（简称"公募基金"）和社保基金投资管理人管理的社会保障基金（简称"社保基金"）配售，安排一定比例的股票向根据《企业年金基金管理办法》设立的企业年金基金和符合《保险资金运用管理暂行办法》等相关规定的保险资金（简称"保险资金"）配售。公募基金、社保基金、企业年金基金和保险资金有效申购不足安排数量的，发行人和主承销商可以向其他符合条件的网下投资者配售剩余部分。

887. A （解析）本题考查我国首次公开发行询价制。首次公开发行股票采用询价方式的，网下投资者报价后，发行人和主承销商应当剔除拟申购总量中报价最高的部分，剔除部分不得低于所有网下投资者拟申购总量的10%，然后根据剩余报价及拟申购数量协商确定发行价格。

888. C （解析）本题考查尽力推销的概念。尽力推销也称代销，即承销商只作为发行公司的证券销售代理人，按照规定的发行条件尽力推销证券，发行结束后将未售出的证券退还发行人，承销商不承担发行风险。

第六章 信托与租赁

刷通关 举一反三 高效通关

（二十二）

889. C （解析）本题考查对联合租赁概念的理解。联合租赁是指多家有融资租赁资质的金融租赁公司对同一个融资租赁项目提供租赁融资，并由其中一家租赁公司作为牵头人；无论买卖合同还是融资租赁合同，都由牵头人出面订立，各家租赁公司按照所提供的租赁融资额的比例，承担该融资租赁项目的风险和享有该融资租赁项目的收益。

890. AC （解析）本题考查杠杆租赁的特点。在杠杆租赁中，金融机构对承办该融资租赁项目的租赁公司无追索权，所以选项B错误。选项D属于委托租赁的特征，所以不选。

891. ABC （解析）本题考查委托租赁的相关知识。在委托租赁方式中，该融资租赁项目的风险和收益全部归委托人；租赁公司依据该信托合同的约定获取由委托人支付的报酬。从已知条件可知，A法人机构为委托人，所以选项A、B、C正确。金融租赁公司不担风险的融资租赁业务主要是委托租赁，所以D选项错误。

892. C （解析）本题考查委托租赁的相关知识。在委托租赁方式中，该融资租赁项目的风险和收益全部归委托人；租赁公司依据该信托合同的约定获取由委托人支付的报酬。从已知条件可知，A法人机构为委托人，所以选项C正确。

第七章 金融工程与金融风险

刷通关 举一反三 高效通关

（二十三）

893. C （解析）本题考查蝶式价差期权。通过购买一个执行价格为26美元的看涨期权，购买一个执行价格为34美元的看涨期权，同时出售两个执行价格为30美元的看涨期权，投资者就可以构造一个蝶式价差期权。

894. D （解析）本题考查蝶式价差期权。构造这个蝶式价差期权组合的成本为$12+6-2\times 8=2$（美元）。

895. A （解析）本题考查蝶式价差期权。如果不考虑初始成本，收益就是1美元。通过购买一个执行价格为26美元的看涨期权，购买一个执行价格为34美元的看涨期权，同时出售两个执行价格为30美元的看涨期权，投资者就可以构造一个蝶式价差期权。构造这个期权组合的成本为$12+6-(2\times 8)=2$（美元）。如果股票价格为27美元，26<27<30，此时执行执行价格为26美元的看涨期权，此时收益为$27-26-2=-1$（美元）。

896. C （解析）本题考查蝶式价差期权。如果在3个月后，股票价格高于34美元或低于26美元，该策略的收益为0，投资者的净损失为2美元。如果在3个月后股票价格为30美元，投资者会得到最大利润2美元。

(二十四)

897. BC （解析）本题考查对汇率风险和利率风险的理解。汇率风险是指不同币别货币的相互兑换或折算中，因汇率在一定时间内发生意外变动而蒙受经济损失的可能性；利率风险是指有关主体在货币资金借贷中，因利率在借贷有效期中发生意外变动而蒙受经济损失的可能性。从题干来看，这两种情况都有涉及。

898. B （解析）本题考查对汇率风险的理解。汇率风险是指在不同币别货币的相互兑换或折算中，因汇率意外变动而蒙受损失的可能性。

899. AC （解析）本题考查控制汇率风险的措施。为了控制从我国进口汽车零部件时的汇率风险，被并购的公司可以进行远期外汇交易和货币期货交易。

900. BD （解析）本题考查股票投资风险的管理方法。股票投资风险的管理方法：(1)根据对股票价格未来走势的预测，买入价格即将上涨的股票或卖出价格将下跌的股票；(2)根据风险分散原理，按照行业分散、地区分散、市场分散、币种分散等因素，进行股票的分散投资，建立起相应的投资组合，并根据行业、地区与市场发展的动态和不同货币的汇率走势，不断调整投资组合；(3)根据风险分散原理，在存在知识与经验、时间或资金等投资瓶颈的情况下，不进行个股投资，而是购买股票型投资基金；(4)同样根据风险分散原理，做股指期货交易或股指期权交易，作为个股投资的替代，以规避个股投资相对集中的风险。

(二十五)

901. ACD （解析）本题考查巴塞尔协议Ⅱ。巴塞尔协议Ⅱ由"三大支柱"构成：最低资本要求、监管部门监督检查和市场约束。

902. ACD （解析）本题考查巴塞尔协议Ⅲ。巴塞尔协议Ⅲ对巴塞尔协议Ⅱ的发展和完善主要体现在：(1)重新界定监管资本；(2)强调对资本的计量；(3)提高资本充足率；(4)设立"资本防护缓冲资金"；(5)引入杠杆率监管标准；(6)增加流动性要求；(7)安排充裕的过渡期。

903. AB （解析）本题考查巴塞尔协议Ⅲ。巴塞尔协议Ⅲ引入了流动性覆盖比率(LCR)和净稳定融资比率(MSPR)，以强化对银行流动性的监管。

904. B （解析）本题考查巴塞尔协议Ⅲ。巴塞尔协议Ⅲ规定，全球各商业银行5年内必须将一级资本充足率的下限由4%提高到6%。

(二十六)

905. A （解析）本题考查对信用风险的理解。狭义的信用风险是指因交易对手未能履行合约而造成经济损失的风险，即违约风险。广义的信用风险则是指各种不确定因素对金融机构信用的影响，使金融机构的实际收益结果与预期目标发生背离，从而导致金融机构在经营活动中遭受损失或获取额外收益的一种可能性。

906. BC （解析）本题考查利率风险管理的方法。针对本题的情况，可以利用利率衍生产品交易，即通过做利率期货交易或利率期权交易进行套期保值，通过做利率互换交易把不利于自己的固定利率或浮动利率转换为对自己有利的浮动利率或固定利率，通过买入或卖出远期利率协议提前锁定自己的借款利率水平或未来投资收益。

907. B （解析）本题考查汇率风险的管理方法。汇率风险的管理方法：(1)选择有利的货币；(2)提前或推迟收付外币；(3)进行结构性套期保值；(4)做远期外汇交易；(5)做货币衍生产品交易。

908. C 【解析】本题考查市场风险管理中的汇率风险的管理。"做远期外汇交易,提前锁定外币兑换为本币的收入或本币兑换为外币的成本"属于汇率风险管理方法。

(二十七)

909. A 【解析】本题考查货币互换的套利。在英镑市场上,A公司的融资成本为11.6%,B公司的融资成本为12%,A公司比B公司的融资成本低0.4%(12%-11.6%=0.4%)。

910. C 【解析】本题考查货币互换的套利。A公司在美元市场上存在比较优势,因为A公司在美元市场上比B公司的融资成本低2%,而在英镑市场上比B公司的融资成本低0.4%,因此A公司在美元市场上比在英镑市场上相对B公司融资成本优势更大,这里存在2%-0.4%=1.6%的套利利润。

911. C 【解析】本题考查货币互换的套利。双方通过货币互换交易分享无风险利润,所以A公司、B公司都各节省了1.6%/2=0.8%的成本,所以A公司的最终融资英镑成本是11.6%-0.8%=10.8%。

912. B 【解析】本题考查货币互换的套利。双方通过货币互换交易分享无风险利润,所以A公司、B公司都各节省了1.6%/2=0.8%的成本,B公司的最终融资美元成本是10%-0.8%=9.2%。

(二十八)

913. BC 【解析】本题考查金融风险的类型。狭义的信用风险是指因交易对手无力履行合约而造成经济损失的风险,即违约风险,所以不选A选项。投资风险是指有关主体在股票市场、金融衍生品市场进行投资时,因股票价格、金融衍生品价格发生意外变动而蒙受经济损失的可能性。本题并不涉及股票或金融衍生品的相关内容,所以不选D选项。

914. ABC 【解析】本题考查金融风险的类型。狭义的信用风险是指因交易对手无力履行合约而造成经济损失的风险,即违约风险。显然,债券的购买者(该债券的迪拜投资者)是债权人,其面临着债务人违反约定的风险,所以对于投资者来说会面临信用风险。根据题干资料"该债券采用固定的利率和浮动的利率两种计息方式""人民币(50亿)、美元(23亿)、新加坡元(5亿)、欧元(5亿)4个币种",投资者会面临利率风险和汇率风险。

915. AD 【解析】本题考查信用风险管理。信用风险管理的风险控制方法包括:信用风险缓释和信用风险转移。

916. BC 【解析】本题考查国家风险的管理。金融机构及其他企业管理国家风险的主要方法:将国家风险管理纳入全面风险管理体系;建立国家风险评级与报告制度;建立国家风险预警机制;设定科学的国际贷款的审贷程序,在贷款决策中必须评估借款人的国家风险;对国际贷款实行国别限额管理、国别差异化的信贷政策、辛迪加形式的联合贷款和寻求第三者保证等;在二级市场上转让国际债权;实行经济金融交易的国别多样化;与东道国政府签订"特许协定";投保国家风险保险;实行跨国联合的股份化投资,发展当地举足轻重的战略投资者或合作者等。

(二十九)

917. ABD 【解析】本题考查控制金融衍生品投资风险应采取的管理方法。金融衍生品投资风险的管理方法有:加强制度建设、进行限额管理、进行风险敞口的对冲与套期保值。

918. B 【解析】本题考查考生对交易风险的理解。交易风险是指有关主体在实质性经济交易所引致的不同货币的相互兑换中，因汇率在一定时间内发生意外变动而蒙受实际经济损失的可能性。本题中该分行在将所获利润汇回国内时，涉及不同货币的兑换问题，所以答案为 B 选项。

919. BC （解析）本题考查控制信用风险采取的方法。B 选项属于信用风险管理中的过程管理；C 选项属于信用风险管理中的机制管理。

920. C （解析）本题考查操作风险的管理方法。风险转移就是充分利用保险和业务外包等机制和手段，将自己所承担的操作风险转移给第三方。

(三十)

921. D （解析）本题考查利率互换的套利。甲公司在固定利率市场上存在比较优势，因为甲公司在固定利率市场上比乙公司的融资成本低 1.2%，而在浮动利率市场上比 B 公司的融资成本低 0.7%，因此甲公司在固定利率市场上比在浮动利率市场上相对乙公司融资成本优势更大，这里存在 0.5%(1.2%-0.7%)的套利利润。甲公司和乙公司可以通过利率互换分享无风险利率，那么甲、乙公司的融资成本都能各自降低 0.25%，所以甲公司的融资成本为 6 个月期 LIBOR+0.05%。

922. B （解析）本题考查利率互换的套利。甲公司在固定利率市场上存在比较优势，因为甲公司在固定利率市场上比乙公司的融资成本低 1.2%，而在浮动利率市场上比乙公司的融资成本低 0.7%，因此甲公司在固定利率市场上比在浮动利率市场上相对乙公司融资成本优势更大，这里存在 0.5%(1.2%-0.7%)的套利利润。甲公司和乙公司可以通过利率互换分享无风险利率，那么甲、乙公司的融资成本都能各自降低 0.25%，所以乙公司的融资成本为 8.2%-0.25%=7.95%。

923. C （解析）本题考查利率互换的套利。甲公司在固定利率市场上存在比较优势，因为甲公司在固定利率市场上比乙公司的融资成本低 1.2%，而在浮动利率市场上比乙公司的融资成本低 0.7%，因此甲公司在固定利率市场上比在浮动利率市场上相对乙公司融资成本优势更大，这里存在 0.5%(1.2%-0.7%)的套利利润。甲公司和乙公司可以通过利率互换分享无风险利率，那么甲、乙公司的融资成本都能各自降低 0.25%。

924. ABD （解析）本题考查利率互换。通常双方只交换利息差，不交换本金，C 选项的说法有误。

(三十一)

925. B （解析）本题考查交易风险。交易风险是指有关主体在实质性经济交易所引致的不同货币的相互兑换中，因汇率在一定时间内发生意外变动而蒙受实际经济损失的可能性。

926. CD （解析）本题考查利率风险。利率风险管理的方法：(1)选择有利的利率；(2)调整借贷期限；(3)进行缺口管理；(4)进行久期管理；(5)利用利率衍生品交易。

927. ABC （解析）本题考查操作风险管理。操作风险管理政策是商业银行操作风险管理的总纲领，主要内容包括：操作风险的定义；适当的操作风险管理组织架构、权限和责任；操作风险的识别、评估、监测和控制/缓释程序；操作风险报告程序，其中包括报告的责任、路径、频率，以及对各部门的其他具体要求；应针对现有的和新推出的重要产品、业务活动、业务创新、信息科技系统、人员管理、外部因素及其变动，及时评估操作风险的各项要求。

928. ACD （解析）本题考查信用风险。B 选项，做货币衍生品交易属于汇率风险的管理方法。

(三十二)

929. C 【解析】本题考查金融互换的套利。金融互换的套利运用的是比较优势原理。根据题干中的表格，B 公司的固定利率为 4.5%，A 公司的固定利率为 5.1%，B 公司在固定利率市场上比 A 公司的融资成本低 0.6%。A 公司的浮动利率为 6 个月期 LIBOR+0.5%，B 公司的浮动利率为 6 个月期 LIBOR+0.3%，B 公司在浮动利率市场上比 A 公司的融资成本低 0.2%。所以，B 公司在固定利率市场上存在比较优势。

930. A 【解析】本题考查金融利率互换的套利。（5.1%－4.5%）－[（LIBOR+0.5%）－（LIBOR+0.3%）]＝0.4%。

931. D 【解析】本题考查利率互换套利。利率互换是交易双方同意交换利息支付的协议。两家公司可以选择的套利方案是利率互换。

932. C 【解析】本题考查利率互换套利。两家公司总的套利利润是 0.4%。A、B 两家公司各得利 0.2%（0.4%÷2）。5.1%－0.2%＝4.9%。

第八章　货币供求及其均衡

刷通关　举一反三　高效通关

(三十三)

933. A 【解析】本题考查治理通货紧缩的政策措施。治理通货紧缩的政策措施是扩张性的财政和货币政策。

934. CD 【解析】本题考查通货紧缩的标志。通货紧缩的标志是价格总水平持续下降、经济增长率持续下降。

935. AC 【解析】本题考查通货紧缩的含义。判断某个时期的物价下降是否是通货紧缩，一要看通货膨胀率是否由正变负；二要看这种下降是否持续了一定的时期。

936. AD 【解析】本题考查治理通货紧缩的货币政策措施。治理通货紧缩应该采用扩张性的货币政策。选项 B、C 属于紧缩性的货币政策措施，所以不选。

(三十四)

937. AB 【解析】本题考查基础货币包括的内容。基础货币是在中央银行的存款准备金与流通于银行体系之外的通货的总和。

938. B 【解析】本题考查货币乘数的计算。$M_s=C+D=1\,500+D$，C 是通货，D 是存款总额，$D=4\,000$（亿元），所以 $M_s=C+D=1\,500+4\,000=5\,500$（亿元），$B=C+R=1\,500+500=2\,000$（亿元），所以，货币乘数＝$5\,500/2\,000=2.75$。

939. C 【解析】本题考查货币供给量的计算。$M_s=C+D=1\,500+D$，D 是存款总额，$D=4\,000$（亿元），所以 $M_s=C+D=1\,500+4\,000=5\,500$（亿元）。

940. A 【解析】本题考查法定存款准备金率对货币供应量的影响。上调法定存款准备金率相当于紧缩型的货币政策，会减少货币供应量。

(三十五)

941. D 【解析】本题考查中央银行投放基础货币的渠道。中央银行投放基础货币的渠道主要有以下几种：(1)对商业银行等金融机构的再贷款；(2)收购金、银、外汇等储备资产投放的货币；(3)购买政府部门的债券；(4)发行央行票据。基础货币投放＝200＋300＝500（亿元）。

942. B （解析）本题考查货币乘数的计算。(1+3%)÷(15%+2%+3%) = 5.15(元)。

943. C （解析）本题考查货币供应量的计算。货币供应量 = 基础货币×货币乘数 = 500×5.15 = 2 575(亿元)。

944. BD （解析）本题考查货币政策的操作。中央银行买入 200 亿元国债，将国债购回，相当于向流通中投放了 200 亿元货币，所以是投放货币；中央银行购回 300 亿元票据与买入 200 亿元国债是同一个道理，都是投放货币。所以答案为 B、D 选项。

(三十六)

945. A （解析）本题考查考生对通货膨胀概念的理解。根据题干所述，价格普遍上涨，通胀压力依旧较高，明显属于通货膨胀。

946. ABD （解析）本题考查 2010 年以来出现较大通胀压力的原因。2010 年以来出现较大通胀压力的原因有：货币超发、共同理性预期的形成放大通货膨胀效应、成本推进、重要农产品和关键生产或生活用品的价格上涨。

947. BC （解析）本题考查治理通货膨胀的货币政策措施。治理通货膨胀需要采取紧缩性的货币政策措施，选项 A、D 属于扩张性货币政策，所以不选。

948. AC （解析）本题考查治理通货膨胀的措施。常见的治理通货膨胀的措施：紧缩的需求政策；积极的供给政策；紧缩性从严的收入政策；其他治理措施，如收入指数化、币制改革等。

第九章 中央银行与金融监管

刷通关 举一反三 高效通关

(三十七)

949. C （解析）本题考查不良资产率的计算。不良资产率 = 不良资产÷资产总额 = (次级贷款+可疑贷款+损失贷款)÷信用资产总额 = (15+20+10)÷1 100 = 4.1%。

950. B （解析）本题考查不良贷款率的计算。不良贷款率是不良贷款与贷款总额之比，不得高于 5%。

951. C （解析）本题考查我国衡量资产安全性的指标。根据单一集团客户授信集中度、单一客户贷款集中度、全部关联度的计算公式可知，三个指标都涉及资本净额。

952. BD （解析）本题考查资产安全性指标的相关规定。不良资产率 = 不良资产/资产总额 = (15+20+10)÷1 100 = 4.1%。按规定不良资产率不得高于 4%。
不良贷款率 = 不良贷款/贷款总额 = (15+20+10)÷1 000 = 4.5%，按规定不良贷款率不得高于 5%。
全部关联度 = 全部关联授信/资本净额 = 48÷100 = 48%，按规定全部关联度不应高于 50%。
单一客户贷款集中度 = 最大一家客户贷款总额/资本净额 = 12÷100 = 12%，按规定单一客户贷款集中度不应高于 10%。

(三十八)

953. D （解析）本题考查中央银行操作。中央银行购入国债和购入中央银行票据，都需要支付相应的货币，所以相当于向社会投放了 300+400 = 700(亿元)。

954. C （解析）本题考查货币乘数的计算。货币乘数表示基础货币增加一个单位，货币供给

M_2 增加 m 个单位。已知：现金漏损率 $c=5\%$，法定存款准备金率 $r=12\%$，超额存款准备金率 $e=3\%$。货币乘数 $m=(1+c)/(r+e+c)=(1+5\%)/(5\%+12\%+3\%)=5.25$。

955. A （解析）本题考查货币供应量的计算。货币供应量＝基础货币(MB)×货币乘数 $m=700×5.25=3\,675$(亿元)。根据第(1)小题，中央银行向社会投放货币，所以是增加货币供应量。

956. A （解析）中央银行购入国债和购入中央银行票据，都需要支付相应的货币，所以相当于向社会投放货币，增加流动性。

(三十九)

957. C （解析）本题考查存款准备金率的相关计算。86万亿×0.5%＝4\,300(亿元)。

958. C （解析）本题考查我国货币政策目标。在多年的我国宏观金融调控实践中，由于我国经济转轨的性质，我国货币政策的目标实际上是以防通货膨胀为主的多目标制。

959. BC （解析）本题考查存款准备金政策的操作。下调存款准备金率和利率，使商业银行的信用扩张能力增强，即商业银行的可贷款数量增加，同时使企业向银行贷款的成本降低。

960. D （解析）本题考查我国的货币政策。根据题干所述，下调存款准备金率和利率属于宽松的货币政策，宽松的货币政策是指中央银行通过降低利率，扩大信贷，增加货币供给，从而增加投资，扩大总需求，刺激经济增长的货币政策。由此可见，促进经济增长是接下来货币政策的首要目标。

(四十)

961. B （解析）本题考查我国的公开市场操作。中国人民银行公开市场操作债券交易主要包括回购交易、现券交易和发行中央银行票据。其中，回购交易分为正回购和逆回购两种。

962. AD （解析）本题考查正回购和逆回购的概念。正回购是指中国人民银行向一级交易商卖出有价证券，并约定在未来特定日期买回有价证券的交易行为，是从市场收回流动性的操作，正回购到期则为向市场投放流动性操作。逆回购是指中国人民银行向一级交易商购买有价证券，并约定在未来特定日期卖给原一级交易商的交易行为，为向市场上投放流动性的操作，逆回购到期则为从市场上收回流动性操作。

963. AB （解析）本题考查对逆回购的理解。逆回购是指中国人民银行向一级交易商购买有价证券，并约定在未来特定日期卖给原一级交易商的交易行为，为向市场上投放流动性的操作，逆回购到期则为从市场上收回流动性操作。

964. BCD （解析）本题考查公开市场操作的条件。运用公开市场操作的条件：(1)中央银行和商业银行都须持有相当数量的有价证券；(2)要有比较发达的金融市场；(3)信用制度健全。

(四十一)

965. A （解析）本题考查货币市场的种类。货币市场主要包括同业拆借市场、票据市场和证券回购市场等。

966. A （解析）本题考查证券回购的概念。证券回购是一种证券买卖，但实际上它是一笔以证券为质押品而进行的短期资金融通。

967. D （解析）本题考查我国回购交易有关期限规定。我国目前证券回购期限在1年以下。

968. D （解析）本题考查证券回购的相关知识。证券的卖方以一定数量的证券进行质押借款，条件是一定时期内再购回证券，且购回价格高于卖出价格，两者的差额即借款的利息。

(四十二)

969. D （解析）本题考查银行业监管的主要内容与基本方法。不良贷款率是不良贷款与贷款总额之比,即不良贷款率=不良贷款÷贷款总额,根据题干可得,900÷贷款总额=1.5%,解得贷款总额为60 000亿元。

970. A （解析）本题考查银行业监管的主要内容与基本方法。系统重要性银行应当计提附加资本,国内系统重要性银行附加资本要求为风险加权资产的1%。

971. D （解析）本题考查银行业监管的主要内容与基本方法。根据规定,成本收入比不应高于45%;流动性比例是流动性资产余额与流动性负债余额之比,其不应低于25%;不良贷款率不得高于5%;单一客户贷款集中度是对最大一家客户贷款总额与资本净额之比,其不得高于10%。根据题干,该银行单一客户贷款集中度为12%。所以,答案为D选项。

972. D （解析）本题考查银行业监管的主要内容与基本方法。次级类贷款=不良贷款−可疑类贷款−损失类贷款=900−120−80=700(亿元)。

(四十三)

973. B （解析）本题考查不良贷款总额。国际通行的做法上,贷款分为五类:正常贷款、关注贷款、次级贷款、可疑贷款、损失贷款。通常认为后三类贷款为不良贷款。不良贷款总额=25+15+5=45(亿元)。

974. B （解析）本题考查不良贷款率的计算。不良贷款率=不良贷款/贷款总额=45/(800+200+25+15+5)=4.31%。

975. A （解析）本题考查拨备覆盖率。拨备覆盖率=贷款损失准备/不良贷款余额=90/45=200%。

976. AB （解析）本题考查拨备覆盖率。拨备覆盖率基本标准为120%~150%。不良贷款率是不良贷款与贷款总额之比,其不得高于5%。

第十章 国际金融及其管理

刷通关

(四十四)

977. B （解析）本题考查铸币平价的计算。金本位制下,汇率决定的标准是铸币平价。铸币平价是指两国单位货币的含金量之比。113.001 6÷23.22=4.866 6。

978. B （解析）本题考查黄金输送点的计算。黄金输送点的计算公式为:黄金输送点=铸币平价+黄金运送费用。黄金输送点:4.866 6+0.02=4.886 6。

979. D （解析）本题考查铸币平价的计算。金本位制下,汇率决定的标准是铸币平价。铸币平价是指两国单位货币的含金量之比。3.581 34÷0.888 671=4.03。

980. A （解析）本题考查固定汇率制。金本位制下,汇率决定的标准是铸币平价。而金本位制属于固定汇率制度。所以,本题选A选项。

(四十五)

981. B （解析）本题考查国际收支相关内容。经常项目收支包括商品贸易收支、服务收支、要素报酬收支和单方转移收支,则我国国际收支的经常项目=2 542−221+304+429=3 054(亿美元)。

982. A （解析）本题考查国际收支相关内容。资本项目包括资本转移和非生产、非金融资产的收买与放弃。金融项目包括直接投资、证券投资、其他投资和储备资产。资本与金融项目=46+1 249+240+724=2 259(亿美元)。

983. D （解析）本题考查国际收支相关内容。新增国际储备资产=3 054+2 259-597=4 716(亿美元)。

984. ABC （解析）本题考查国际收支相关内容。支持成套设备出口是调节国际收支逆差而采取的措施，所以 D 选项错误。

(四十六)

985. A （解析）本题考查负债率的计算。负债率=当年未清偿外债余额÷当年国民生产总值×100%=5 489÷74 970×100%=7.3%。

986. C （解析）本题考查债务率的计算。债务率=当年未清偿外债余额÷当年货物服务出口总额×100%=5 489÷20 867×100%=26.3%。

987. D （解析）本题考查国际收支平衡表。我国经常账户收支顺差额与资本和金融账户收支顺差额之和，大于国际存储资产增加额，意味着贷方总额大于借方总额，其差额应当记入净错误和遗漏账户。

988. ABC （解析）本题考查国际收支不均衡调节的必要性。当国际收支顺差时，货币当局投放本币，收购外汇，补充外汇储备，导致通货膨胀。当国际收支顺差时，外汇供过于求，导致外汇汇率下跌，本币升值。

(四十七)

989. ABC （解析）本题考查汇率制度选择"经济论"的观点。经济开放程度低，进出口商品多样化或地域分布分散化，同国际金融市场联系密切，资本流出入较为可观和频繁，或国内通货膨胀率与其他主要国家不一致的国家，倾向于实行浮动汇率制或弹性汇率制。

990. A （解析）本题考查人民币汇率制度。在 2005 年人民币汇率形成机制改革中，人民币汇率中间价的形成参考上一交易日的收盘价，人民币对其他货币的买卖价格围绕中间价在一定幅度内浮动。

991. CD （解析）本题考查人民币汇率制度。在 2005 年人民币汇率形成机制改革中，增加外汇交易品种，扩大外汇交易主体，改进人民币汇率中间价形成机制，引入询价模式和做市商制度，人民币汇率弹性和市场化水平进一步提高。

992. AC （解析）本题考查导致人民币升值的因素。国际收支顺差，则外汇供过于求，外汇汇率下跌，而人民币升值，选项 A 正确。提高本国利率水平，则会限制资本流出，刺激资本流入，从而导致国际收支顺差，造成人民币升值。选项 C 正确。

(四十八)

993. AD （解析）本题考查汇率制度。一般而言，按照汇率变动的幅度，汇率制度分为两大类型：固定汇率制与浮动汇率制。

994. B （解析）本题考查人民币汇率制度。2017 年，中国人民银行继续完善人民币对美元汇率中间价报价机制，在报价模型中加入"逆周期因子"，形成"上一交易日收盘价+一篮子货币汇率变化+逆周期因子"共同决定的人民币对美元汇率中间价形成机制。

995. ABC （解析）本题考查汇率制度选择"经济论"的观点。经济开放程度低，进出口商品多样化或地域分布分散化，同国际金融市场联系密切，资本流出入较为可观和频繁，或国内通货膨胀率与其他主要国家不一致的国家，倾向于实行浮动汇率制或弹性汇率制。所以，本题选 A、B、C。

996. AC （解析）本题考查汇率升值。如果一国与其他国家相比，物价水平相对下降，则会刺激出口，限制进口；国民收入相对萎缩，则会减少进口；利率水平相对上升，则会限制资本流出，刺激资本流入；这些都是导致该国国际收支出现顺差，从而造成外汇供过于求，外汇汇率下跌，本币升值的原因。

(四十九)

997. BCD （解析）本题考查国际储备的管理。在确定国际储备总量时应依据的因素：(1)是否是储备货币发行国；(2)经济规模与对外开放程度；(3)国际支出的流量；(4)外债规模；(5)短期国际融资能力；(6)其他国际收支调节政策措施的可用性与有效性；(7)汇率制度。

998. C （解析）本题考查测度国际储备总量是否适度的经验指标。国际储备与国民生产总值之比一般为 10%。7 000÷23 000≈30.43%。所以，国际储备与国民生产总值之比高于经验指标。

999. B （解析）本题考查国际储备额与外债总额之比。国际储备额与外债总额之比=7 000÷8 800≈79.55%。

1000. B （解析）本题考查测度国际储备总量是否适度的经验指标。国际储备额与进口额之比一般为 25%。如果以月来计量，国际储备额应能满足 3 个月的进口需求。7 000÷6 000≈116.67%。25% 对应的是 3 个月进口需求。116.67% 对应的是 14 个月进口需求。

致亲爱的读者

"梦想成真"系列辅导丛书自出版以来,以严谨细致的专业内容和清晰简洁的编撰风格受到了广大读者的一致好评,但因水平和时间有限,书中难免会存在一些疏漏和错误。读者如有发现本书不足,可扫描"欢迎来找茬"二维码上传纠错信息,审核后每处错误奖励10元购课代金券。(多人反馈同一错误,只奖励首位反馈者。请关注"中华会计网校"微信公众号接收奖励通知。)

在此,诚恳地希望各位学员不吝批评指正,帮助我们不断提高完善。

邮箱:mxcc@cdeledu.com

微博:@正保文化

欢迎来找茬

中华会计网校
微信公众号